大数据分析理论、方法及其
在企业信用评估中的应用研究

冯新扬 著

中国金融出版社

责任编辑：曹亚豪
责任校对：刘　明
责任印制：丁淮宾

图书在版编目（CIP）数据

大数据分析理论、方法及其在企业信用评估中的应用研究／冯新扬著．—北京：中国金融出版社，2025.2
ISBN 978-7-5220-2070-9

Ⅰ.①大… Ⅱ.①冯… Ⅲ.①数据处理—应用—企业信用—研究—中国 Ⅳ.①F832.4-39

中国国家版本馆 CIP 数据核字（2023）第 121068 号

大数据分析理论、方法及其在企业信用评估中的应用研究
DASHUJU FENXI LILUN、FANGFA JIQI ZAI QIYE XINYONG PINGGU ZHONG DE YINGYONG YANJIU

出版
发行　中国金融出版社
社址　北京市丰台区益泽路 2 号
市场开发部　（010）66024766，63805472，63439533（传真）
网上书店　www.cfph.cn
　　　　　（010）66024766，63372837（传真）
读者服务部　（010）66070833，62568380
邮编　100071
经销　新华书店
印刷　涿州市般润文化传播有限公司
尺寸　169 毫米×239 毫米
印张　13
字数　218 千
版次　2025 年 2 月第 1 版
印次　2025 年 2 月第 1 次印刷
定价　48.00 元
ISBN 978-7-5220-2070-9
如出现印装错误本社负责调换　联系电话（010）63263947

前 言
PREFACE

大数据正在深刻影响着社会的各个方面，改变社会生产、生活方式。信息（数据）公开，标志着每个公民机会均等、权利公平，有助于推进社会公平正义；大数据将重构产业，边界正在被打破，业态不断融合，数据引领未来，模式创新驱动业绩，一切不能同步变革的企业（包括跨国公司）正面临被淘汰的困境；大数据消除了信息不对称，中间商将逐步出局，传统的国代、省代、地代、县代营销模式已难以为继；大数据改变了信息逐级上传下达的流程，使法人组织结构趋于扁平，管理流程更加简捷有效；大数据将颠覆传统的决策流程，应用大数据进行分析、判断、决策将成为每个部门乃至每个人的责任；利用大数据，供产销直接沟通，市场需求、价格定位、营销策略均入囊中，使"运筹帷幄之中，决胜千里之外"成为可能；大数据使生产流程的衔接更加紧密，效率大幅提高，质量得到保障，而"即时生产制"（零库存）的实施将大幅降低制造业的成本。

大数据应用主要通过大数据分析技术的实际应用来获得数据的价值和预见。大数据分析技术是基础与工具，商务应用是本质与核心；要做好大数据分析工作，需要掌握基本的大数据分析技术，并能从大数据在企业信用评估中的应用需求出发，有目的地收集与管理数据，通过运用大数据分析相关技术和方法，发现不同数据间的相关性和潜在规律，获得洞察力，并最终促成决策和行动。

大数据技术是一项面向实际应用的技术。从大数据中获取有价值的信息是大数据技术的精髓。本书以大数据分析为研究对象，以大数据分析的理论基础为切入点，对大数据分析过程中所涉及的具体方法与技术（如大数据的采集与预处理、分布式大数据的存储、大数据计算与处理、大数据分析方法、大数据可视化、大数据图分析等）进行深入的分析和研究，并在此基础上引入大数据分析在企业信用评估中的具体应用，为大数据环境下的企业改革与创新提供有益的理论指导和技术借鉴。

  本书结构严谨，内容新颖，脉络清晰，集理论、方法与应用于一体，充分体现了理论紧密联系实践的指导思想。希望本书的出版能为大数据从业人员和科研人员提供一些帮助。

  在本书撰写过程中，参考了国内外大量文献。在此，向所有参考文献的作者表示衷心的感谢。本书的撰写是一次有益的探索，大数据应用是一个新兴事物，商务分析的应用实例还不够多，基于数据驱动的企业绩效优化、过程优化管理和运营科学决策的大数据分析还有待深入应用。

  由于时间仓促，以及本人水平有限，书中难免存在错误、疏漏之处，恳请广大读者批评指正，不吝赐教。

冯新扬

2022 年 11 月

目 录
CONTENTS

第1章 大数据分析 ··· 1
  1.1 迈进大数据时代 ·· 1
    1.1.1 数据无处不在 ·· 1
    1.1.2 大数据的内涵 ·· 2
    1.1.3 大数据的深度解析 ·· 2
    1.1.4 大数据需要考虑的问题 ··· 8
  1.2 大数据系统总体架构 ·· 9
  1.3 大数据分析的概念 ··· 10
  1.4 大数据分析的基本过程 ·· 12
  1.5 大数据分析的价值 ··· 13
    1.5.1 从时间维度看大数据分析的价值 ·· 13
    1.5.2 从行业应用看大数据分析的价值 ·· 14
    1.5.3 从企业应用看大数据分析的价值 ·· 15

第2章 大数据的采集与预处理 ··· 18
  2.1 大数据的采集 ·· 18
    2.1.1 网络数据采集方法 ·· 18
    2.1.2 系统日志采集方法 ·· 20
    2.1.3 科研数据采集方法 ·· 23
    2.1.4 关系型数据库数据采集方法 ··· 24
  2.2 大数据的预处理 ·· 25
    2.2.1 数据预处理的必要性 ·· 25
    2.2.2 数据清理 ·· 27

2.2.3 数据集成和数据变换 32
2.2.4 数据归约 38

第3章 分布式大数据的存储 44
3.1 以分布式文件系统存储大数据 44
3.1.1 HDFS 的体系结构 44
3.1.2 HDFS 工作流程 49
3.1.3 HDFS 存储海量数据 51
3.2 以分布式数据库存储大数据 52
3.2.1 HBase 52
3.2.2 NoSQL 59

第4章 大数据计算与处理 76
4.1 分布式计算平台 Hadoop 76
4.1.1 Hadoop 的架构 76
4.1.2 Hadoop 的组成模块 77
4.2 分布式计算框架 88
4.2.1 MapReduce 的特点 89
4.2.2 MapReduce 编程模型 90
4.2.3 MapReduce 的架构和工作流程 93
4.2.4 MapReduce 的接口 101
4.3 大数据处理技术 103
4.3.1 大规模并行处理系统 MPP 103
4.3.2 Spark 105
4.3.3 流实时处理系统 Storm 116

第5章 大数据分析方法 122
5.1 大数据分析方法概述 122
5.2 数据挖掘的主要方法 123
5.2.1 数据挖掘的内容与主要方法 123
5.2.2 复杂数据类型挖掘 128
5.3 时间序列分析 138
5.3.1 完全匹配 139

5.3.2　子序列匹配 ……………………………………………………… 140

第6章　大数据可视化 …………………………………………………… 142

6.1　大数据可视化基础 ……………………………………………………… 142
6.1.1　数据可视化流程 …………………………………………… 142
6.1.2　大数据可视化的挑战 ……………………………………… 143

6.2　大数据可视化方法 ……………………………………………………… 144
6.2.1　多维数据可视化 …………………………………………… 144
6.2.2　文本可视化 ………………………………………………… 146
6.2.3　网络可视化 ………………………………………………… 147
6.2.4　时空数据可视化 …………………………………………… 148

6.3　大数据可视化工具 ……………………………………………………… 149
6.3.1　大数据可视化工具的分类 ………………………………… 149
6.3.2　Tableau ……………………………………………………… 151
6.3.3　ECharts ……………………………………………………… 154
6.3.4　Power BI …………………………………………………… 158
6.3.5　D3 …………………………………………………………… 158
6.3.6　Three.js ……………………………………………………… 159

第7章　大数据图分析 …………………………………………………… 160

7.1　图分析 …………………………………………………………………… 160
7.1.1　图分析的研究内容 ………………………………………… 160
7.1.2　图分析的简单性 …………………………………………… 161

7.2　三元组表示 ……………………………………………………………… 162
7.3　图和网络组织 …………………………………………………………… 162
7.4　选择图分析 ……………………………………………………………… 163
7.5　图分析用例 ……………………………………………………………… 164
7.6　图分析算法和解决方法 ………………………………………………… 165
7.7　分析图的技术复杂度 …………………………………………………… 165
7.8　图分析平台的特色 ……………………………………………………… 167

第8章　大数据分析在企业信用评估中的应用 ……………………… 169

8.1　大数据时代企业信用体系建设的对策建议 …………………………… 169

8.1.1　构建企业信用体系的意义 ·· 169
　　8.1.2　我国企业信用体系建设现状及存在的问题 ························· 171
　　8.1.3　加强企业信用体系建设的措施 ··· 173
8.2　基于大数据的企业信用评估 ·· 175
　　8.2.1　基于大数据的企业信用评估的特性与重要性 ······················ 175
　　8.2.2　建立企业信用评估系统及其方法 ······································ 176
　　8.2.3　利用大数据进行企业信用评估的过程 ································ 178
8.3　基于大数据的企业信用风险评估 ··· 179
　　8.3.1　企业信用风险评估方法 ··· 179
　　8.3.2　企业信用风险控制的路径 ·· 181
8.4　基于大数据技术的企业信用风险预警机制研究 ······························ 183
　　8.4.1　大数据技术对信用风险预警机制产生的影响 ······················ 184
　　8.4.2　企业信用风险预警存在的问题 ··· 185
　　8.4.3　基于大数据技术的企业信用风险预警机制的构建思路 ········ 186
8.5　大数据背景下完善企业信用监管法律制度的有效路径 ··················· 189
　　8.5.1　大数据环境下企业信用的特点 ··· 189
　　8.5.2　大数据环境下企业信用监管法律制度面临的新挑战 ··········· 190
　　8.5.3　大数据环境下企业信用监管法律制度的完善 ······················ 191
8.6　基于大数据构建企业信用评级体系的实践 ···································· 193
　　8.6.1　互联网金融企业的实践 ··· 193
　　8.6.2　第三方评级机构的实践 ··· 193
　　8.6.3　传统商业银行的实践 ·· 194

参考文献 ··· 195

第1章 大数据分析

1.1 迈进大数据时代

1.1.1 数据无处不在

互联网的迅猛发展要求机器设备采集信息具有及时性，加上移动互联网的应用产生了大量的文本、数据、音频、视频等，对存储技术提出了更高的要求。同时，位置信息、关系信息等使得数据的种类更加丰富，因此对数据进行挖掘显得非常重要，也得到了人们的重视。当然，这些数据如何进行挖掘和存储成为一个关键问题，这时大数据的理念与方法悄然诞生。

根据中国互联网络信息中心发布的报告，当前我国的网民数量已经稳居世界首位，每天产生的数据量也在世界上名列前茅。很多人早晨起床后的第一件事就是刷手机。现如今，手机已经成为人的一个"重要器官"，显然，看手机实际上就是看信息，看信息其实就是在看数据。也就是说，现如今，人们已经离不开数据。

随着互联网技术的迅猛发展，物联网、云计算以及社交网络、智能终端等应运而生，这些都是数据采集方式的丰富手段。另外，为了避免数据出现遗失，出现了很多存储设备与功能，这样便于数据保存且更为快捷与安全，也让数据变得更为强大。

数据的快速发展吸引了更多的数据管理与分析服务等。政府、互联网、电子商务、医疗、金融等行业开始采用多种新兴信息技术来收集各类数据，以便于从中挖掘出价值与知识。数据规模与类型越来越大，这已经成为当今社会的显著特征。对于组织而言，数据采集已经不是障碍，关键在于如何对其进行完善，挖掘出更有效的信息，让信息变得更容易理解并且便于采取行动。

1.1.2 大数据的内涵

如果说数据是一个人的血液，那么海量数据就构成了一个完整的身体。最先提出此观点的是天文学与遗传学，这两门学科都十分重视资料的处理，特别是对海量数据的整理。现在人们所称的大数据计算是计算机与因特网的联合产品，计算机使海量数据呈现出数字化的特点，使其像数码那样易于存储，而因特网使海量数据呈现出网络化的特点，使其能够在网上迅速地进行传送。这些操作使大数据变得更加强大。

随着互联网技术的飞速发展，人们的工作量越来越大，移动互联网、物联网等技术的兴起和普及不可避免地导致了大量信息的积累。90%的信息都是在因特网诞生之后才产生的，并且在我们的日常生活中呈几何倍数增长，从庞大到无限，整个地球都充斥着大量的信息。我们现在要做的就是让这些数据发生质的改变，让它们发挥更大的作用。

1.1.3 大数据的深度解析

21世纪是一个信息化的时代。在商业营销中，谁掌握了大数据技术，谁就能够胜人一筹，但能够真正做到合理利用数据并为自身创造商业价值的却不多，不是因为数据太少，而是不知道如何从那些并不起眼的数据中找到自己想要的信息。

1.1.3.1 数据的收集

日常生活中时刻都在产生数据，而且数据量直线上升，数据类型也越来越复杂。许多人对这些数据不屑一顾，认为这些数据就像是工业垃圾一样，对自己来说已经没有价值了。例如，在商场购物后开具的小票，通常都被直接丢入垃圾桶。然而站在商家的角度，尤其是对于那些整天在搜寻有用信息的"猎人"来说，收集数据是对客户进行定位、精准营销商品，从而带来巨大商业价值的基础。

因此，数据收集是利用大数据的第一步，没有数据收集的过程就没有接下来的一切。

数据从形式上可以简单地分成两种，如图1-1所示。

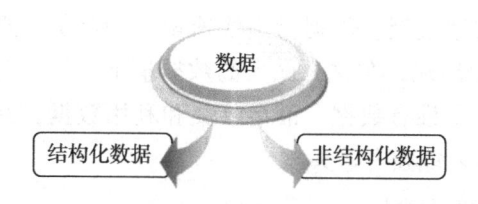

图 1-1 数据的分类

结构化数据是直接可用行和列存储的数据，如 Excel 表格中的数据。除了结构化数据，剩下的就是非结构化数据，如微博、论坛帖子和优酷视频等。非结构化数据的来源更为广泛，其数量占到了总数据量的 80%。

在商业活动中，定位不同的客户，获取信息的渠道也不同。在大数据时代，很多时候不是用户去发掘数据，而是数据向用户"扑"过来。大数据主要有三大来源，如图 1-2 所示。

图 1-2 大数据的三大来源

（1）商业数据。商业数据来自企业 ERP 系统、各种 POS 终端以及网上支付系统等。例如，用网银进行网上支付，交易记录对于卖家而言就是商业数据。又如，商场消费刷信用卡，消费时的消费记录、信用卡信息也会被商场获取。

（2）交互数据。交互数据来自通信记录以及 QQ、微博等社交媒体。例如，在 QQ 上与别人聊天，可能会聊到自己最近想要买一件夹克衫，那么"你想买夹克衫"这个信息就被对方知晓了，如果对方正在经营一家服装店，就会进行相关推荐。

（3）传感数据。传感数据来自 GPS 设备、RFID 设备、无线网络和视频监控设备等。例如，现在遍布城市各个街道的电子监控就为公安部门维护社会治安、提高办案效率提供了有效的数据信息。

随着社会的快速发展，数据量呈快速增长的趋势。据统计，全球每个月有2.5EB的数据出现，在这么庞大的数据量下，商业领域不再是谁有效率谁就是胜者，而是谁有数据、谁会收集和利用数据，并通过数据悄无声息地了解客户，谁才能独占鳌头。

1.1.3.2 数据的挖掘

在大数据的数据收集中，要认识到数据不是信息，而是有待理解的"原材料"。对这些"原材料"理解了多少，决定了所获取的有效信息的数量，进而决定了由"原材料"转换成的信息带来的商业价值的多少。因此，数据挖掘就是有组织、有目的地收集数据，并将数据以最高的转换率转换为信息，从而在大量数据中寻找潜在规律以形成规则或知识的技术。

数据挖掘的方法有许多，最常用的有六种，如图1-3所示。

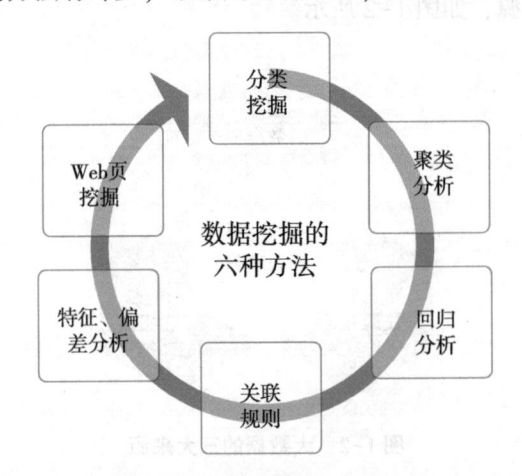

图1-3　数据挖掘的六种方法

（1）分类挖掘。分类挖掘是最常用的数据挖掘方法，即找出数据库中一组数据对象的共同特点，并按照分类模式将其划分为不同的类别，目的是通过分类模型，将数据库中的数据项映射到某个给定的类别。分类挖掘所涉及的领域是非常多的，如客户分类、客户购买的商品分析、客户满意度分析、客户购买趋势预测等。

（2）聚类分析。聚类分析是将一系列的资料根据相似度和差异性划分成若干类，其目标是尽量使同类资料之间具有最大相似度，而在不同类别中尽量减少相似度。聚类分析在客户群体分类、客户背景分析、客户购买趋势预测、市场细分等方面进行了大量研究。

聚类是一种探索式的研究，它可以根据样本的资料，对其进行自动的归类。由于采用不同的聚类分析方式，得出的结果往往不尽相同，因此，对相同的资料进行聚类，其结果可能并不完全相同。

（3）回归分析。回归分析是确定两种或两种以上变量间相互依赖的定量关系的一种统计分析方法。其研究的主要问题包括数据序列的趋势特征、数据序列的预测以及数据间的相关关系等。

回归分析按照涉及自变量的多少，可分为一元回归分析和多元回归分析；按照自变量和因变量之间的关系类型，可分为线性回归分析和非线性回归分析。回归分析目前主要应用于市场营销的各个方面，如客户寻求、预防客户流失、产品生命周期分析、销售趋势预测等。

（4）关联规则。关联规则是描述数据库中数据项之间关系的规则。例如，一项数据发生了变化，另一项数据也随之发生变化，那么这两项数据之间可能存在某种关联，即隐藏在数据间的关联或相互关系。

关联规则主要应用于客户关系管理，通过对企业的客户数据库进行数据挖掘，可以从大量的记录中发现有趣的关联关系，找出影响市场营销效果的关键因素，对产品、价格、客户群等进行定位，从而进行精准的市场营销与推销。

（5）特征、偏差分析。每一组数据都是一个完整的个体，它们有自己的特征，这些特征有些是与生俱来的，有些则是在数据变化过程中与其他数据发生了偏差而产生的。特征、偏差分析就是从数据库中提取出与其他数据不一样的数据个体，通过分析这些数据得出总体数据的特征。例如，在庞大的客户群中，通过分析特殊用户的数据，可以知道这些特殊用户为什么会与其他用户存在差别，从而对客户的需求进行定位，以便对他们进行独特的精准营销。

（6）Web页挖掘。随着互联网的广泛应用，Web页上的信息变得更加丰富。通过对 Web 页的挖掘，可以对 Web 页上的海量数据进行收集、分析，挖掘出对企业有重大或潜在重大影响的外部环境信息和内部经营信息，以便识别、分析、评价和管理危机等。

1.1.3.3　数据的分析

许多人觉得获得了数据信息，挖掘了数据的价值，就可以使用数据了，其实这样大错特错，还应有更重要的一步，那就是数据的分析。

数据的分析，指的是将数据进行细分的过程。数据的分析就是拨开最后一层迷雾，找到数据的本质，是将数据的利用率最大化、将客户定位最准确化的重要手段。

数据分析主要应用于四个基本方面，如图1-4所示。

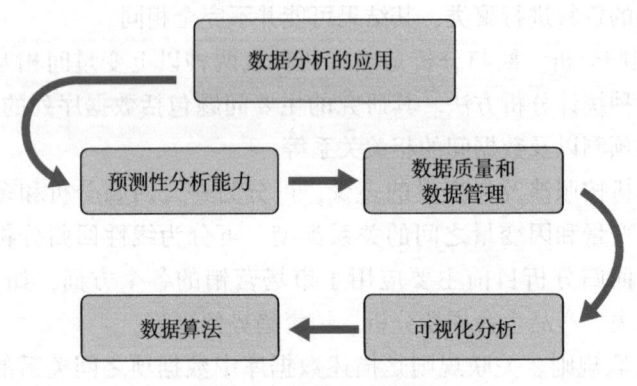

图1-4 数据分析的应用

（1）预测性分析能力。数据分析可以让商家更好地理解数据，以便预测将来的商业发展趋势。而预测性分析可以让分析员根据可视化分析和数据挖掘的结果做出一些预测性的判断。

（2）数据质量和数据管理。数据质量和数据管理是一些管理方面的最佳实践。通过标准化的流程和工具对数据进行处理可以保证一个预先定义好的高质量的分析结果。

（3）可视化分析。不管是对于数据分析专家还是普通用户，数据可视化都是数据分析工具最基本的要求，既可以直观地展示数据，让数据自己"说话"，又能让观众"听"到结果。

（4）数据算法。如果说可视化是给观众看的，数据挖掘就是给机器看的。通过各种算法深入数据内部，挖掘价值，这些算法不仅要保障处理大数据的量，也要保障处理大数据的速度。

1.1.3.4 数据的应用

无论数据信息有多大价值，没有进行应用，数据永远都是"死"的，所以数据的应用是让数据变废为宝并产生价值的重要一步。目前大数据技术通过数据分析已经应用到许多领域，站在商家对客户进行定位的角度分析，主要有六个方面，如图1-5所示。

（1）产品设计要投用户所好。曾有两个朋友争论是先有买还是先有卖，这个问题的答案可能更倾向于先有买，因为市场是产品营销的乐园，所以在这种模式下，投用户所好，设计出用户需要的产品，才是商业营销的主要流程。

客户数据具有非常大的潜在价值，例如，客户评价数据是企业改进产品设计、产品定价、运营效率、客户服务等方面的一个很好的数据渠道，也是实现产品创新的重要方式之一。有效采集和分析客户评价数据，有助于企业改进产品、运营和服务，也有助于企业建立以客户为中心的产品创新模式，而这一切都要建立在大数据的基础上。

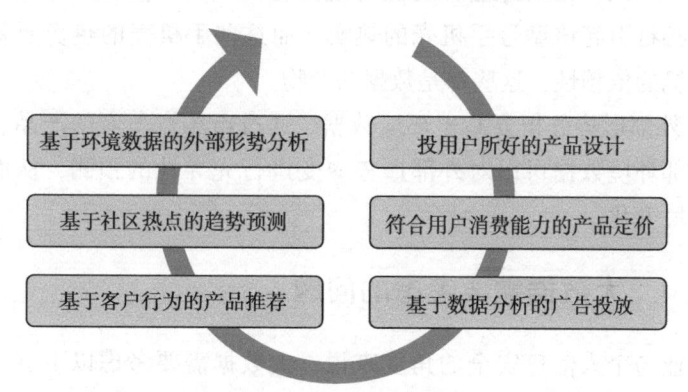

图 1-5　数据的应用

（2）产品定价要符合用户的消费能力。产品的定价在很大程度上取决于其成本价，但是用户的消费能力是决定产品定价的重要因素，所以通过数据分析用户的消费能力来为产品进行合理的定价，也是大数据技术的核心应用。

要确保产品定价的合理性，需要先进行数据试验和分析，主要研究客户对产品定价的敏感度，再将客户按照敏感度进行分类，并测量具有不同敏感度的客户群对产品价格变化的直接反应和容忍度，通过多次试验，找到合适的定价范围，最终为产品定价提供决策参考。

（3）广告投放要基于数据分析。广告是产品面向用户的一扇窗，通过数据分析进行精准的广告投放，将会产生不一样的广告效果。例如电视广告，各大卫视黄金时段的广告费是最贵的，因为想要在这个时段打广告的企业特别多，通过数据分析不难发现，每天晚上吃过晚饭后，人们基本上都在看电视，这个时段接收到广告信息的人是最多的，所以企业要在黄金时段打广告。又如互联网广告，可以根据广告被点击和购买的效果数据与广告点击时段等，进行有针对性的广告投放。这些都建立在大数据的数据分析基础上。

（4）产品推荐要基于客户行为。根据客户信息、客户交易历史记录、客户购买过程中的行为轨迹等客户行为数据，以及同一商品其他访问或成交客户的行为数据，进行客户行为的相似性分析，为客户推荐产品，通过对客户行为数据进行分析，产品推荐将更加精准化、个性化。

（5）趋势预测要基于社区热点。社区中的热门话题、搜索引擎中的热点通常具有先兆性，借此能够对流行趋势进行预测。例如，新型号苹果手机的上市必将引起该型号手机壳的热卖，而这些手机壳的热卖要基于用户对苹果手机的依赖性，这些都是数据的产物。

（6）外部形势分析要基于环境数据。通过市场竞争者的产品、促销等数据及外部环境数据可以对外部形势演变进行先导性的预测，从而帮助企业应对环境变化。

1.1.4 大数据需要考虑的问题

从企业与个人信息安全的角度来说，大数据需要考虑以下五个层面的问题。

1.1.4.1 网络安全

随着在线交易、在线对话、在线互动的兴起，在线数据越来越多，黑客们的犯罪动机也比以往任何时候都来得强烈。如今除个人黑客外，还出现了国家黑客，其组织性更强、更专业，作案工具也更加先进，作案手段更是层出不穷。相较于以往一次性数据泄露或者黑客攻击事件的小打小闹，现在的数据一旦泄露，对个人、整个企业和国家而言，无疑是重大打击，一着不慎就会满盘皆输，不仅会导致声誉受损，造成巨大的经济损失，严重的还要承担法律责任（如金融机构的安全漏洞）。因此，在大数据时代，网络的恢复能力以及防范策略可以说是至关重要。

1.1.4.2 云数据

云技术是新时代的技术产物，现在人们快速采用和实施诸如云服务时仍然存在很大的压力，这是因为我们对其可能带来的风险和后果仍然没有办法预料和控制。尤为重要的是，云数据也是黑客的目标，这是一个极具吸引力并能获取高价值信息的目标。这就对企业制定与云计算相关的安全策略提出了极高的要求。

1.1.4.3 移动化

这个时代在变得"移动化"，人们对数据的需求增加，而数据的搜集、存储、访问、传输等工作都需要借助移动设备，所以大数据时代的来临也带来了移动设备的猛增。比如，越来越多的员工用自己的移动设备办公，上班时拿着移动设备来到公司，下班后又拷贝数据离开。不能否认的是，这的确很便利，有利于开展工作，也帮助企业节省了很大一笔开支，但也给企业带来了很大的安全隐患。要知道，移动设备是黑客入侵内网的绝佳跳板，比如，以色列攻击伊朗核电站就是靠一块很小的移动硬盘接入核电站的工业计算机，从而释放病毒进行致命的攻击。移动化给企业的管理和安全保护带来了难度。

1.1.4.4　微妙而紧密的供应链

在今天这个全球化的时代，每个企业都是复杂的和相互依存的，都是全球供应链的一部分，但供应链本身恰恰是最薄弱的环节。信息将供应链紧密地联系在一起，从简单的数据到商业机密再到知识产权，某一环节信息的泄露就可能导致整个供应链上的企业遭受巨大损失，甚至会违反法律，受到司法制裁。对全球化来说，信息安全是如此重要，在整个供应链上扮演着血液的角色，如果血液中有了病毒，那么后果不堪设想。

1.1.4.5　隐私安全

随着产生、存储、分析的数据量越来越大，隐私问题愈加凸显。因此，新的数据保护要求以及立法机构和监管部门的完善应当提上日程。

1.2　大数据系统总体架构

图 1-6 展示的是大数据系统总体架构，其采用自下而上的方式从数据流的角度描述了一个大数据应用的工作机制。一个企业或者一个部门将自己所拥有的大量数据用分布式存储的方式存放在大量的节点上，然后以关系型数据库或者非关系型数据库来管理这些数据，根据不同的需求使用不同的数据处理工具进行分布式计算。同时使用类似于 SQL 的方式简化数据查询和简单处理的过程，降低数据分析人员的使用门槛，数据分析人员通过对数据进行分析与挖掘，获取有价值的信息，从而指导未来的决策。最后，数据分析的结果以图的方式形象地展示出来，方便所有人查看与理解。

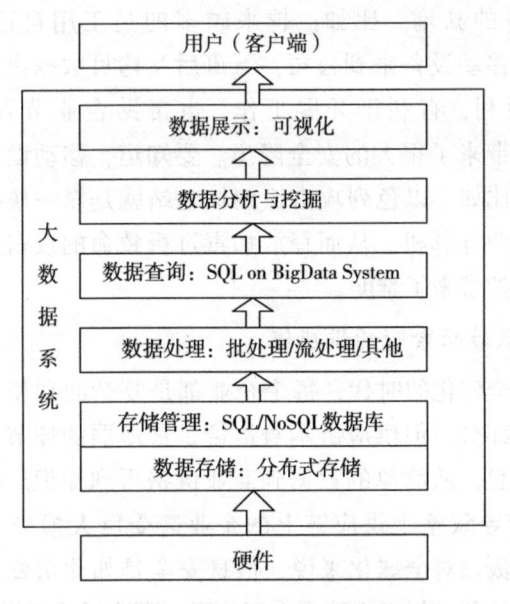

```
┌─────────────────────────────────┐
│         用户（客户端）            │
└─────────────────────────────────┘
              ↑
┌─────────────────────────────────┐
│      数据展示：可视化             │
├─────────────────────────────────┤
│      数据分析与挖掘               │
│ 大                               │
│ 数    数据查询：SQL on BigData System │
│ 据                               │
│ 系    数据处理：批处理/流处理/其他  │
│ 统                               │
│      存储管理：SQL/NoSQL数据库    │
│      数据存储：分布式存储         │
└─────────────────────────────────┘
              ↑
┌─────────────────────────────────┐
│             硬件                 │
└─────────────────────────────────┘
```

图 1-6 大数据系统总体架构

1.3 大数据分析的概念

大数据分析是指对规模巨大的数据进行分析。大数据之所以备受关注，本质原因在于其具有巨大的潜在价值。大数据分析技术作为获取数据价值的关键手段，在大数据应用中占有极其重要的位置，可以说是决定大数据的价值能否发掘出来的关键因素。大数据分析是整个大数据处理流程的核心。在分析过程中，人们采用适当的方法（包括统计分析和数据挖掘等）对采集到的海量数据进行详细研究和概括总结，从而发现和利用其中蕴含的信息和规律。大数据分析的主要目标包括推测或解释数据、检查数据是否合法、给决策提供合理建议、诊断或推断错误的原因以及预测未来将要发生的事情。

根据大数据的数据类型，可以把大数据分析划分成以下三类：（1）结构化数据分析，对传统关系型数据库的数据进行分析；（2）半结构化数据分析，对 HTML 网页或 XML、文档等半结构化数据进行分析；（3）非结构化数据分析，对图像、声音和视频等非结构化数据进行分析。

值得一提的是，大数据时代，相关分析因具有可以快捷、高效地发现事物间内在关联的优势而受到广泛关注。所谓大数据相关关系，是指两个或两个以上因素之间在某种意义下所存在的联系和规律。大数据相关分析的目的在于探寻大数据集里所隐藏的内在关联关系。近年来大数据相关分析的应用成果不断涌现，人们日益发现，和以往相比，大数据时代相关关系的探索具有更加重要的价值。例如，在电子商务推荐系统中，通过挖掘用户性别、家庭情况、居住位置、以往的购物情况、商品特性之间的相关关系，能够进行有针对性的商品推荐。又如，商业企业作为大数据应用的重要领域，通过分析管理措施和经营策略与利润增长具有何种相关关系，可以帮助企业管理者调整经营策略，实现企业利润的增长。综合来看，大数据相关分析已经成为大数据分析与挖掘的核心科学问题和关键应用技术。

大数据分析的出现不是对传统数据分析的否定，而是对传统数据分析的继承和发展，传统数据分析方法中的数据挖掘和统计分析仍然在大数据分析中发挥着重要的作用。同时，大数据分析也呈现出和传统数据分析不同的特征，主要表现在以下四个方面。

第一，所分析的数据量不一样。传统数据分析是对少量的数据样本进行分析，而正如著名的大数据专家维克托·迈尔-舍恩伯格在其名著《大数据时代：生活、工作与思维的大变革》一书中所指出的那样，大数据要分析的是与某事物相关的所有数据，而不是分析少量的数据样本。

第二，分析的侧重点不一样。维克托·迈尔-舍恩伯格在《大数据时代：生活、工作与思维的大变革》一书中指出，大数据分析的重点不是发现事物之间的因果关系，而是发现事物之间的相关关系，因此相关分析是大数据分析的重要内容。

第三，所分析数据的来源不一样。传统数据分析的对象大多是同一个来源的数据中，如 Oracle 数据库或者 SQL Server 数据库中的数据，但是大数据分析更强调数据融合，因为每一种数据来源都有一定的局限性和片面性，只有对各种来源的原始数据进行融合才能反映事物的全貌，事物的本质和规律往往隐藏在各种原始数据的相互关联中。

第四，数据的解释方式不一样。可视化分析在传统数据分析中只是一种辅助手段，但是大数据分析更强调可视化分析的应用。俗话说"一张图胜过千言万语"，大数据的内容纷繁复杂，而可视化分析能够直观地呈现大数据的特点，有利于用户发现和掌握其中的规律。

1.4 大数据分析的基本过程

数据分析的目的是把隐藏在一大批看似杂乱无章的数据背后的信息集中和提炼出来，总结出研究对象的内在规律。

数据分析主要有三大作用：现状分析、原因分析、预测分析，分别反映了数据分析的描述性、探索性和验证性。

数据分析流程主要分为六个步骤，如图1-7所示。

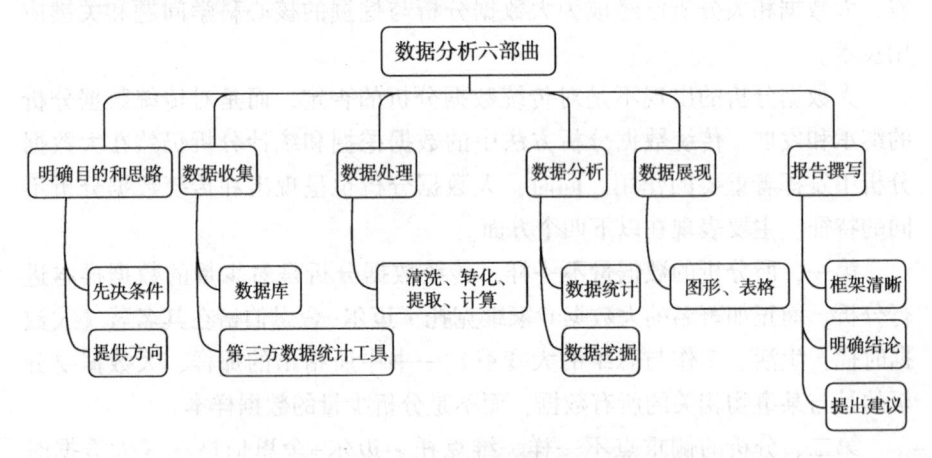

```
                        数据分析六部曲
    ┌──────┬──────┬──────┬──────┬──────┬──────┐
 明确目的  数据收集  数据处理  数据分析  数据展现  报告撰写
 和思路
    │        │        │        │        │        │
 先决条件  数据库   清洗、转化  数据统计  图形、表格  框架清晰
          提取、计算
 提供方向  第三方          数据挖掘           明确结论
          数据统计工具
                                                提出建议
```

图1-7　数据分析流程的六个步骤

（1）明确目的和思路。梳理分析思路，并搭建分析框架，把分析目的分解成若干个不同的分析要点，即如何具体开展数据分析，需要从哪几个角度进行分析，采用哪些分析指标（各类分析指标需合理搭配使用）。同时，确保分析框架的体系化和逻辑性。

（2）数据收集。一般数据来源有以下四种：数据库、第三方数据统计工具、专业调研机构的统计年鉴或报告（如艾瑞咨询）、市场调查。

对于数据进行收集需要预先做埋点，在发布前一定要经过谨慎的校验和测试，因为一旦版本发布出去而数据采集出了问题，就获取不到所需要的数据，影响分析效果。

（3）数据处理。数据处理主要包括数据清洗、数据转化、数据提取、数据计算等处理方法，将各种原始数据加工成为产品经理需要的直观的可看数据。

（4）数据分析。数据分析是用适当的分析方法及工具，对处理过的数据进行分析，提取有价值的信息，形成有效结论的过程。

掌握 Excel 的数据透视表就能解决大多数的数据分析问题。需要的话，可以再有针对性地学习 SPSS、SAS 等。

数据挖掘是一种高级的数据分析方法，侧重解决以下四类数据分析问题：分类、聚类、关联和预测，重点在于寻找模式与规律。

（5）数据展现。一般情况下，数据是通过表格和图形的方式来呈现的。常用的数据图表包括饼图、柱形图、条形图、折线图、气泡图、散点图、雷达图等。在此基础上，可进一步加工整理成我们需要的图形，如金字塔图、矩阵图、漏斗图、帕雷托图等。

（6）报告撰写。一份好的数据分析报告，要有一个好的分析框架，并且图文并茂、层次明晰，能够让阅读者一目了然。结构清晰、主次分明，可以使阅读者正确理解报告内容；图文并茂，可以令数据更加生动活泼，提高视觉冲击力，有助于阅读者更形象、直观地看清楚问题和结论，从而产生思考。

好的数据分析报告要有明确的结论、建议或解决方案。

1.5 大数据分析的价值

大数据的价值要通过挖掘和分析才能体现出来。因此，人们常说的大数据价值其实是指大数据分析的价值。下面，我们从宏观（时间）、中观（行业）和微观（企业）层面分别对大数据分析的价值进行探讨。

1.5.1 从时间维度看大数据分析的价值

从时间维度看，大数据分析的价值主要体现在以下三个方面。

（1）总结过去。历史的记载总是不够全面和完整，或有选择性，或有所美化。但在信息时代，人类利用大数据可将移动终端、社交媒体、传感器等媒介上的碎片化的资料、数据和信息融在一起，通过分析海量数据来总结具有普遍性的规律，从而发现新的知识。这为人类更加全面、完整、客观地记录历史、总结历史经验提供了可能。

（2）优化现在。"互联网+"环境下，"互联网+大数据+传统产业"不再意味着简单相加，而是进行跨界融合，充分实现互联网与传统产业的优势互补，借助行业大数据实现创新和自身发展。近年来，零售业、旅游业、新闻出版产业及金融服务业等传统产业，借助大数据分析实现了巨大变革。例如，引入基于位置的服务（LBS）、数据挖掘和个性化推荐技术等，提取用户行为偏好，进行精准营销。因此，大数据分析可以让我们把事物的全貌及隐含的特征看得更清楚、更明白，为当下的发展提供最优的决策支持。

（3）预测未来。信息时代存在巨大的不确定性，而减少不确定性的依据应是数据和基于数据分析得出的结论。未来，可利用发达的科学技术对大数据进行分析，从而预测人们的行为。例如，通过研究分析大数据来预测客户的购买行为、信用行为以及规避金融危险等。科学家可通过严谨、科学的方法来整理已知的海量数据信息，挖掘其中的内在规律，分析其发展趋势。因此，大数据有可能让我们更好地预测未来。

1.5.2 从行业应用看大数据分析的价值

依据行业应用的不同，大数据分析的价值也有不同体现。

1.5.2.1 传统行业应用大数据分析的价值

传统行业是以劳动密集型、制造加工为主的行业，而传统行业拥抱互联网已经是大势所趋。目前金融、餐饮、钢铁、农业等传统行业已经乘势而上。尤其需要指出的是，互联网金融异军突起，如具有电商平台性质的阿里金融正依据大数据收集和分析进行用户信用评级，从而防范信用风险，保障交易安全。

传统行业拥抱互联网，需要完成传统管理系统与互联网平台、大数据平台的对接和融合，因而势必会产生海量数据。传统行业可利用大数据分析调整产品结构、实现产业结构升级、优化采购渠道、实现销售渠道的多元化，实现产业融合和跨界创新、创新商业模式。例如，地产巨头万科利用大数据分析价值洼地，各大券商联合互联网巨头推出大数据基金。

1.5.2.2 新兴行业应用大数据分析的价值

相对于传统行业，新兴行业主要涉及节能环保、新一代信息技术、生物、高端装备制造、新能源、新材料及新能源汽车七个产业。

新兴行业与传统行业不同，其本身具有高信息化、高网络化、高科技的特点。其自诞生之日起，就具备了大数据的基因，也为大数据的分析利用提供了良好的土壤。例如，可穿戴智能设备Apple Watch就是为信息时代而生的，其产生的大数据可实现非接触式数据传输、基于位置服务等。大数据在新兴行业的应用价值更多体现在优化服务、提升用户体验、实现个性化推荐及提高竞争能力等方面。

1.5.3 从企业应用看大数据分析的价值

企业大数据分析的价值主要体现在采购、制造、物流、销售等供应链各个环节。例如，采购方面，依靠大数据进行供应商分析评价，有助于更好地与供应商进行谈判；制造方面，生产的各个环节可利用大数据分析来优化库存和运作能力；物流方面，可应用大数据分析来指导交通线路规划和日常设计；销售方面，可应用大数据分析来适应消费者偏好、行为，实现精准营销。总言之，大数据分析对于企业的最大价值在于实现供应链可视化、优化需求计划、强化风险管理、实现营销精准化和决策科学化。

1.5.3.1 实现供应链可视化

可视化（Visualization）是利用计算机图形学和图像处理技术，将数据转换成图形或图像在屏幕上显示出来，并进行交互处理的理论、方法和技术。

企业利用大数据分析可提供更具直观性的数据可视化服务，为供应链的全貌提供切实可见的视觉效果。

（1）供应链可视化的实现便于相关人员更好地理解整个供应链的运作流程，从而便于交流和控制。

（2）供应链可视化的实现有助于简化供应链复杂的流程，使整个供应链流程一目了然，便于审视和管理。

（3）供应链可视化的实现有利于处理异议。从心理学角度讲，讨论过程中出现不同观点时，争论的双方若看到自己的观点得以记录并展现于众，情绪会逐渐趋于缓和。据此，供应链可视化的实现将对处理异议起到较好的效果。

1.5.3.2 优化需求计划

需求计划是企业对所需要的物资、能源或材料等制订的采购进货计划，主要包括物资需求计划、能力需求计划和物流需求计划等。

大数据分析对于优化需求计划具有举足轻重的作用。企业可应用大数据分析对销售状况、市场需求程度、产品满意度等进行分析，从而为企业的物资需求计划制订提供决策支持。同时，企业还可利用大数据分析对客户的偏好和购买行为进行分析，从而为企业与供应商的谈判提供有利信息，优化企业的能力需求计划。大数据分析还可为企业的物流交通线路规划提供优化策略。

1.5.3.3 强化风险管理

供应链中的风险管理主要包括对供应商风险、安全风险的管理。

（1）评估供应商风险。供应商稳定有序与否，关系到整个供应链的成败。企业在确定供应商之前会对其日常业绩和风险进行评估，以确保供应商的水平和能力。

可利用大数据分析评估供应商的突发状况处理能力与风险应对能力，也可以利用大数据分析来为企业确定供应链高风险领域，据此为企业建立决策模型并确定资源利用的优先级，从而降低风险。

（2）安全风险。安全风险是企业供应链需要面对的最高级别的风险，供应链的安全风险主要包括产品的安全性和数据的安全性。随着信息技术的发展，供应链的管理越来越精细，甚至实现了实时监测。产品、物流信息都可借助GPS、北斗卫星导航系统等定位系统进行实时监测，并实时上传到数据管理平台，进行大规模的数据分析，以此确保供应链的安全和效率。

1.5.3.4 营销精准化

营销精准化就是通过对消费者行为的挖掘和分析，预测消费者行为，优化营销策略，实现广告精准投放和个性化营销。无论是线上还是线下，大数据营销的核心是基于对用户的了解，把希望推送的产品或服务信息在合适的时间以合适的方式和合适的载体，推送给合适的人。大数据营销依托多个平台的数据采集及大数据技术的分析及预测能力，使企业实时洞察用户，提高营销的精准性，为企业带来更高的投资回报率[①]。

大数据营销已从海量广告过渡到一对一以用户体验为中心的精准营销。通过对客户特征、产品特征、消费行为特征数据的采集和处理，可进行多维度的客户消费特征分析、产品策略分析和销售策略指导分析，从而实现一对一精准广告投放和效果分析。在注重用户体验的同时达到最佳的营销效果，并且可对营销进行跟踪，通过准确把握客户需求、提高客户互动水平的方式不断优化营销策略，推动营销策略的策划和执行。

1.5.3.5 决策科学化

大数据分析有利于科学决策。管理最重要的便是决策，而正确的决策

---

① 刘文永. 互联网金融冲击下我国商业银行的转型发展研究［D］. 福州：福建师范大学，2016.

依赖充足的数据和信息以及准确的判断。彼得·德鲁克说:"人们永远无法管理不能量化的东西。"在大数据时代,管理者和决策者不缺乏数据和信息,缺乏的是依靠量化做决策的态度和方法。在过去的商业决策中,管理者会凭借自身的经验和对行业的敏感来决定企业发展方向和方式,这种决策有时仅仅参考一些模糊的数据和建议。而大数据和大数据分析工具的出现,让人们找到了一条新的科学决策之路。

大数据主义者认为,所有决策都应当逐渐摒弃经验与直觉,加强对数据分析的倚重。相对于全人工决策,科学的决策能给人们提供可预见的事物发展规律,这不仅让结果变得更加科学、客观,也在一定程度上减轻了决策者所承受的精神压力。

例如,华尔街某公司通过分析全球3.4亿条微博账户留言判断民众情绪,再以1~50进行打分。根据打分结果,决定公司股票的买入与卖出。具体的判断原则是:如果所有人都高兴,就买入股票;如果大家的焦虑情绪上升,就抛售股票。这样的做法使该公司获得了7%的收益率。

第2章　大数据的采集与预处理

2.1　大数据的采集

大量的、充分的数据是进行大数据分析和挖掘的基础，要想挖掘出组织机构所拥有的数据资产的潜在价值，需要先把散落在不同数据源上的数据采集出来，包括组织机构的信息系统、运营日志、生产设备的状态数据、感知设备采集的数据以及相关的外部数据等，然后进行分析和挖掘，以支持组织机构做出高质量的决策。面向四种主流的数据源，本节将详细介绍相应的大数据采集方法及常用的工具，包括网络数据采集方法、系统日志采集方法、科研数据采集方法和关系型数据库数据采集方法。

2.1.1　网络数据采集方法

作为大数据时代最大的数据来源之一，互联网每时每刻都在源源不断地产生数据，包括新闻数据、商品数据、订单数据、美食数据、用户反馈和评价信息、博客、照片、音频、视频、用户点击浏览记录等。这些数据可采集起来用于经济民生形势、网络舆情、用户行为、个性化推荐等方面的分析与预测。

网络上的数据很多是随机动态产生的，实时性强，非结构化数据众多。这些数据中很大一部分是通过网页呈现内容，目前主要通过网络爬虫来获取，部分网站可通过其提供的 API 来获取数据。而访问日志等信息则可使用系统日志采集方法进行采集。

2.1.1.1　初识网络爬虫

网络爬虫是一种按照一定的规则，自动爬取网络信息的程序或脚本，也称为网页蜘蛛或网页追逐者。网络爬虫从要提取信息的网站出发，"爬"到相应的源网站上，把需要的信息取回来。这只"虫子"大家其实并不陌生，它充斥在网络中的各处，例如，每天用搜索引擎谷歌、百度等所搜索到的信息，其实都是通过网络爬虫每隔一段时间对全网的网页扫一遍，获取相关信息后供用户查阅的；火车票或特价机票的抢票功能，也有网络爬虫的功劳；微博活跃粉丝利用网络爬虫增加粉丝、刷微博，疯狂关注、点赞、留言、抢红包等；此外，电商的比价平台、聚合电商、返利平台，后面都有网络爬虫的身影。

传统网络爬虫从一个或若干个初始网页的 URL 开始，获取各个网页上的内容，并且在提取网页的过程中，不断从当前页面上提取新的 URL 放入队列，直到满足设置的停止条件为止；聚焦网络爬虫则进一步过滤与主题无关的链接，并在选择下一步要提取的网页 URL 时设定特定的搜索策略。按照系统结构和实现技术的不同，网络爬虫大致可以分为通用网络爬虫（General Purpose Web Crawler）、增量式网络爬虫（Incremental Web Crawler）、聚焦网络爬虫（Focused Web Crawler）和深层网络爬虫（Deep Web Crawler）等。实际的网络爬虫系统较复杂，往往需要结合多种爬虫技术才能实现。

2.1.1.2 网络爬虫采集网页数据的过程

一般网络爬虫采集网页数据的过程如图 2-1 所示，主要包含以下五个步骤。

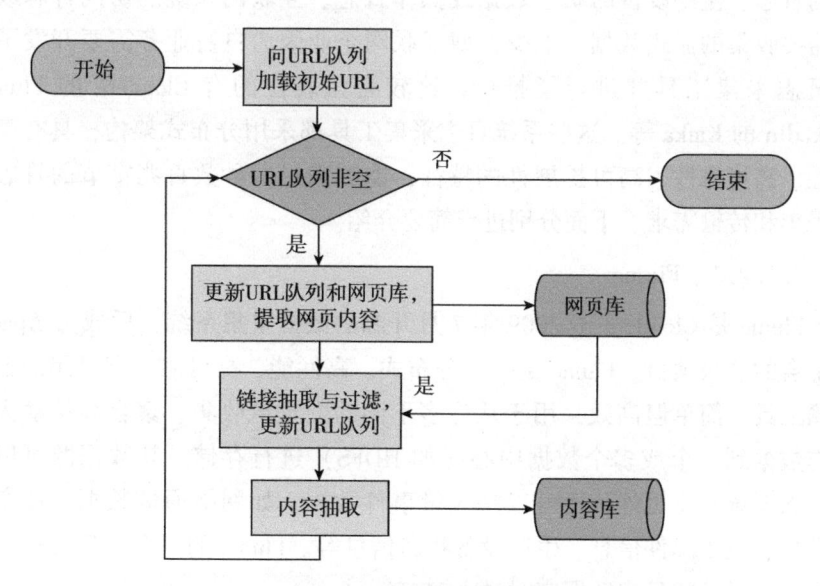

图 2-1 网页数据采集过程

（1）网络爬虫程序向 URL 队列加载初始网页 URL。

(2) 依据一定的策略从 URL 队列中读取网页 URL，访问该网页并提取网页内容，然后将该 URL 移出 URL 队列，写入已提取网页库。

(3) 从网页内容中抽取所有 URL 链接，然后将这些 URL 与已提取网页库中的网页 URL 进行比较，再依据过滤规则过滤未提取过的新 URL，将满足过滤规则的新 URL 写入 URL 队列。

(4) 从网页内容中提取所需内容，写入内容库。

(5) 若 URL 队列非空，重复第（2）步至第（4）步，直到完成 URL 队列中所有 URL 的提取，程序结束。

2.1.2 系统日志采集方法

每时每刻，物理世界里大量的传感器、摄像头、送话器和其他智能终端、监控设备等感知设备都在自动收集着信号、图片、视频，产生大批量的数据。这些数据的产生称为感知设备数据采集，属于智能感知层。智能感知层的数据需要传输、接入大数据系统的数据存储，可能还需要进行信号转换和数据的初步处理。

系统日志的含义很广，可以是智能感知层采集到的数据、软件系统运行的日志、生产设备的状态数据或操作日志、互联网系统的访问日志或其他需要收集的流式数据。不少大型互联网企业因为自身业务需要开发了系统日志采集工具并进行了推广，比较有代表性的有 Cloudera 的 Flume、LinkedIn 的 Kafka 等。这些系统日志采集工具都采用分布式架构，具有高可用性、高可靠性、高可扩展性的特征，能够满足每秒数百兆字节的日志数据采集和传输需求。下面分别进行简要介绍。

2.1.2.1 Flume

Flume 是 Cloudera 于 2009 年 7 月开源的数据采集系统，后成为 Apache 基金会的顶级项目。Flume 是一个分布式、高性能、高可靠、高可用的数据传输工具，简单但高效，用于从许多不同的数据源收集、聚合和移动大量日志数据到一个或多个数据中心（如 HDFS）进行存储。其数据源可以定制，除系统日志之外，还可以是大量事件数据，如网络通信数据、社交媒体数据、电子邮件信息、生产设备状态信息等。Flume 的一个典型应用是将众多生产设备的日志数据实时导入 HDFS。

Flume 使用 Agent（代理）采集数据，每一个 Agent 都由 Source（数据源）、Channel（管道）和 Sink（数据汇）组成。

（1）Source 负责从外部源（如 Web 服务器）接收数据，并将数据写入 Channel。

外部源以 Flume Source 支持的格式发送数据给 Flume，支持的数据源包括 Avro、Thrift、HTTP、JMS、RPC、NetCat、Exec（Shell）、Spooling 等，其中，NetCat Source 可监听一个指定的网络端口，即只要应用程序向这个端口写数据，这个 Source 组件就可以获取到信息；Spooling 支持监视一个目录或者文件，并解析其中新生成的事件。

（2）Channel 负责缓存从 Source 传过来的数据，直到数据被 Sink 消费掉，断网时数据也不会丢失。Channel 可以是内存、文件或 JDBC 等。Channel 为内存时，性能高但不持久，且有可能存在数据丢失的情形；Channel 为文件时，会将数据保存到文件系统中，这种方式更可靠，但性能不高。

（3）Sink 负责从 Channel 中读取数据并发给下一个 Agent 的 Source 或外部存储系统，可以为 HDFS、HBase、Solr、ElasticSearch、File、Logger、Avro、Thrift、File 或其他的 Flume Agent。Sink 一般都是使用 Netty 来发送数据，只是协议不同。

需要注意的是，事件产生的源头并不会自己把消息发送给 Flume Agent，而是由 Flume 客户端负责。客户端通常和产生数据源的应用在同一个进程空间。常用的客户端有 Avro、Log4J、Syslog 和 HTTP Post。此外，ExecSource 支持指定一个本地进程的输出作为 Flume 的输入。若这些客户端都不能满足需求，则需要定制客户端和已有的 Flume Source 进行通信，或者定制实现一种新的 Source 类型。此外，Flume 还提供 SDK，支持用户的定制开发。

2.1.2.2 Kafka

Kafka 是一个具有以下三个关键功能的分布式流平台：（1）发布和订阅记录流，类似于消息队列或企业消息传递系统；（2）以容错、持久的方式存储记录流；（3）记录流发生时处理。

简单地说，Kafka 就是一个高吞吐量的、持久性的、支持数据流实时处理的分布式发布订阅消息系统。其应用场景主要有两大类：（1）构建可在系统或应用程序之间可靠获取数据的实时流数据管道；（2）构建转换或响应数据流的实时流应用程序。严格意义上说，Kafka 并不是一种系统日志采集工具，只有当产生日志的数据源可以配置成为消息生产者时，方可使用 Kafka 采集数据。

Kafka 体系结构包括生产者（Producer）、消费者（Consumer）、连接器

(Connector)、流处理器（Stream Processor）和 Kafka 集群（Kafka Cluster）五部分。其中，Kafka 集群由多个服务节点组成，每个节点称为一个消息代理（Broker），在消息代理上，消息以主题（Topic）的方式组织，每个主题被分成一个或多个分区（Partition）进行存储，分区越多意味着能服务越多的消费者，消息代理之间的协作由 Zookeeper 进行协调；生产者将消息发送到 Kafka 集群的某个主题上，使用压（Push）的模式；消费者从 Kafka 集群订阅并消费消息，使用拉（Pull）的模式，并保存消费消息的具体位置，当消费者宕机后恢复上线时，可根据之前保存的消费消息位置重新拉取需要的消息进行消费，从而保证消息不会丢失。

相应地，Kafka 提供了以下四种核心 API：(1) 生产者 API，允许应用程序将记录流发布到一个或多个 Kafka 主题。(2) 消费者 API，允许应用程序订阅一个或多个主题并处理生成的记录流。(3) 流 API，允许应用程序充当流处理器，消耗来自一个或多个主题的输入流并产生到一个或多个输出主题的输出流，从而有效地将输入流转换为输出流。(4) 连接 API，允许构建和运行将 Kafka 主题连接到现有应用程序或数据系统的可重用生产者或消费者。例如，关系型数据库的连接器可能会捕获对表的每个更改。

构建 Kafka 应用的时候，需要先安装并配置 Kafka 集群，再根据业务需要创建相应的主题，然后使用生产者 API 开发生产者客户端往主题中写入消息，再使用消费者 API 开发消费者客户端消费主题中的消息，必要时可使用流 API 开发流处理器，在消费者消费消息前对输入流进行处理。

若应用的数据来源较多，且有实时处理的需求，可以整合 Flume 和 Kafka 进行数据采集处理。通过 Flume 采集各个数据源上的数据，Flume 的输出分为两块，需要离线处理的存入 HDFS，需要进行实时处理的输送到 Kafka 集群。

2.1.2.3 Elastic Stack

Elastic Stack 是一种能够从任意数据源抽取数据，并实时对数据进行搜索、分析和可视化展现的数据分析框架，功能强大，可用于海量日志系统和大数据系统的运维，如分布式日志数据集中查询、系统监控、故障排查、用户行为分析等。其中 Elasticsearch、Logstash 和 Kibana 三个组件的组合称为 ELK Stack，是一套实用、易用的监控架构，很多公司利用它来搭建可视化的海量日志分析平台，如饿了么、携程、美团、新浪微博等。在大数据环境下，为解决 Logstash 的性能及资源消耗问题，Elastic Stack 在 ELK Stack 的基础上加入了 Beats 组件。X-Pack 组件则进一步加强了 Elastic Stack 的监控警报等功能。下面对这几个组件进行简要介绍。

（1）Elasticsearch。这是一种分布式的、多用户的、基于 Lucene 的、主流的企业级全文搜索引擎。它使用 Java 开发，支持 RESTful Web 接口，开源，具有高可用、可水平扩展、易维护等特点，是 Elastic Stack 的核心组件。

（2）Logstash。这是一种用于采集、管理日志和事件的服务器端工具，不需要在被采集端部署 Agent 程序，具有丰富的插件，可用于采集大量的不同数据源的数据，并输出到期望的系统中，如搜索、存储等，与 Elasticsearch 搭配使用效果更佳。

（3）Kibana。这是 Elastic Stack 中的前端日志展示框架，支持多种形式查询 Elasticsearch 中的数据并展现为各种图表，为用户提供强大的数据可视化支持。

（4）Beats。这是一个轻量级的开源日志收集处理工具，面向简单且目标明确的数据采集或传输场景，可以直接传输数据到 Elasticsearch 或经由 Logstash 进一步处理后传输到 Elasticsearch。Beats 采集数据时需要在被采集端部署 Agent 程序，但其占用资源较少，因而可用于在各个服务器上搜集日志后传输给 Logstash 做进一步处理。

（5）X-Pack。X-Pack 可提供一组加强 Elastic Stack 功能的付费扩展包，包括基于用户的集群监控警报、安全管理、图搜索和数据报表导出等。

2.1.3 科研数据采集方法

科研数据因其特殊性，数据采集方案都是经过科研人员精心设计的。不同科研领域，其数据采集分析方法也不同，如舆情分析、用户行为分析及个性化推荐、在线教育评估模型、交通监管等，可在采用前面介绍的网络大数据采集方法和系统日志采集方法结合数据感知层的通用感知设备完成数据采集；而在粒子物理、宇宙奥秘探索、生物脑科学、基因组研究等领域，其数据需要使用特定的仪器进行采集并传送到数据中心进行处理，如 LHC、射电望远镜、电子显微镜等。

2.1.3.1 LHC

大型强子对撞机（LHC）是一种将粒子加速对撞的高能物理设备，即把粒子加速到接近光速后使其互相碰撞，以研究粒子的结构以及寻找新的粒子。欧洲大型强子对撞机是现在世界上最大、能量最高的粒子加速器。

2008年9月10日该对撞机初次启动进行测试,之后发现了被称为"上帝粒子"的希格斯玻色子的存在,该粒子据说在大爆炸之后的宇宙形成过程中扮演了重要角色。2019年8月1日,LHC的下一代"继任者"——高亮度大型强子对撞机项目开始进行升级工作,亮度预计将提升5~10倍。

2.1.3.2 射电望远镜

射电望远镜是指用来采集、观测和研究来自宇宙天体的射电波信号的许多大型天线或天线阵列,可以测量天体射电的强度、频谱及偏振等量,以研究宇宙奥秘,如星系演化、地球之外星体的生命与文明、宇宙磁场等。目前,全球最大的口径达500m的单口径球面射电望远镜(Five-hundred-meter Aperture Spherical Radio Telescope,FAST)坐落在我国贵州,已建成启用。由于射电望远镜建造观念的变化,FAST或将成为单口径射电望远镜的终结者。全球最大的完全数字化的综合孔径射电望远镜SKA(Square Kilometer Array,平方公里阵列)正在建设,定址于非洲9国(中心在南非)和澳大利亚的西部,其碟形天线数量将近3000个。

SKA由低频阵列的130万只对数周期天线、中频阵列的250个致密孔径阵列和高频阵列的2500只碟形天线构成,每个小天线都需要连接一个智能接收机接收其信号并将该信号数字化,然后进行多波束合成和相关处理,再进行数据存储与分析,数据量巨大。130万只天线都数字化以后其数据量是全球因特网流量的100倍,这将对数据中心的数据接收和处理能力提出很大的挑战。

2.1.3.3 电子显微镜

电子显微镜是一种新型的显微镜,其原理是使高速电子流通过物体,经过电磁的放大装置使物体的影像显现在荧光屏上。其放大倍数比光学显微镜大得多,一般可达几十万倍。在基因组、脑科学等现代生物学研究中,该显微镜能帮助科学家了解生物体细胞甚至分子层的微观结构,借此进行模拟或重建。

2.1.4 关系型数据库数据采集方法

传统组织机构内部的管理信息系统,如ERP、客户关系管理系统等,其后台数据库大多采用的是关系型数据库,即数据以表格的形式进行存储。随着数据源源不断地增加,经过长年累月的积累,关系型数据库中积累了巨量而珍贵的数据,蕴含着组织机构多年的运营经验和商业机密。

接下来需要对这些数据进行分析，挖掘出其中潜在的价值，从而为企业创造更多的价值。

为进行大数据分析挖掘，需要将多个关系型数据库中的数据转移到大数据平台的相关存储系统中，构建数据仓库或数据集市。目前，可用于在关系型数据库和分布式存储系统之间进行数据相互转移的代表性工具为 Sqoop。

Sqoop 是 Apache 下的顶级项目，用来将 Hadoop 和关系型数据库中的数据进行相互转移。它可以将一个关系型数据库中的数据导入 Hadoop 文件系统中，如 HDFS，也可将 Hadoop 文件系统中的数据导入关系型数据库中，而且提供了针对某些 NoSQL 的连接器。Sqoop 通过元数据模型判断数据类型，并在数据从数据源转移到 Hadoop 时确保类型安全。Sqoop 专为大数据批量传输而设计，支持并行导入，能够分割数据集并创建 Hadoop 任务来处理每个区块；支持按字段进行导入与导出，可指定按某个字段进行拆分以并行化导入过程；也支持增量更新，将新记录添加到最近一次导出的数据源上，或指定上次修改的时间戳。Sqoop 应用广泛，且发展前景比较乐观。

2.2 大数据的预处理

2.2.1 数据预处理的必要性

最初为数据挖掘而准备的所有原始数据集通常很大，且比较杂乱、受限，其中许多问题是由人为因素造成的。初始数据集一般存在数据缺失、失真、误记录和不当样本等问题。看起来没有这些问题的原始数据应该马上引起怀疑。要得到高质量的数据，必须在分析者看到它们之前，先整理和预处理数据，使其就像设计合理、准备充分的数据仓库中的数据一样。

下面讨论杂乱数据的来源和含义。首先，数据杂乱是由数据丢失造成的。测量或记录在很多情况下无法获得全部数据的值。在数据挖掘过程中要处理这个问题，必须能根据已有的数据甚至是丢失的数据来建模。后面将介绍一些对缺失值或多或少敏感的数据挖掘技术。如果这些方法足够健壮，数值的缺失就不是问题。否则，在应用所选的数据挖掘技术之前，必须解决缺失值的问题。其次是数据的误记录，这在大型数据集中非常常见。因此，必须有能发现这些"异常值"的机制。某些情况下，甚至要用这些机制消除"异常值"对最终结果的影响。此外，数据可能并不来自假定的样本母体。这里，异常点就是典型的例子，在数据挖掘过程中只有分析人员详细地分析数据，才能将异常数据从正常数据中剔除，或者将它们保留为所研究样本母体的异常样本。

在正式分析数据之前相当重要的一步是对数据的彻底检查，只有彻底检查数据才能进一步采取措施。传统上，数据挖掘分析者在开始对数据建模或应用数据挖掘算法之前，必须先熟悉数据。然而，对于现代的大型数据集来说，这么做的可行性很小，甚至在很多情况下是完全不可能的，必须依赖计算机程序来自动检查数据。①

数据失真、数据挖掘工具的滥用、采用错误的步骤、对数据的模糊性和不确定性未全面考虑等，所有这些都可能在数据挖掘过程中导致方向错误。因此，数据挖掘不是简单地对已知问题应用一系列工具，而是一个批判性的鉴定、考察、检验和评估过程。数据在本质上应该是定义明确的、一致的和非易失性的。数据量要足够大，以支持数据分析、查询、汇报以及与长期历史数据进行比较。

"初始数据集的准备和转换是数据挖掘过程中最为关键的步骤。"这一观点得到了许多数据挖掘专家的认同。但这个步骤在很多时候并没有引起人们足够的注意，主要是因为许多人认为数据挖掘的应用高度与之相关。数据准备过程中的某些部分，有时甚至是整个准备过程，在大多数数据挖掘过程中，可以独立于应用和数据挖掘方法来描述。一些公司拥有相当大的、常常是分布式的数据集，此时，大多数数据准备过程都可以在数据仓库的设计阶段完成，只有对数据进行挖掘分析，很多专门的转化才能进行。计算机不可能在没有人的辅助下找到最好的转换集合，用于一个数据挖掘应用的转换不一定能很好地用于另一个应用。

数据准备有时会作为数据挖掘文献中一个不重要的话题而不予考虑，或者仅作为数据挖掘过程中的一个阶段。而在数据挖掘应用的现实世界中则恰恰相反，数据准备比应用数据挖掘方法耗费更多的精力。数据准备阶段有两个中心任务：（1）为了方便数据挖掘工具和其他工具对计算工具的处理，应将数据组织成一种标准形式。（2）准备数据集，使其能得到最佳效果。

---

① 田雅娟. 数据挖掘方法与应用 [M]. 北京：科学出版社，2022：18.

2.2.2 数据清理

2.2.2.1 缺失值的处理方法

一个对象遗漏一个或多个属性值并不少见。缺失的数据很有可能没有错误。例如，申请信用卡时，要求申请人填写驾驶证等级，但如果申请人没有驾驶证，这部分值便会缺失，对缺失值的处理方法是允许填表人使用诸如"无效"等值。在某些情况下，信息收集可能会被人认为是涉嫌窥探他人隐私，如年龄、体重、收入等（如网络用户注册时）。有些属性只能用于特定的对象，例如，有条件的选择是市场调查中常用的一种设计方法，当被调查者以特定方式回答前面的问题时，条件部分才需要填写，但在存储时为简单起见可能会将所有数据全部存储。此外，也可能是所收集的数据中有些感兴趣的属性缺少属性值，或仅包含聚集数据。因此，在分析数据时应当考虑对不完整的数据进行处理。处理缺失值的方法有以下几种。

（1）元组的忽略。这是分类任务中类标号缺失时常用的一种处理方法。该方法适合于同一个记录中有多个属性缺失值，并且对所有类型的缺失值都有效，当属性缺失值的百分比变化很大时，其性能就很差。

（2）忽略属性列。如果该属性的缺失值太多，如超过 80%，则在整个数据集中忽略该属性列。

（3）缺失值的人工填写。这是一种既费力又费时的方法，这一方法不适合数据缺少很多值或者数据量过大的情形。

（4）自动填充缺失值。有以下三种策略：策略一，全局值的填写要使用一个全局常量，用一个常数来替换缺失的属性值。策略二，默认值用与给定记录属同一类的所有样本的众数或均值来填充，假如某数据集中一条属于 a 类的记录在 A 属性上存在缺失值，那么可以用该属性上属于 a 类的全部记录的平均值来代替该缺失值。策略三，缺失值用可能值来替代，可以用回归、基于推理的工具或决策树归纳确定。

策略一填入的值可能不正确；策略三使用已有数据的大部分信息来预测缺失值，效果相对较好，但代价大；策略二实现简单、效率高，效果相对不错。

2.2.2.2 数据的平滑方法

噪声是测量变量中的随机错误或偏差。噪声是测量误差的随机部分，包含错误或孤立点值。导致噪声产生的原因有多种，可能是数据收集设备出现故障，也可能是数据录入过程中人的疏忽或者数据传输过程中的错误等。目前，噪声数据的平滑方法有以下几种。

（1）分箱（Binning）。将有效的数值分到一些"箱"或"桶"中，在这一分类过程中考察了周围值以平滑有效的数值。这种平滑被称为局部平滑，因为这一过程只是局部平滑，如类的等深分箱思路被采用到定积分中。

（2）聚类。以"簇"或"群"的形式组织类似的值称为聚类。聚类可以监测离散的离群点（Outlier），落在簇集合之外的值为异常值。通过删除离群点来平滑数据。

（3）回归。可以用一个函数（如回归函数）拟合数据来平滑数据。线性回归涉及找出拟合两个属性（或变量）的"最佳"线，使得通过一个属性可以预测另一个属性。多元线性回归是线性回归的扩展，其中涉及的属性多于两个，并且数据拟合到一个多维曲面。

（4）计算机检查和人工检查相结合。通过人与计算机相结合的检查方法，可以帮助识别孤立点。例如，利用基于信息论的方法可以帮助识别手写符号库中的异常模式，所识别出的异常模式可输出到一个列表中，然后由人对这一列表中的各异常模式进行检查，并最终确认无用的模式。这种人机结合的检查方法比单纯利用手工方法对手写符号库进行检查要快得多。

2.2.2.3 不一致数据

一些数据库中的数据可能会出现记录不一致的情况，此时可以使用相关材料来人工修复数据。例如，可用纸上记录的数据来修正输入错误的数据。用来矫正编码不一致的例程可以与之一起使用。违反规则的数据可用知识工程工具来检测。例如，违反函数依赖的值可用已知的函数依赖关系来查找。

2.2.2.4 时间相关数据的处理

时间强相关、时间弱相关和时间无关共同构成了实际的数据挖掘应用范围。只有特殊的数据转化和数据准备才能处理现实中的时间相关问题，特殊的数据转化和数据准备在大多数情况下直接影响到数据挖掘成功与否。下面先讨论最简单的情况——以一定的时间间隔测量的单个特征，即这个特征的一系列值是在固定的时间间隔测量的。例如，温度每小时测一次，产品销售量每天记录一次。这是个经典的一元时间序列问题，在这个问题中，变量在指定时间的值应和它的以前值有关系。因为是

以固定的时间间隔测定时间序列，所以其值序列可表示为

$$X = \{t(1), t(2), t(3), \cdots, t(n)\}$$

其中，$t(n)$是最近测定的值。

许多时间序列问题的目标是根据以前值预测$t(n+1)$的值，因为以前值和预测值直接相关。在预处理原始的时间相关数据时，最重要的一步是指定一个窗口或时延（时间间隔）。

以前值的数目会影响预测值。每个窗口代表一个数据样本，以便进行进一步分析，例如，如果某时间序列由11个测量值组成，即

$$X = \{t(0), t(1), t(2), t(3), t(4), t(5),$$
$$t(6), t(7), t(8), t(9), t(10)\}$$

且该时间序列的分析窗口为5，这样就可以把输入的数据重组为一个包含6个样本的表格，这种表格更便于（标准化）应用数据挖掘技术。表2-1列出了转换后的数据。

表2-1 时间序列转换为标准表格形式（窗口5）

样本	窗口					下一个值
	M1	M2	M3	M4	M5	
1	$t(0)$	$t(1)$	$t(2)$	$t(3)$	$t(4)$	$t(5)$
2	$t(1)$	$t(2)$	$t(3)$	$t(4)$	$t(5)$	$t(6)$
3	$t(2)$	$t(3)$	$t(4)$	$t(5)$	$t(6)$	$t(7)$
4	$t(3)$	$t(4)$	$t(5)$	$t(6)$	$t(7)$	$t(8)$
5	$t(4)$	$t(5)$	$t(6)$	$t(7)$	$t(8)$	$t(9)$
6	$t(5)$	$t(6)$	$t(7)$	$t(8)$	$t(9)$	$t(10)$

通过相应的评估技术能测定最佳时延，可变复杂度也是通过这种技术利用独立的测试数据进行测量的。数据准备不是只进行一次就交给数据挖掘程序进行预测，而是要反复进行多次。一般的目标是预测时间序列的下一个值，但在一些应用中，可以把目标改为预测未来几个时间单元的值。也就是说，给定与时间相关的值$t(n-i), \cdots, t(n)$，要求预测$t(n+j)$的值。在上例中，设$j=3$，则新样本可用表2-2给出。

表 2-2 标准表格形式（窗口5）到延迟预测（$j=3$）的时间序列样本

样本	窗口					下一个值
	M1	M2	M3	M4	M5	
1	$t(0)$	$t(1)$	$t(2)$	$t(3)$	$t(4)$	$t(7)$
2	$t(1)$	$t(2)$	$t(3)$	$t(4)$	$t(5)$	$t(8)$
3	$t(2)$	$t(3)$	$t(4)$	$t(5)$	$t(6)$	$t(9)$
4	$t(3)$	$t(4)$	$t(5)$	$t(6)$	$t(7)$	$t(10)$

通常间隔越大，预测就越困难、越不可靠。其目标很容易从预测时间序列的下一个值改为分类到某个预定义的类别中。从数据准备的观点看，这并没有什么显著的变化。例如，新的输出不是预测的输出值 $t(i+1)$，而是二元的：T 代表阈值，F 代表 $t(i+1)<$ 阈值。

时间单元可以相当小，在时间序列的表格中，这会增加相同周期内的人工特征数据量。这给高维带来的问题是在时间序列数据标准表达中，要为精度付出一定的代价。

实际上，特征数据的多数旧值都是一些历史残留数据，它们与分析无关，也不能用于分析。因此，对许多商业应用和社会应用来讲，新趋势可能会使旧数据更不可靠、更不能使用。于是，新近数据成为重中之重，可以去除时间序列中最老的部分。现在，不但时间序列的窗口是固定的，而且数据集的大小也是固定的。只有最近的 n 个样本可用于分析，即使这样，它们的加权也可能不一样。对这些进行决策时必须加以注意，它们有时依赖的是应用知识和过去的经验，例如，使用20年前的癌症患者数据并不能正确描述目前癌症患者的存活率。

很多情况下需要在应用数据挖掘前，对原始数据进行预处理，这种处理除了得到时间序列的标准表格外，还可以总结它们的特征。① 多数情况下，把 $t(n+1)-t(n)$ 作为预测结果比 $t(n+1)$ 更好，同样，$t(n+1)/t(n)$ 揭示了变化率，有时用这个比值也能得到更好的预测结果。这些预测结果只适用于基于逻辑的数据挖掘方法，如决策树和决策规则。当用差值或比率来表示目标时，测量输入特征的差值或比率也是有利的。

时间相关的案例一般通过目标和时延或大小为 m 的窗口来指定。汇总数据集特征的一种方法是取平均，得出移动平均数（MA）。该平均数汇总

---

① 柴欣. 数据挖掘技术与应用教程［M］. 北京：科学出版社，2022：25.

了案例中最新的 m 个特征值，对于时间增量 i，其值为

$$MA(i, m) = \frac{1}{m}\sum_{j=i-m+1}^{i} t(j)$$

应用知识可辅助指定 m 的合理大小。误差估计应该验证所选的 m。MA 对所有时间点的加权都是相等的。典型的例子是股票市场的移动平均数，如道琼斯指数或纳斯达克指数 200 天的平均变动。目的是通过平整邻近时间点，减少随机变动和噪声干扰成分。

$$MA(i, m) = t(j) = mean(i) + error$$

指数移动平均数（EMA）是另一种平均数，它对最近的时间周期进行更大的加权。可采用递归方式将其表述为

$$EMA(i, m) = pt(i) + (1 - p)EMA(i - 1, m - 1)$$
$$EMA(i, m) = t(i)$$

其中，p 是 0~1 的值。例如，假设 $p = 0.5$，最新的值和窗口中所有以前值的计算加权相同，取序列中头两个值的平均值进行计算，则有

$$EMA(i, 2) = 0.5t(i) + 0.5t(i - 1)$$
$$EMA(i, 3) = 0.5t(i) + 0.5(0.5t(i - 1) + 0.5(i - 2))$$

按照惯例，p 的值是根据应用知识或经验实证来确定的。EMA 在很多与商业有关的应用中运用得非常成功，往往能得出优于 MA 的结果。

MA 对近期进行了概括，其对数据走向的定位又提高了预测性能。比较最近的测量结果和早期的测量结果，组成新特征，就可以测量出数据走向的特性。三个简单的比较特征分别是：① $t(i) - MA(i, m)$，当前值和 MA 之差；② $MA(i, m) - MA(i - k, m)$，两个 MA 之差，它们的窗口大小通常相同；③ $t(i)/MA(i, m)$，当前值和 MA 的比率，更适用于某些应用。

概括起来，时间序列的特征主要包括以下几个方面：①当前值；②应用 MA 平整得到的值；③导出走向、差值和比率。

多变量时间序列是由单变量时间序列简单延伸后所得到的。在时刻 i 测量单个 $t(i)$ 值并不是多变量时间序列，而是同时测量多个值 $t(a(i), b(j))$。多变量时间序列的数据准备没有额外的步骤。其特征是由每个序列转化后得到的，一个样本 i 是由特征在每个不同时刻的值 A(I) 组合成的。

尽管一些数据挖掘问题可以用单个时间序列来表示，但现实问题中更常见的是混合使用时间序列和不依赖时间的特征。属性概括和时间相关转

化的标准程序，在这种情况下应该执行。一般在数据规约阶段处理数据的高维性。

　　一些数据集并未明确包含时间成分，但是整个分析都在时间域内（一般是基于被描述实体的几个日期属性）进行。这类数据集中有一种非常重要的数据，叫作幸存数据。幸存数据用于描述某个事件需要多长时间才会发生。在很多医学应用中，该事件是指病人的死亡，所以应分析病人的生存时间。在工业应用中，该事件常常是指机器中的一个部件出现故障。因此，这类问题的输出是幸存数据。在医学应用中，输出的是病人的记录；而在工业应用中，输出的是机器部件的特性。幸存数据有两个区别于其他数据的特征。第一个特征是审查。在很多研究中，直到研究周期的最后，事件都没有发生。因此，在医学实验中，一些病人5年之后仍然活着，不知道他们什么时候死亡。这种观察叫作审查观察。如果审查有了结果，即使不知道结果值，也掌握了一些信息。第二个特征是输入值与时间相关。既然要一直搜集数据，直到事件发生，则在等待期间输入值可能会改变。如果病人在研究期间停止吸烟或开始服用新药，就必须知道研究中要包括哪些数据，怎样表示这些变化。数据挖掘对这类问题的分析集中在幸存率函数或故障率函数上。幸存率函数是幸存时间比 t 大的概率。故障率函数揭示了在某时刻之前机器没有出现故障，在该时刻故障发生的可能性。

2.2.3　数据集成和数据变换

2.2.3.1　数据集成

　　（1）实体识别与匹配。数据集成时，需要考虑很多问题。技巧可以帮助解决模式集成和对象匹配问题。如何"匹配"现实世界中来自多个信息源的实体，是实体识别要解决的主要问题。例如，一个数据库中的 customer_id 和另一个数据库中的 cust_number 是否具有相同的属性，需要计算机或数据分析者来确定。元数据的概念在其中被应用。数据名称、类型、含义、属性、取值范围和处理空白、NULL 值的空值规则和零等是每个属性的元数据都包括的内容。这样，模式集成的错误可用元数据来避免。变换数据也是元数据的作用之一，例如，在一个数据库中可以"H"和"S"来编码 pay_type 的数据，而在另一数据库中可用"1"和"2"来编码。这与前面所介绍的数据清理也有一定的关系。数据的结构是数据集成期间，两个数据库的属性相匹配时务必要注意的。其目的是保证原系统中的参照约束和函数依赖与目标系统相匹配。例如，discount 在两个不同的订单中扮演着不同的角色，在一个系统中扮演订单，而在另一个系统中扮演商品，商品隶属于订单。目标系统中的商品有时会被不正确打折，这是因为在数据集成之前未发现其双重身份。

（2）冗余和相关分析。数据集成的一个重要问题为冗余。如果一个或一组属性能够"导出"另一个属性，那么这个属性可能就是冗余的。数据集中的冗余也可能是维命名或属性的不一致导致的。

相关分析有可能检测到冗余。可以依据分析结果确定给定的两个属性中一个属性能在多大程度上蕴含另一个属性。对于标称数据，可以使用（卡方）检验。对于数值属性，可以使用相关系数和协方差，它们都可以评估一个属性的值如何随另一个属性变化。

①标称数据的相关检验。可以通过 χ^2（卡方）来检验标称数据两个属性 A 和 B 之间的关联关系。假设 A 有 c 个不同值 a_1, a_2, $\cdots$, a_c，B 有 r 个不同值 b_1, b_2, $\cdots$, b_r。可用一个相依表来显示 A 和 B 描述的数据元组，其中列由 A 的 c 个值构成，行由 B 的 r 个值构成。令 (A_i, B_j) 表示属性 A 取值 a_i，属性 B 取值 b_j，即 $A = a_i$, $B = b_j$。每个可能的 (A_i, B_j) 联合事件都在表中有自己的单元。χ^2 值（又称 Pearson χ^2 统计量）可用式（2-1）计算：

$$\chi^2 = \sum_{i=1}^{c} \sum_{j=1}^{r} \frac{(o_{ij} - e_{ij})^2}{e_{ij}} \tag{2-1}$$

其中，o_{ij} 是联合事件 (A_i, B_j) 的期望频率；e_{ij} 是联合事件 (A_i, B_j) 的观测频率（实际计数），可用式（2-2）计算：

$$e_{ij} = \frac{\text{count}(A = a_i) \times \text{count}(B = b_j)}{n} \tag{2-2}$$

其中，n 是数据元组的个数，$\text{count}(A = a_i)$ 表示 A 上具有 a_i 值的元组个数，而 $\text{count}(B = b_j)$ 表示 B 上具有 b_j 值的元组个数。

②数值数据的相关系数。对于数值数据，两个属性 A 和 B 的相关度 $r_{A,B}$ 可通过计算属性 A 和 B 的相关系数来估计。

$$r_{A,B} = \frac{\sum_{i=1}^{n}(a_i - \overline{A})(b_i - \overline{B})}{n} = \frac{\sum_{i=1}^{n}(a_i b_i) - n\overline{AB}}{n\sigma_A \sigma_B} \tag{2-3}$$

其中，n 是元组的个数，元组 i 在 A 和 B 上的值分别为 a_i 和 b_i，A 和 B 的均值分别用 $\overline{A}$ 和 $\overline{B}$ 来表示，A 和 B 的标准差分别为 σ_A 和 σ_B，而 $\sum_{i=1}^{n}(a_i b_i)$ 是

AB 叉积和。

③数值数据的协方差。在概率论与统计学中，协方差和方差是两个类似的度量，均可用于评估两个属性如何一起变化。考虑两个数值属性 A、B 和 n 次观测的集合 $\{(a_1, b_1), \cdots, (a_n, b_n)\}$。$A$ 和 B 的均值又分别称为 A 和 B 的期望值，即

$$E(A) = \overline{A} = \frac{\sum_{i=1}^{n} a_i}{n}$$

$$E(B) = \overline{B} = \frac{\sum_{i=1}^{n} b_i}{n}$$

A 和 B 的协方差定义为

$$\text{Cov}(A, B) = \frac{\sum_{i=1}^{n} (a_i - \overline{A})(b_i - \overline{B})}{n} \quad (2-4)$$

对比式（2-3）与式（2-4），可以看到

$$r_{A, B} = \frac{\text{Cov}(A, B)}{\sigma_A \sigma_B}$$

其中，σ_A 和 σ_B 分别是 A 和 B 的标准差。还可以证明 $\text{Cov}(A, B) = E(A, B) - \overline{AB}$，该式可以简化计算。

对于两个趋向于一起改变的属性 A 和 B，如果 A 大于 $\overline{A}$（A 的期望值），则 B 很可能大于 $\overline{B}$（B 的期望值）。因此，A 和 B 的协方差为正。反之，如果当一个属性小于它的期望值时，另一个属性趋向于大于它的期望值，则 A 和 B 的协方差为负。

如果 A 和 B 是独立的（不具有相关性），则 $E(A, B) = E(A) \cdot E(B)$。因此，协方差为 $\text{Cov}(A, B) = E(A, B) - \overline{AB} = E(A) \cdot E(B) - \overline{AB}$。然而，该式逆向不成立。某些随机变量（属性）对的协方差也可能为零，但不是独立的。仅在某种附加的假设下（如数据遵守多元正态分布），协方差零蕴含独立性。

（3）元组重复数据的检测。当给定的唯一数据实体存在两个或多个相同的元组时，除了检验属性间的冗余，还需检验元组级的重复。为了避免连接，改善性能，去规范化表经常被使用，但这会造成数据冗余。不正确的数据输入，以及数据更新时只更新部分相关数据等会导致不一致数据的

出现，这种数据存在于各种不同的副本之间。例如，订货人的编码并不是订单数据库所包含的信息，订单数据库中只有订货人的地址属性和姓名，这就会导致差异的出现，因为同一订货人的名字可能会以不同的地址形式出现在订单数据库中。

(4) 数据值冲突的检测与处理。数据值冲突的检测和处理也是数据集成要处理的问题之一。例如，对于同一实体，来自不同数据源的属性值可能不同，原因可能是编码、表示或比例不同。又如，不同的系统中重量属性的存储单位不同，在一个系统中以英制单位存放，在另一个系统中以公制单位存放。同样地，引起不同旅馆价格差别的原因是多样的，其中最有可能的是货币种类不同，同时还有可能是所提供的服务和税不同。数据集成也因这种差异而存在极大的挑战。

冗余和不一致性可通过集成多个数据源中的数据来减少或避免。数据挖掘的精度和速度也会因数据集成而提高。

2.2.3.2 数据变换

一般需要将数据变换成适合数据挖掘的形式再进行数据挖掘。数据变换的策略主要包括平滑、聚集、数据泛化、数据规范化、属性构造（特征构造）、数据离散化。

(1) 数据泛化。概念分层可用来规约数据，这是一种尽量泛化细节数据的方法，可使数据变得更有意义，更容易理解。

对于数值属性，可以根据数据的分布用分箱、直方图分析、聚类分析、基于熵的离散化和自然划分分段等技术进行概念分层。

分类属性有时可能具有很多个值。如果分类属性是连续的，可用类似于处理连续属性的技术来处理，以减少分类值的个数。如果分类属性是标称的或无序的，就需要使用其他方法。例如，一所大学由许多系组成，因而系名属性可能具有数十个值。在这种情况下，我们可以使用系之间的学科联系，将系合并成较大的学科，如工学、理学、社会科学或生物科学等。如果领域知识不能提供有用的指导，或者这样的方法会导致很差的性能，则需要使用更为经验性的方法，仅当分组结果能提高分类准确率或达到某种数据挖掘目标时，才将值聚集到一起。

数据分层的概念可以通过偏序进而全序来轻松定义。例如，数据库的维可能包含如下属性组：street、city、province 和 country，可以通过属性的全序来定义分层结构，如 street<country<city<province。

用户也可以说明一个属性集形成概念分层，但并不显式说明它们的顺序。属性的顺序可由系统自动产生，有意义的概念分层由其构造。若干个从属性较强的低层概念共同构成了一个较高层的概念，这是一个普遍的事实。包含数目值多少是高层概念和低层概念最大的区别。因此，可以依据数目值的不同进行自动概念分层。其中，具有最多不同值的属性放在分层结构的最低层，一个属性的不同值数目越少，在所产生的概念分层结构中所处的层次越高。这种启发式规则对许多情况都有利，考察所产生的分层后，由用户或专家来做局部层次的调整和交换。

（2）数据规范化。数据规范化是将原来的度量值转换为无量纲的值，其对最近邻分类、神经网络和聚类算法等利用距离度量的分类算法特别有用，可以帮助平衡具有较大初始值域的属性和具有较小初始值域的属性的可比性。常用的规范化方法有以下三种。

给定一个属性（变量）f，以及 f 的 n 个观测值 $x_{1f}, x_{2f}, \cdots, x_{nf}$。

第一，最小—最大规范化。

做线性变换：$z_{if} = \dfrac{x_{if} - \min_f}{\max_f - \min_f}(b - a) + a$，将值转换到 $[a, b]$，这里 $\min_f$ 和 $\max_f$ 分别为 f 的 n 个观测值的最小值和最大值。最常用的情况是取 $a = 0, b = 1$。

保持与原始数据之间的联系是最小—最大规范化的基本要求，只有这样才能避免输入落在原始数据值之外的"越界错误"。例如，假设 10 岁和 83 岁分别为电信客户年龄属性（year）的最小值和最大值。用最小—最大规范化将年龄属性映射到区间 $[0.0, 1.0]$，那么 year 值 52 岁将变换为 $(52 - 10)/(83 - 10) = 0.575$。

第二，z-score 规范化。

①计算平均值 EX_f、标准差 σ_f。

$$EX_f = \frac{1}{n}(x_{1f} + x_{2f} + \cdots + x_{nf})$$

$$\sigma_f = \sqrt{\frac{1}{n}(|x_{1f} - EX_f|^2 + |x_{2f} - EX_f|^2 + \cdots + |x_{nf} - EX_f|^2)}$$

②计算规范化的度量值（z-score）。

$$z_{if} = \frac{x_{if} - EX_f}{\sigma_f}$$

该方法适用于离群点左右了最小—最大规范化或属性的实际最大值和最小值未知的情况。

第三，小数定标规范化。

这是一种通过移动属性f的小数点位置进行规范化的方法，小数点的移动位数依赖于f的最大绝对值。f的值v被规范化为v'，则

$$v' = \frac{v}{10^j}$$

其中，j是使$\max(|v'|) < 1$的最小整数。

假定f的取值为917~986，则f的最大绝对值为986。为了使用小数定标规范化，我们用1000除每个值。这样，-986被规范化为-0.986。

（3）特征构造。数据集的特征维数太高容易导致维灾难，而维数太低又不能有效地捕获数据集中的重要信息。在实际应用中，通常需要对数据集中的特征进行处理来创建新的特征。特征提取或特征构造是指由原始特征创建新的特征集，其目的是帮助提高精度和对高维数据结构的理解。例如，我们可以根据电信客户在一个季度内每个月的消费金额特征构造季度消费金额特征（将每个月的消费金额相加）。有时原始特征数据中也有不少必要信息，但其形式与数据挖掘算法不相符。解决这一问题的主要做法是构造原有特征的新特征。例如，要判断电信客户的消费倾向及忠诚度，就必须构造能够反映这两种行为的特征，因为收集到的原始特征集中不可能直接包含这类特征，需要进行构造。在人脸识别中，由于依照相片集合对人脸进行分类存在许多困难，不适合大多数的分类算法。为了能使更多的分类技能应用于该问题，应当对相片数据进行处理，提供与人类高度相关的某些类型的边或区域等较高的层次特征。特征构造在不同领域应用方式不同。一旦数据挖掘用于一个相对较新的领域，一个关键任务就是构造新的特征。特征构造要求对领域知识和数据进行深入理解。后续要介绍的主成分分析和小波变换可看成是特殊的特征构造。

（4）数据离散化。数据离散化通常是将连续变量的定义域根据需要按照一定的规则划分为几个区间，同时对每个区间用一个符号来代替。比如，我们在定义好坏股票时，就可以采用数据离散化的方法。如果以当天的涨幅这个属性作为评价股票好坏的标准，并将股票分为5类（非常好、好、一般、差、非常差），且用1~5来表示，我们就可以得到表2-3。

表 2-3　变量离散化方法

[7, 10]	非常好	5
[2, 7)	好	4
[-2, 2)	一般	3
[-7, -2)	差	2
[-10, -7)	非常差	1

离散化处理不免要损失一部分信息。很显然，对连续型数据进行分段后，同一个段内的观察点之间的差异便消失了，所以是否需要进行离散化还需要根据业务、算法等因素的要求综合考虑。

连续变量的离散化就是将具体性的问题抽象为概括性的问题，即将它取值的连续区间划分为小的区间，再将每个小区间重新定义为一个唯一的取值。

对连续变量进行离散化处理，一般经过以下步骤：①对连续变量进行排序。②选择某个点作为候选断点，根据给定的条件，判断此断点是否满足要求。③若候选断点满足离散化的要求，则对数据集进行分裂或合并，再选择下一个候选断点。④重复步骤②和③，如果满足停止准则，则不再进行离散化过程，从而得到最终的离散结果。

2.2.4　数据归约

数据归约是指在对挖掘任务和数据自身内容进行理解的基础上，通过删除列、删除行和减少列中值的数量，删掉不必要的数据以保留原始数据的特征，从而在尽可能保持数据原貌的前提下最大限度地精简数据量。

通过数据归约技术可以得到数据集的归约表示，它虽然小，但仍大致保持原数据的完整性。在归约后的数据集上挖掘将更有效，并产生相同（或几乎相同）的分析结果。[1]

数据归约的策略主要有以下几种。

（1）数量归约。通过直方图、聚类和数据立方体聚集（数据立方体可以存储多维聚集信息。每一个属性为一个维度，多维空间中的一个点就对应一个数据聚集值。由于每个属性都可能存在概念分层，因此可以在多个

---

[1] 麦克斯·布拉默. 数据挖掘原理（第4版）[M]. 李晓峰，逄金辉，译. 北京：清华大学出版社，2022：102.

抽象层进行数据分析。可以选择用较高层的概念替换较低层的概念）等非参数方法，使用替代的、较小的数据表示形式替换原数据。

（2）属性子集选择。属性子集选择是从一组已知属性集合中通过删除不相关或冗余的属性（或维）减少数据量，主要是为了找出最小属性集，使所选的最小属性集可以像原来的全部属性集一样用来正确区分数据集中的每个数据对象。这样可以提高数据处理效率，简化学习模型，并使模型更易于理解。

基于分析的数据集往往包含大量属性，而在真实的数据应用中往往用不上这么多属性。因此，在数据预处理阶段删除不必要的属性，可以减少随后的数据处理量。

（3）抽样。使用比数据小得多的随机样本表示大型数据集。

（4）回归和对数线性模型。对数据建模，使之拟合到一条直线，主要用来近似给定的数据。

（5）维度归约。通过小波变换、主成分分析等特征变换方式减少特征数目。

如果在数据集上递归地使用某种离散化技术，就形成了数据集的概念分层。例如，对数据集 D 递归地使用等宽分箱技术，形成的概念分层如图 2-2 所示。

图 2-2 中，树状结构有 4 个层次的节点，其中，根节点表示原始数据集合，其他每一层节点共同表示一个概念分层，它们具有同一个概念级别，而不论处于哪一个概念分层中，每个节点都代表一个符合一定条件的数据集合。

下面介绍一种通过自然划分分段的方法进行概念分层的过程。该方法应用 3-4-5 规则，递归地将给定的数据区域划分为 3 个、4 个或 5 个相对等宽的区间。3-4-5 规则可以用来将数值数据分割成相对一致、看上去"自然"的区间，是一种根据直观划分的离散化方法。一般，该规则根据最高有效位的取值范围，递归逐层地将给定的数据区域划分为 3 个、4 个或 5 个相对等宽的区间。

3-4-5 规则的具体描述如下。

①如果待划分区间在最高有效位上包含 3 个、6 个、7 个或 9 个不同的值，则将该区间划分成 3 个区间。其中，如果是 3 个、6 个或 9 个不同的值，则划分成等宽的 3 个区间，如果是 7 个不同的值，则按 2-3-2 划分成 3 个区间。

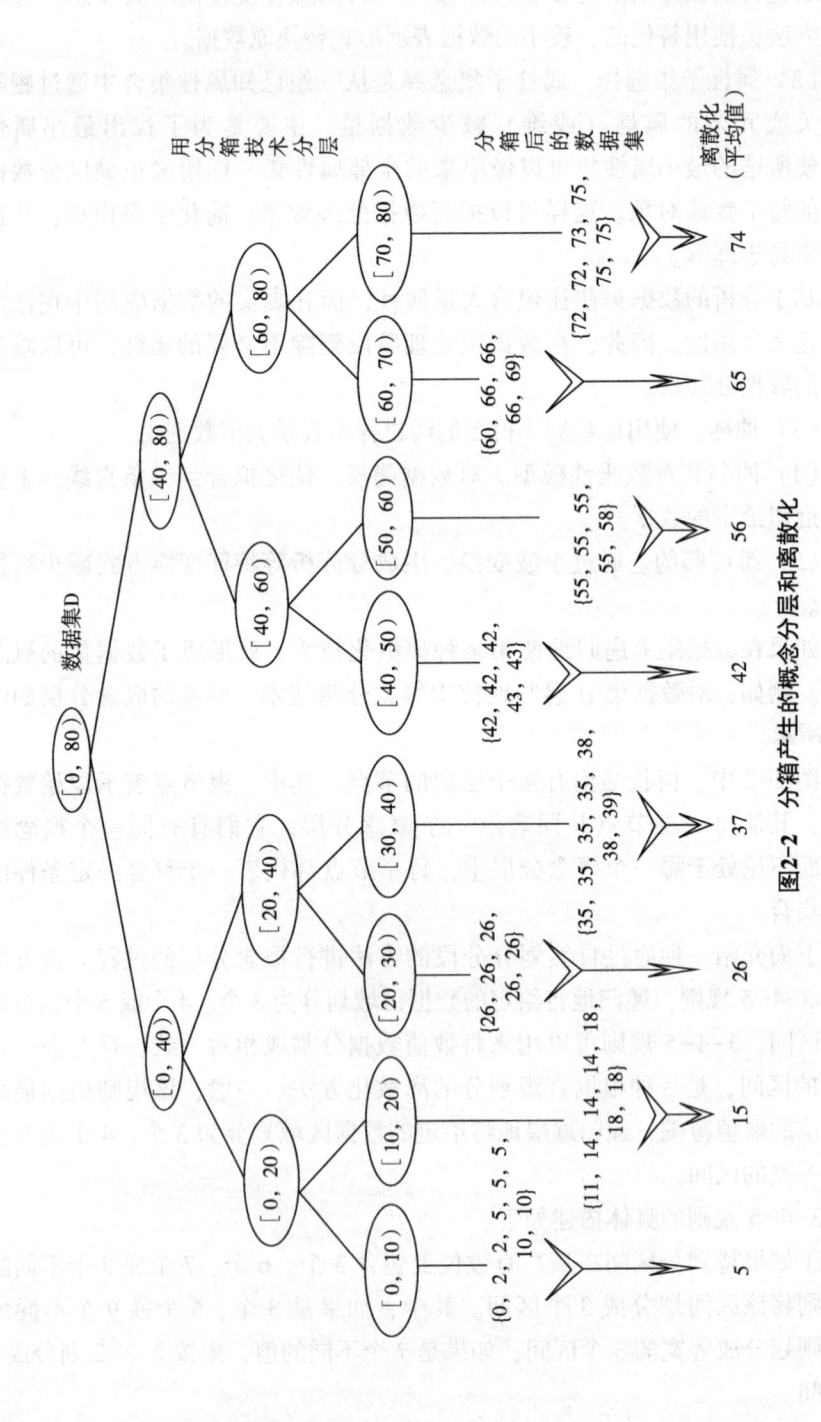

图2-2 分箱产生的概念分层和离散化

②如果待划分区间在最高有效位上包含 2 个、4 个或 8 个不同的值，则把它划分成 4 个等宽的区间。

③如果待划分区间在最高有效位上包含 1 个、5 个或 10 个不同的值，则把它划分成 5 个等宽的区间。

在每个区间上递归地应用 3-4-5 规则，生成数据的概念分层，直到满足预先设定的终止条件。

图 2-3 表示的是一个用 3-4-5 规则构造概念分层的例子。其中，数据集 D 是某公司每月利润增长数据，单位为千元，取值范围为−13～32，对最大值或最小值在 10（千元）上取整，得到一个区间 [−20，40)，这个区间就是应用 3-4-5 规则的区间。

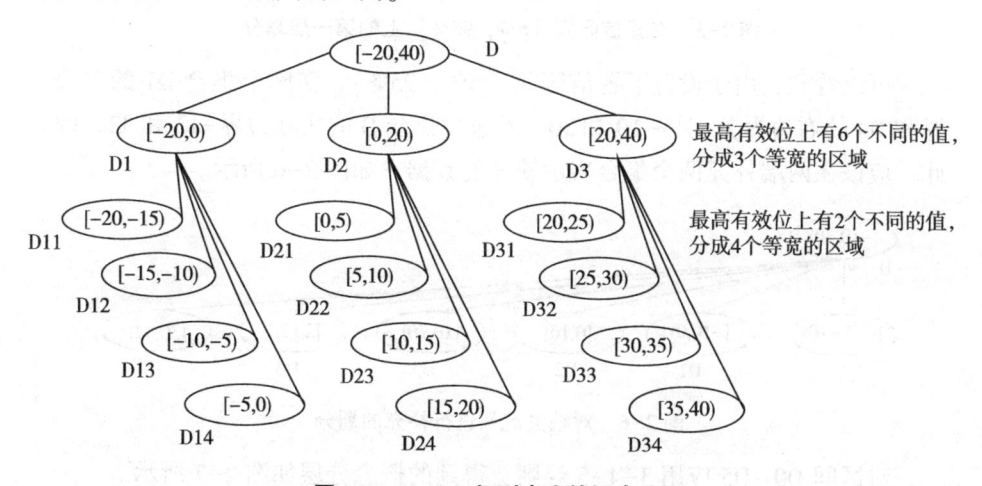

图 2-3　3-4-5 规则产生的概念分层

考察区间 [−20，40)，最高有效位上有 6 个不同的取值，分别为−2、−1、0、1、2、3，根据 3-4-5 规则，把数据集 D 划分为 3 个等宽的区间 D1、D2 和 D3，取值区间分别为 [−20，0)、[0，20) 和 [20，40)。这 3 个等宽的区间最高有效位上分别包含两个不同的取值−2、−1，0、1 和 2、3，所以划分成 4 个等宽的区间，D1 划分为 D11、D12、D13 和 D14，D2 和 D3 相同处理。

如果数据集 D 的分布曲线呈现如图 2-4 所示的情况，区间两端的值所占比例非常少，可以根据实际情况设置一个置信区间（如 5%～95%），以这两个点上的值作为初始划分的区间，如 [−9，28]，同样在 10（千元）上取整，得到区间 [−10，30)，则第一层划分情况如图 2-5 所示。

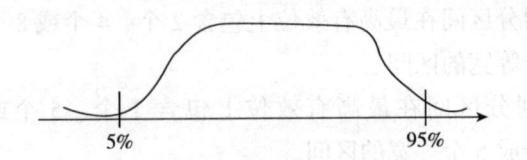

图 2-4 数据集 D 的分布曲线

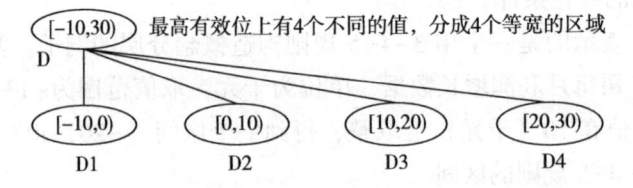

图 2-5 在置信区间 [5%, 95%] 上的第一层划分

可以看到，由于设置了置信区间 [5%, 95%]，实际上集合 D1 的左边界和 D4 的右边界分别是-10 和 30，不包含集合 D 的实际边界-13 和 32，因此，应该在两端补充两个集合表示缺失的数据，如图 2-6 所示。

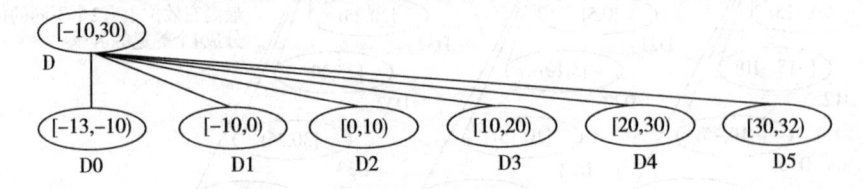

图 2-6 对缺失区间进行补充的划分

对区间 D0~D5 应用 3-4-5 规则，得到的概念分层如图 2-7 所示。

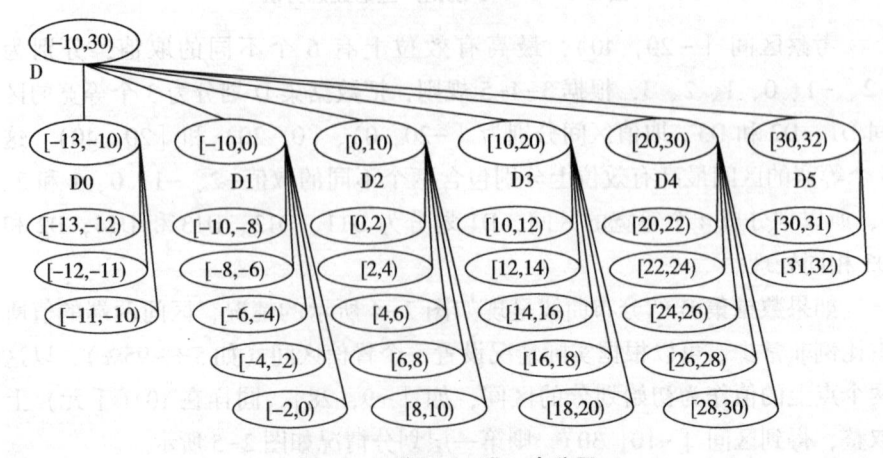

图 2-7 对图 2-6 进一步分层

如此递归地划分下去，直到满足一定的要求，如区间大小达到预定的阈值。

3-4-5 规则可以递归地用于每个区间，为给定的数据属性创建概念分层。现实世界中的数据常常包含特别大的正或负的离群值，而基于最小数据值和最大数据值的自顶向下离散化方法可能导致扭曲的结果。

第 3 章　分布式大数据的存储

3.1　以分布式文件系统存储大数据

大数据可以以文本的方式进行存储，通常大数据都是以字符流的方式进行处理，所以可以将大数据存储于分布式文件系统中。

本节主要介绍如何构建分布式文件系统，如何将大数据存储于分布式文件系统中，以及如何在分布式文件系统中处理这些数据。本节重点介绍 HDFS 分布式文件系统的构建与大数据存储方法。

HDFS（Hadoop Distributed File System）是基于流数据模式访问和处理超大文件的需求而开发的，是一个分布式文件系统，也是 Google 的 GFS 提出之后出现的另外一种文件系统。它是一个高度容错性系统，适合部署在廉价的机器上，同时，它提供了高吞吐量的数据访问，非常适合应用在大规模数据集上。

3.1.1　HDFS 的体系结构

从组织结构来讲，HDFS 最重要的两个组件分别是作为 Master 的 NameNode 和作为 Slave 的 DataNode。NameNode 负责管理文件系统的命名空间和客户端对文件的访问；DataNode 是数据存储节点，所有的这些机器通常都是普通的运行 Linux 的机器，运行着用户级别的服务进程。客户端可以和 NameNode 或 DataNode 在同一台服务器上，前提是机器资源允许，并且能够接受不可靠的应用程序代码所带来的风险。

3.1.1.1　Master/Slave 架构

HDFS 是一个典型的主从架构，一个主节点或者说是元数据节点（NameNode）负责文件系统命名空间（NameSpace）的管理、客户端文件操作的控制和存储任务的管理分配，多个从节点或者说是数据节点（DataNode）提供真实文件数据的物理支持，其架构如图 3-1 所示。

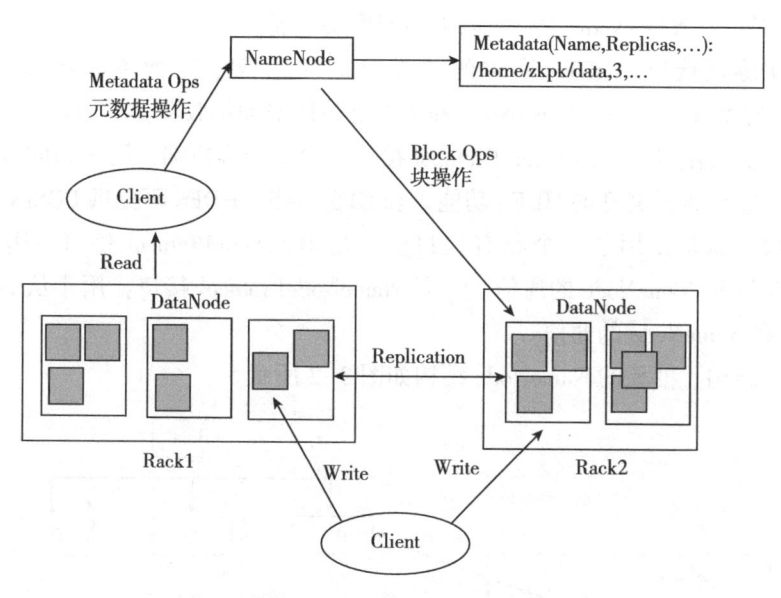

图 3-1　HDFS 架构示意图

图 3-1 展示了 HDFS 的 NameNode、DataNode 以及 Client（客户端）之间的存取访问关系，单一节点的 NameNode 使系统的架构大大简化了。NameNode 负责保存和管理所有的 HDFS 元数据，因而用户数据就不需要通过 NameNode，也就是说，文件数据的读写是直接在 DataNode 上进行的。

从图 3-1 可以看出，客户端可以通过元数据节点从多个数据节点中读取数据块信息，而这些数据块信息是各个数据节点自发提交给元数据节点的，它存储了文件的基本信息。当数据节点的文件信息有变更时，就会把变更的文件信息传送给元数据节点，元数据节点对数据节点的读取操作都是通过这些数据块信息来查找的。这种重要的信息一般都会有备份，存储在次级元数据节点（SecondaryMetadataNode）。写文件操作也需要知道各个节点的数据块信息、哪些块有空闲、空闲块的位置、离哪个数据节点最近、备份了多少次等，然后再写入。在有至少两个支架的情况下，除了写入本支架中的几个节点外还会写入外部支架节点，这就是所谓的"支架感知"。

3.1.1.2　NameNode、DataNode、Secondary NameNode

（1）NameNode。元数据节点 NameNode 是 HDFS 中的主节点，其主要作用是提供元数据服务，负责管理文件系统的命名空间，如打开、关闭以及重命名文件和目录，将文件数据块映射到 DataNode，处理来自客户端的读写请求等。① NameNode 主要由以下功能模块组成。

①协议接口。HDFS 采用的是 Master/Slave 架构，而 NameNode 就是 HDFS 的 Master 架构。NameNode 提供的是始终被动接收服务的 server，主要有三类协议接口。一是 ClientProtocol 接口，提供给客户端，用于访问 NameNode。它包含了文件的 HDFS 功能。和 GFS 一样，HDFS 不提供 POSIX 形式的接口，而是使用了一个私有接口。二是 DataNodeProtocol 接口，用于从 DataNode 到 NameNode 的通信。三是 NameNodeProtocol 接口，用于从 Name-Node 到 NameNode 的通信。

②结构。抽象的 NameNode 结构如图 3-2 所示。

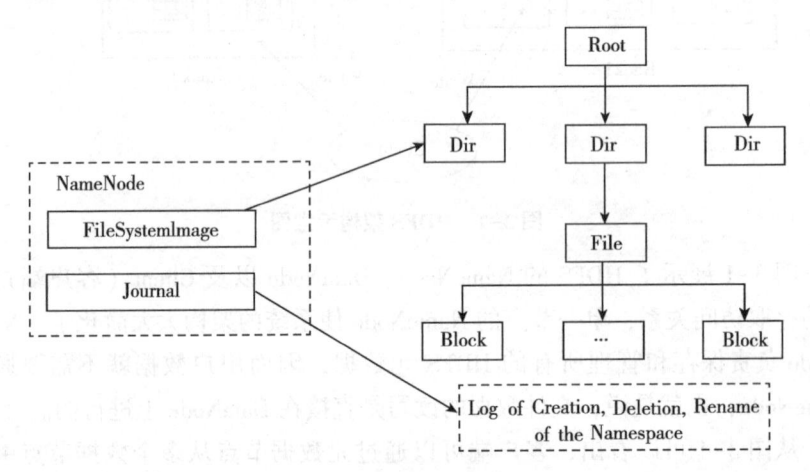

图 3-2　NameNode 结构

③功能。NameNode 的主要功能包括以下几点：一是提供名称查询服务，它是一个 Jetty 服务器。二是保存 metadata 信息。具体包括文件 ownership 和 permissions，文件包含哪些块，Block 保存在哪个 DataNode 上（由 DataNode 启动时上报）。三是 NameNode 的 metadata 信息在启动后会加载到内存中。

④管理文件系统的命名空间。NameNode 负责维护文件系统中文件（含目录）的命名空间、文件到文件块（Block）的映射以及文件块的位置信息三种类型的元数据。管理这些信息所涉及的两个文件分别是文件系统镜像文件 FsImage 和编辑日志文件 EditLog。②

对于命名空间或者文件到文件块的映射的任何修改操作，NameNode 都

---

① 张海园. HAMA 计算平台的性能研究 [D]. 北京：北京交通大学，2012.
② 车进. 交通监控视频数据分布式存储系统设计与实现 [D]. 北京：北京邮电大学，2017.

会将其写入 EditLog。比如在 HDFS 中创建一个文件，NameNode 会向 EditLog 中插入一条记录。通过这种方式可以提高系统的可靠性，并凭借 EditLog 日志从错误中恢复而不必担心数据一致性问题。

NameNode 在内存中有一个完整的文件系统命名空间和文件块的映射镜像。每次 HDFS 启动时，NameNode 都会从磁盘中读取 FsImage 和 EditLog，通过 EditLog 中的事务记录将新的元数据刷新到本地磁盘的 FsImage 中。因为事务已经被处理并已在 FsImage 中刷新，所以旧的 EditLog 会被删除。这样可以保证 NameNode 的数据始终是最新的。

尽管命名空间记录着每个文件中各个块所在的数据节点的位置信息，但是由于文件块存放的位置并不固定，而且组成 HDFS 集群的 DataNode 加入、离开、宕机或重启等情况经常发生，因此 NameNode 并没有将文件块到 DataNode 的映射信息持久化到本地，而是在其初始化时才从 NameNode 获得，并通过 DataNode 的心跳响应信息进行定期更新。

元数据节点负责管理整个集群的命名空间，并且为所有文件和目录维护一个树状结构的元数据信息，而元数据信息被持久化到本地硬盘上并对应两种文件：文件系统镜像文件（FsImage）和编辑日志文件（EditsLog）。文件系统镜像文件存储所有关于命名空间的信息，编辑日志文件存储所有事务的记录。文件系统镜像文件和编辑日志文件是 HDFS 的核心数据结构，如果这些文件损坏了，整个 HDFS 实例都将失效，所以需要复制副本，以防止损坏或者丢失。一般会配置两个目录来存储这两种文件，分别是本地磁盘和网络文件系统（NFS），防止元数据节点所在节点磁盘损坏后数据丢失。

NameNode 本质上是一个 Jetty 服务器，提供有关命名空间的配置服务，它包含的元数据信息包括文件的所有者、文件权限、存储文件的块 ID 和这些块所在的 DataNode（DataNode 启动后会自动上报）。

当 NameNode 启动的时候，文件系统镜像文件会被加载到内存中，然后对内存里的数据执行记录的操作，以确保内存中所保留的数据处于最新的状态。所有对文件系统元数据的访问都是基于内存的，而不是文件系统镜像文件。文件系统镜像文件和编辑日志文件只是实现了元数据的持久存储功能，事实上所有基于内存的存储系统大都采用这种方式，这样做的好处是加快了元数据的读取和更新操作（直接在内存中进行）。

（2）DataNode。Hadoop 集群包含大量 DataNode，DataNode 除响应客户端的读写请求外，还响应 NameNode 对文件块的创建、删除、移动、复制等命令。DataNode 会把存储的文件块信息报告给 NameNode，而这种报文信息采用的是心跳机制，即每隔一定时间向 NameNode 报告块映射状态和元数据信息，如果报告在一定时间内没有送达 NameNode，NameNode 会认为该节点失联（uncommunicate），长时间没有得到心跳消息的，直接标识该节点死亡（dead），也就不会再继续监听这个节点，除非该节点恢复后手动联系 NameNode。

（3）Secondary NameNode。前面提到文件系统镜像文件会被加载到内存中，然后对内存里的数据执行记录的操作。编辑日志文件会随着事务操作的增加而增大，所以需要把编辑日志文件合并到文件系统镜像文件中，这个操作就由辅助元数据节点（Secondary NameNode）完成。

辅助元数据节点不是真正意义上的元数据节点，尽管名字很像，但它的主要工作是周期性地把文件系统镜像文件与编辑日志文件合并，然后清空旧的编辑日志文件。由于这种合并操作需要大量 CPU 消耗和比较多的内存占用，所以往往将其配置在一个独立的节点上。如果没有辅助元数据节点的周期性合并过程，那么每次重启元数据节点都会耗费很多时间做合并操作，这种周期性合并过程一方面减少了重启时间，另一方面保证了 HDFS 的完整性。但是辅助元数据节点保存的状态要滞后于元数据节点，因此，当元数据节点失效后，难免会丢失一部分最新操作数据。Secondary NameNode 合并 Fsimage 和 EditsLog 的过程如图 3-3 所示。

Secondary NameNode 合并 Fsimage 和 EditsLog 的过程具体如下。

①辅助元数据节点发送请求，元数据节点停止把操作信息写进 edits 文件中，转而新建一个 edits.new 文件并写入。

②通过 HTTP GE 从元数据节点获取旧的编辑日志文件和文件系统镜像文件。

③辅助元数据节点加载硬盘上的文件系统镜像文件和编辑日志文件，在内存中合并后成为新的文件系统镜像文件，然后写到磁盘上，这个过程叫作保存点（CheckPoint），合并生成的文件为 fsimage.ckpt。

④通过 HTTP POST 将 fsimage.ckpt 发送回元数据节点。

⑤元数据节点更新文件系统镜像文件，同时把 edits.new 改名为 edits，同时更新 fstime 文件以记录保存点执行的时间。

Secondary NameNode 会周期性地将 EditsLog 文件进行合并，合并的前提条件是：EditsLog 文件到达某一个阈值时会对其进行合并；每隔一段时间对其进行合并。

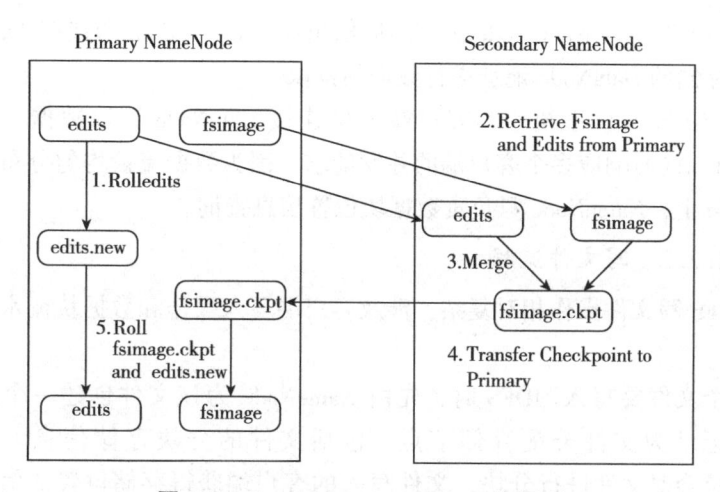

图 3-3 Secondary NameNode 工作原理

3.1.2 HDFS 工作流程

HDFS 在读写数据时，采用客户端直接从数据节点读写数据的方式，避免了单独访问名字节点造成的性能瓶颈。

3.1.2.1 读文件流程

正常情况下，客户端读取 HDFS 文件系统中的文件时，先通过本地代码库获取 HDFS 文件系统中的一个实例，该文件系统实例通过 RPC 远程调用访问名字空间所在的节点 NameNode，获取文件数据块的位置信息。NameNode 返回每个数据块（包括副本）所在的 DataNode 地址。客户端连接主数据块所在的 DataNode 读取数据。具体流程如图 3-4 所示。

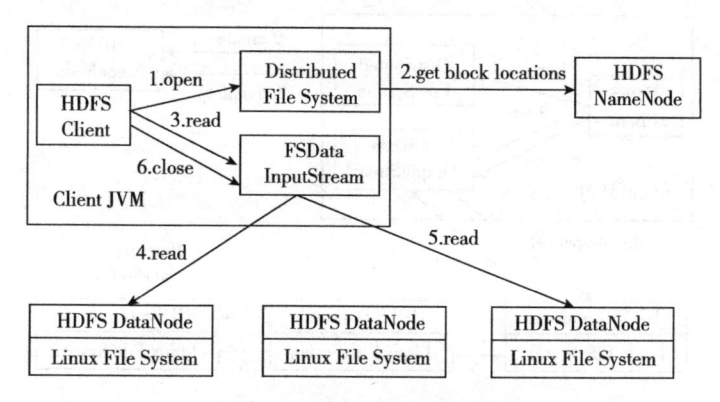

图 3-4 HDFS 文件读操作流程

一旦 Client 与 NameNode 之间的通信出现异常，Client 会连接 NameNode 副本中存储的 DataNode 地址进行数据的读取。

在 HDFS 文件系统中，客户端直接连接 DataNode 读取数据，这使得 HDFS 可以同时响应多个客户端的并发请求，因为数据流被均匀分布在所有 DataNode 上，NameNode 只负责数据块位置信息查询。

3.1.2.2 写文件流程

HDFS 写文件操作相对复杂，涉及客户端写入操作和数据块流水线复制两部分。

一个文件要写入 HDFS 时，先由 NameNode 为该文件创建一个新的记录，该记录为文件分配存储节点，包括文件的分块存储信息。在写入时，系统会对文件进行分块，文件写入的客户端获得存储位置的信息后直接与指定的 DataNode 进行数据通信，将文件块按 NameNode 分配的位置写入指定的 DataNode，数据块在写入时不再通过 NameNode，因此 NameNode 不会成为数据通信的瓶颈。

当文件关闭时，客户端把本地剩余数据传完，并通知 NameNode，后者将文件创建操作提交到持久存储。DataNode 对文件数据块的存储采用流水线复制技术，假定复制因子=2，即每个数据块有两个副本，客户端先向第一个 DataNode（这里称为主 DataNode）传输数据，主 DataNode 以小数据（如 4KB）接收数据，并写入本地存储，同时将该部分数据传输给第二个 DataNode（从 DataNode），从 DataNode 接收数据，并写入本地存储。如果存在更多的副本，那么从 DataNode 将会把数据传送给下一个 DataNode 节点，从而实现边收边传的流水线复制，如图 3-5 所示。

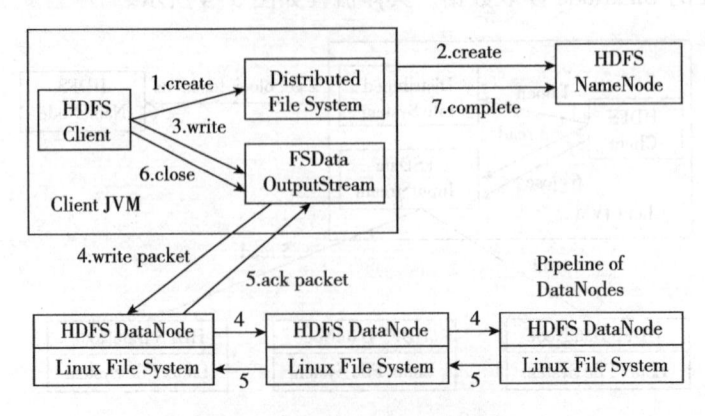

图 3-5　HDFS 文件写操作流程

3.1.3 HDFS 存储海量数据

随着科技的飞速发展，高清视频得到了广泛应用，这也使得高清视频监控项目逐步增加，由此产生的高清视频存储问题越来越显著。这些不断涌现的海量视频数据，对存储容量、读写性能、可靠性等提出了更高的要求。

3.1.3.1 模拟视频流

在没有摄像头的情况下，可以应用 VLC 播放器对 H264 的实时视频流进行模拟。

（1）构建组播服务器

①打开 VLC 程序后，单击"媒体—串流"。

②单击"添加"按钮，选出所需的播放文件类型，如 wmv，接着单击"串流"选项。

③关于流输出，有必要从三个方面对其进行设置，分别是来源、目标和选项。其中，来源已经在上一步中指出，只需单击"下一个"。

④勾选"在本地显示"的选项，接着选择输出类别"RTP/MPEG Transport Stream"，再单击"添加"按钮。

⑤若需要建立 IPv6 组播服务器，应在地址栏输入组播地址"ff15::1"，同时将端口指定在"5005"，单击"下一个"。若需要建立 IPv4 组播服务器，则输入的地址为"239.1.1.1"（239.0.0.0/8 为本地管理组播地址）。

⑥将 TTL 设置为 0，单击"串流"即可发送组播视频，同时在本地播放（视频打开较慢，需要等待半分钟左右）。

⑦使用 WireShark 抓包查看。

（2）构建组播客户端

①打开程序后，单击"媒体—打开网络串流"。

②输入 URL（rtp://@［ff15::1］:5005），单击"播放"即可观看组播视频，如果为 IPv4 组播环境，可输入 rtp://239.1.1.1:5005。

注意：测试前请关闭 PC 防火墙，以免影响组播报文的发送和接收。

3.1.3.2 存储海量视频数据

对海量视频数据进行存储的主要步骤为：借助 Hadoop 中的 API 接口，可以把本地接收到的视频流文件传输到 HDFS 中。上传的视频流文件由用户规定的本地文件夹储存起来，随着视频流文件的不断上传，此文件夹中的文件不断增多，我们常常将此种存储文件呈现动态变化的文件夹称为缓冲区，之后，通过流的方式将缓冲区的文件与 HDFS 实现对接，接着，通过调用 FS Data Output Stream. write（buffer，0，bytesRead）以流的方式将本地文件上传到 HDFS 中。

当本地文件上传成功后，再调用 File. delete（）批量删除缓冲区中的已上传文件。此过程将一直延续，直到所有文件都上传到 HDFS 且清空本地文件夹后才结束。

3.2 以分布式数据库存储大数据

3.2.1 HBase

HBase（Hadoop Database）是一个构建在 Apache Hadoop 上的列式数据库。HBase 有很好的可扩展性，是 BigTable 的一个克隆产品，可以存储数以亿计的行数据，具有高性能、高可靠、列存储和可伸缩的特点。HBase 在 Hadoop Ecosystem 中的位置如图 3-6 所示。HBase 的定位是 HDFS（分布式文件系统）之上，MapReduce 之下。它利用 Hadoop MapReduce 来处理 HBase 中的海量数据，利用 Zookeeper 作为协同服务，采用的文件存储系统为 HDFS。这种存储数据库系统可靠性高，性能非常优越，数据存储具有伸缩性，不仅采用列存储的方式，还具备实时读写的特性，应用非常广。

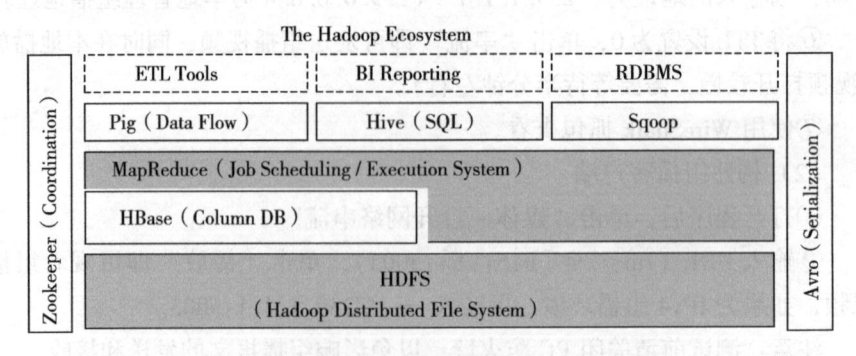

图 3-6　HBase 在 Hadoop Ecosystem 中的位置

3.2.1.1　HBase 中数据表的物理存储方式

HBase 作为一个简单而又典型的列存储数据库，其列存储模型和其他列存储 NoSQL 是很相似的。

HBase 采用的是基于列式存储的数据模型，以类似于表的形式存储数据，如图 3-7 所示。表中包含了行键、列簇、时间戳，具备大（一个表可以有上亿行）、面向列（列簇单独存储、控制、检索）等特点。

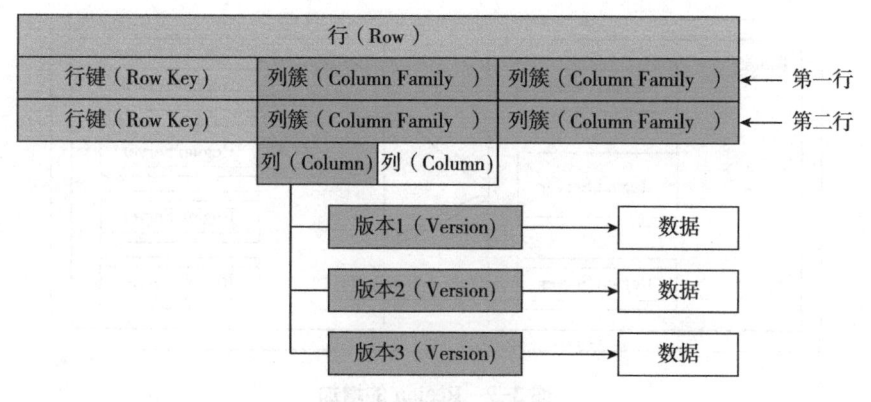

图 3-7 HBase 表结构

从逻辑上看，表中的列可以分为任意列，但在物理存储中，表是按照列簇存储的。HBase 在数据存储中采用的是动态分区的模式，根据 Row Key，HBase 可以划分为多个 Region，如图 3-8 所示。

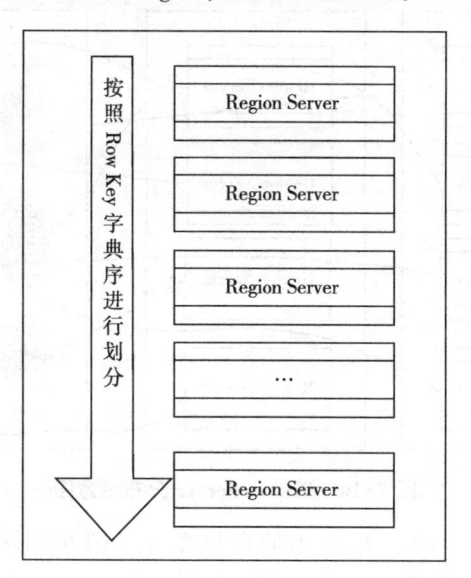

图 3-8 HBase 数据表存储方式

假设初始状态下，HBase 表中只有一个 Region 的数据。随着数据的不断增加，当超过某个阈值时，就会被划分成两个或多个 Region，如图 3-9

所示。这与 BigTable 被划分为多个 Tablet 子表，并物理存储在多个 Tablet 服务器上的原理是相同的，只是 HBase 中用于存储数据的服务器节点被称为 Region 服务器。

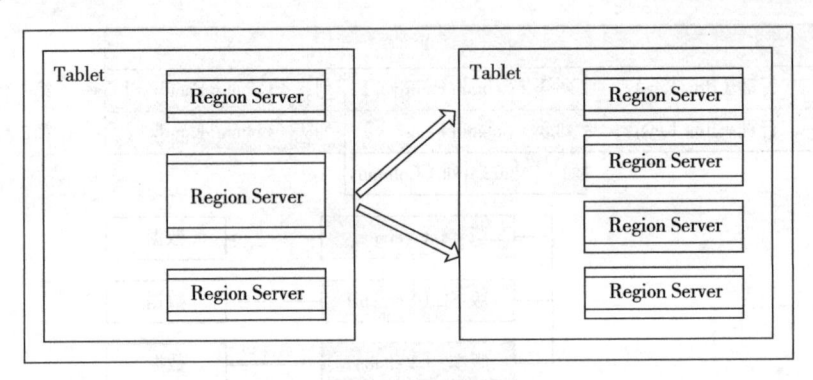

图 3-9　Region 的增加

Region 是 HBase 中分布式存储和负载均衡的最小单元。也就是说，不同的 Region 可以分布在不同的 Region Server 上，但一个 Region 是不会被拆分到多个 Region Server 上的，如图 3-10 所示。

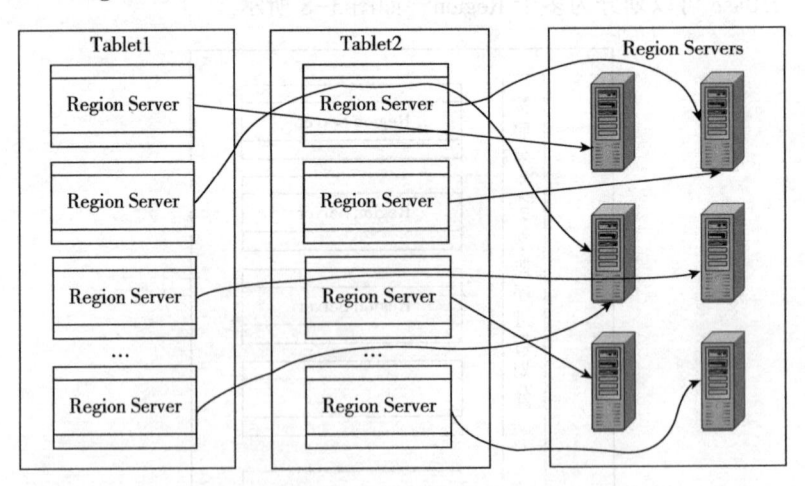

图 3-10　Region Server 分布示意图

从逻辑上看，Region 是最小的存储单元，但在实际的物理存储系统中，最小的存储单元是 Store，如图 3-11 所示。Store 又可以分为两部分：MenStore 和 StoreFile。

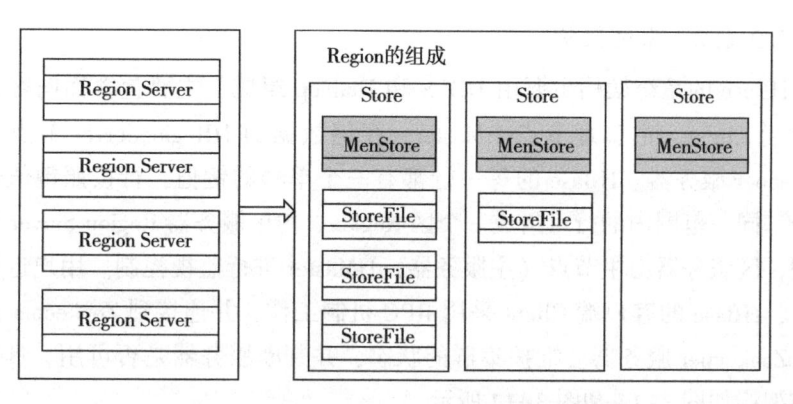

图 3-11　Region 由一个或者多个 Store 组成

　　MenStore 中存储的数据都是有序的，其本身是一个内存缓冲区，是被写入的数据最初的存放地。随着用户写入数据的增多，MenStore 一直在增大，当其增大到某一设定值后，多余的数据就会被输入到另外的结构（StoreFile）中去。StoreFile 中的数据和文件也会随着数据的增加而不断增长。当增长的数据文件也达到某一设定值时，就会触发自身的合并操作，将数个 StoreFile 合并成一个 StoreFile，称为精简（Compact）操作。在进行精简操作的过程中，既会将不同版本的数据进行合并，也会将重复的数据予以删除。

　　由以上分析可以得出一个结论：HBase 本身只增加数据，数据的更新是由精简操作完成的。

　　精简操作完成后，StoreFile 也会随着数据的输入而逐渐增大，当超过一定限度后，就需要采取另外一种措施——Region 的分割（Split）操作。分割操作就是将 StoreFile 分割成两个 StoreFile 文件，HMaster 会重新分配 Region Server 给这两个新的文件，以保证数据系统的负载平衡和数据的分布存储。

　　Compaction 和 Split 操作过程如图 3-12 所示。

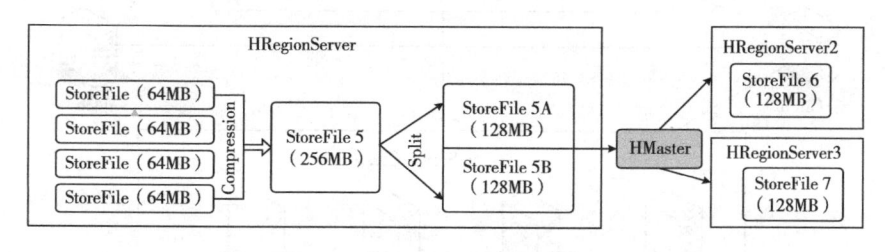

图 3-12　StoreFile 的精简与拆分

3.2.1.2 系统架构

HBase 的系统架构主要由 HDFS 和 Hadoop 组成，主要包含面向客户的客户端 Client、主管理节点 HMaster、存储数据的 HRegionServer 节点以及 Zookeeper 服务器。HBase 的每一行都有一个单独的键值，行按照键值进行区分。同一范围内的行可组成一个区 Region，由区服务器 Region Server 进行管理，区服务器由主节点（主服务器）HMaster 进行监视控制。用户进行操作时，HBase 的客户端 Client 采用 RPC 机制工作，并连接到 Zookeeper 服务器，Zookeeper 服务器会维护集群的状态，并判断服务器是否可用。具体的系统架构如图 3-13 和图 3-14 所示。

（1）Client。Client 使用 RPC 机制与 HMaster 和 HRegionServer 进行通信，具体过程如图 3-15 所示。

（2）Zookeeper。Zookeeper 是 HBase 系统架构的心脏，主要负责在系统发生节点失效的情况时对集群中的服务器节点进行协调。

（3）HMaster。HBase 集群中通常有一个 HMaster 节点，对整个主机与数据起着监视和控制作用，所有的 Region Server 通过定期与节点 HMaster 通信以保证正常的状态。HMaster 在功能上主要负责 Table 和 Region 的管理工作。①管理用户对 Table 的更新操作。②管理 HRegionServer 的负载均衡，调整 Region 的分布。③若发现失效的 Region Server，重新分配 Region。④在 HRegionServer 停机后，负责失效 HRegionServer 上的 Regions 迁移。⑤对 GFS 上的垃圾文件进行回收。

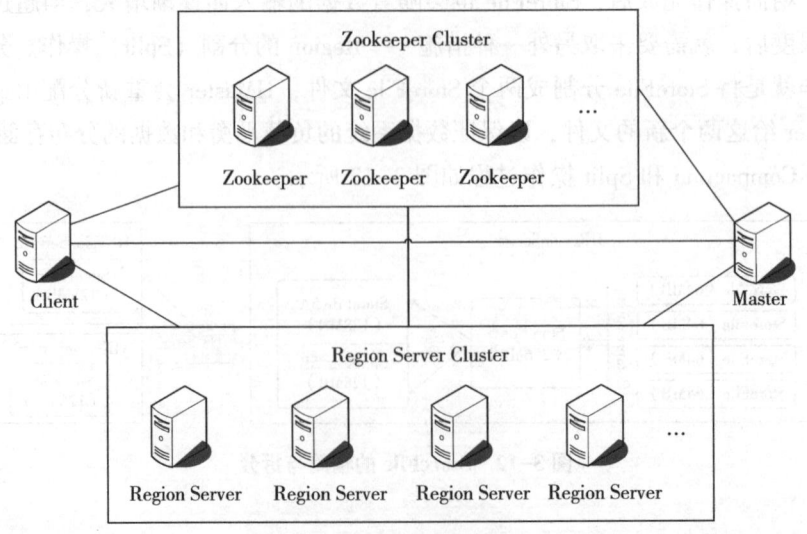

图 3-13 HBase 系统架构（一）

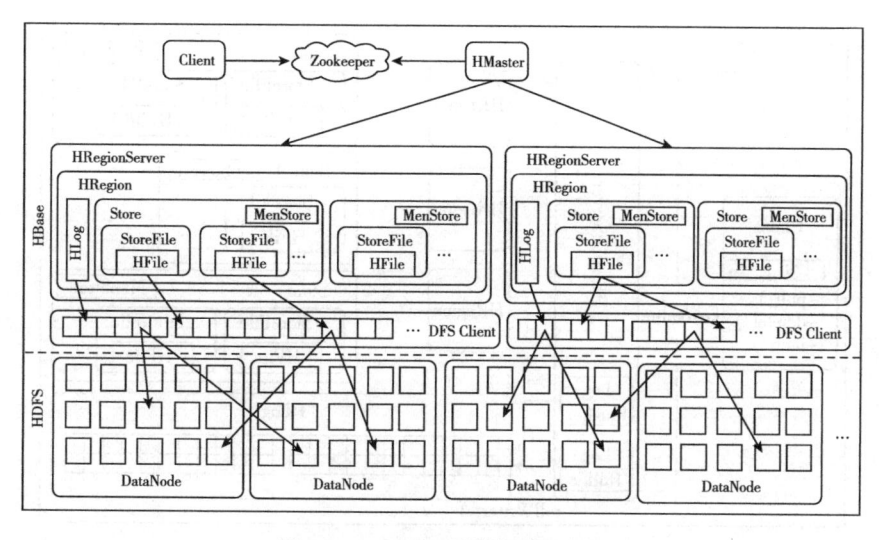

图 3-14　HBase 系统架构（二）

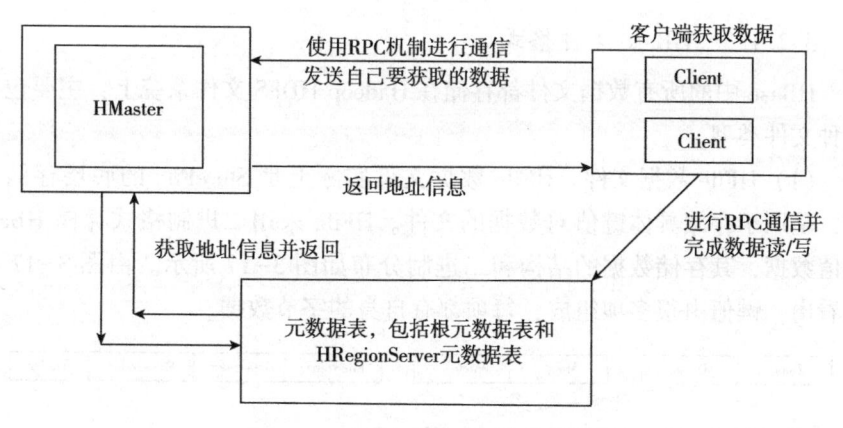

图 3-15　Client 的工作流程示意图

（4）HRegionServer。HRegionServer 的主要工作职责是负责响应相应用户的输入/输出请求，并参与数据的输入输出过程。HRegionServer 的内部结构如图 3-16 所示，主要由一个或多个 Store 组成。

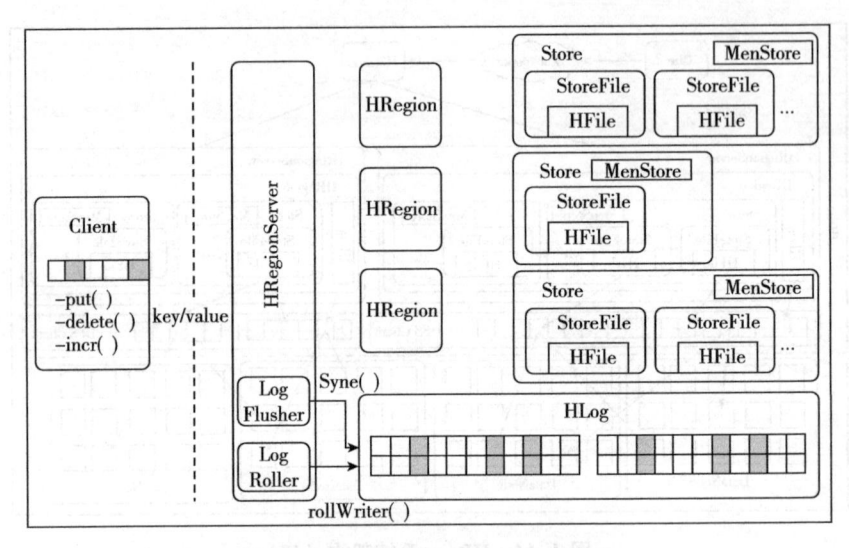

图 3-16　HRegionServer 的内部结构

3.2.1.3　HBase 文件格式

HBase 中的所有数据文件都存储在 Hadoop HDFS 文件系统上，主要包括两种文件类型。

（1）HFile 数据文件。HFile 数据文件实际上是 StoreFile 的底层存储形式，是用于存储具体键值对数据的文件。HFile 采用二进制格式存储 HBase 键值数据，其存储数据的结构和二进制分布如图 3-17 所示。由图 3-17 可以看出，键值由很多项组成，每项都有自身的字节数据。

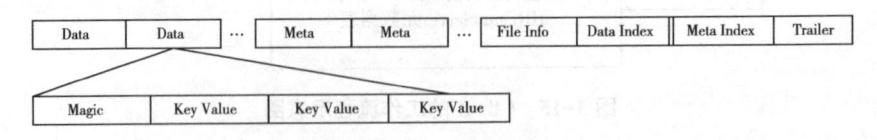

图 3-17　内部数据结构

HFile 数据文件以键值对的方式存储数据，里面包含各种规定长度的字节数组项，具体结构如图 3-18 所示。

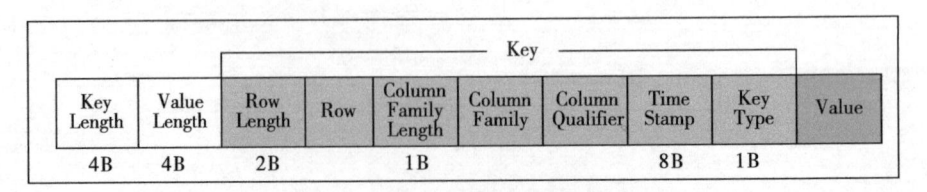

图 3-18　HFile 里面的键值对结构

(2) HLog 日志文件。HLog 日志文件的结构如图 3-19 所示。HLog 日志文件就是一个普通的 Hadoop 序列文件（Sequence File），其中，HLogKey 记录了写入数据的归属信息、序列号（Sequence Number）和时间戳（Timestamp）。时间戳记录了数据的写入时间，序列号记录了数据最近一次存入文件系统的序列数字，起始值为 0。

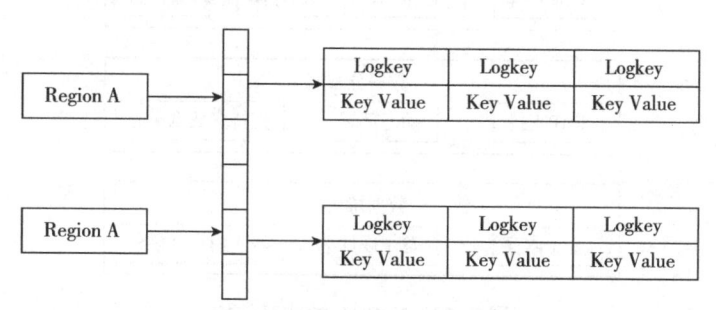

图 3-19　HLog 日志文件的结构

3.2.2　NoSQL

在依赖关系型数据库模型和/或数据仓库方法来进行数据管理的任何环境中，对于大数据管理中的数据，忽略传统数据组织的支持是不明智的。幸运的是，大多数软硬件设备支持标准的、基于 SQL 的关系型数据库管理系统（RDBMS）。为创建数据库结构和加载批量数据，软件工具经常把执行引擎和 RDBMS 以及实用工具捆绑使用。

然而，高性能、弹性的分布式数据环境使创新性算法能够以不同方式开发多种数据管理模型。事实上，一些算法不能在传统的 RDBMS 系统中使用数据，并且非常依赖新的数据管理手段。这些新的数据管理框架大多与术语"NoSQL"捆绑在一起。"NoSQL"可能表达了两种不同的含义：其一，数据管理系统不是 SQL 兼容的；其二，"不仅仅是 SQL"，意指传统 SQL（或类似 SQL 的查询语言）与其他查询和访问方法相结合。

3.2.2.1　NoSQL 的体系结构

尽管目前流行的 NoSQL 数据存储系统的设计与实现方式各有不同，但是总结起来，NoSQL 数据存储系统都具有如图 3-20 所示的四层结构。

```
                    接口层
    ┌─────────┬─────┬──────┬────────┐
    │MapReduce│ SQL │ REST │ Get/Put│
    └─────────┴─────┴──────┴────────┘

              数据逻辑模型层
    ┌────────┬────────┬────────┬────────┐
    │ 键值存储│ 文档存储│ 列存储 │ 图存储 │
    └────────┴────────┴────────┴────────┘

               数据分布层
    ┌────────┬──────────┬────────────┐
    │ CAP支持│ 动态部署 │支持多数据中心│
    └────────┴──────────┴────────────┘

               数据持久层
    ┌────────┬────────┬──────────────┐
    │基于内存│基于硬件│基于内存和硬件│
    └────────┴────────┴──────────────┘
```

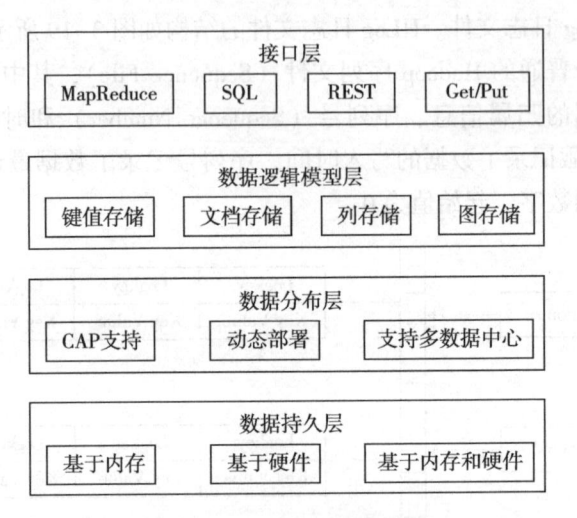

图 3-20　NoSQL 的体系结构

（1）接口层（Interfaces）。顾名思义，接口层是为应用提供接口的结构。与传统的关系型数据库相比，NoSQL 所能提供的接口包括 REST 协议、RPC 协议（Thrift）、MapReduce、采用 Get/Put 的产品接口、API、SQL 子集等，远远超出 RDBMS 所能提供的接口类型。

（2）数据逻辑模型层（Logical Data Model）。数据逻辑模型指的是数据在数据库中的组织形式，NoSQL 能够支持模式不固定的结构化和半结构化数据，因而在数据组织形式方面要比传统的关系型数据库灵活得多，拥有键值存储、文档存储、列存储、图存储四种组织形式。

（3）数据分布层（Data Distribution Model）。数据分布层定义了数据的分布机制。NoSQL 的分布机制要比关系型数据库多，主要的分布机制如图 3-21 所示。

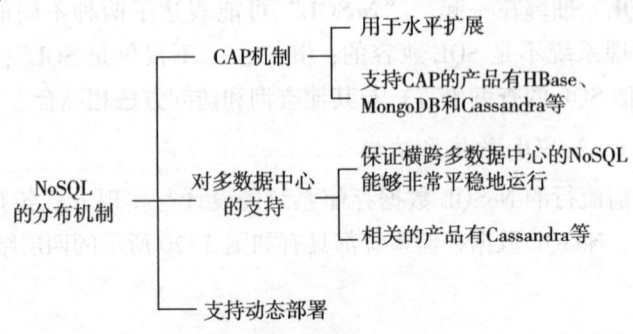

```
                     ┌── 用于水平扩展
              CAP机制─┤
                     └── 支持CAP的产品有HBase、
                         MongoDB和Cassandra等
NoSQL       对多数据中心  ┌── 保证横跨多数据中心的NoSQL
的分布机制 ─┤ 的支持    ─┤    能够非常平稳地运行
                        └── 相关的产品有Cassandra等
            
            └── 支持动态部署
```

图 3-21　NoSQL 的分布机制

（4）数据持久层（Data Persistence）。数据持久层的作用是定义数据的存储方式，NoSQL 的数据存储方式主要有以下三种。

①基于内存。数据基于内存存储的情况下，操作速度非常快，但也要看到在一些糟糕状况下，数据可能会丢失。目前采用内存形式的产品有 Redis 等。

②基于硬件。这里的硬件主要是指硬盘。数据基于硬盘存储可以保存非常久的时间，但是处理速度比起基于内存的存储方式稍逊一筹。

③基于内存和硬盘。基于内存和硬盘的混合方式克服了前两种方式的缺点，不仅具有较快的速度，数据丢失的可能性也变得微弱，因此被认为是最合适的数据存储方式。采用这种方式的产品有 Cassandra 和 MongoDB 等。

3.2.2.2 NoSQL 的特点

NoSQL 目前在 Web 网站和 Web 项目上应用得较为广泛，因为它克服了关系型数据库无法存储非结构化和结构化数据的缺点，其具备以下优势。

（1）易扩展。NoSQL 对存储的数据没有严格的定义，数据之间毫无关系，数据扩展起来非常容易，对性能造成的影响也降至最低。

（2）支撑海量数据。NoSQL 能够对大规模乃至超大规模的数据进行处理，非常容易支撑 TB 乃至 PB 的数据量，而且性能更高。

（3）接口定义简单。NoSQL 直接定义了接口层，为应用提供接口，无须像 SQL 一样必须绑定之后才可操作。

（4）灵活的数据模型。NoSQL 在需求发生变化时可以为数据记录动态添加属性。而在关系型数据库里，增加或删减字段是一件非常麻烦的事情。

（5）弱事务模型。NoSQL 存储系统只支持较弱的事务，从而能够提高系统的并发读写能力，避免死锁等并发性问题的发生，提高系统的并发性能。

3.2.2.3 NoSQL 的类型

按存储模型和特点进行分类的 NoSQL 如图 3-22 所示。

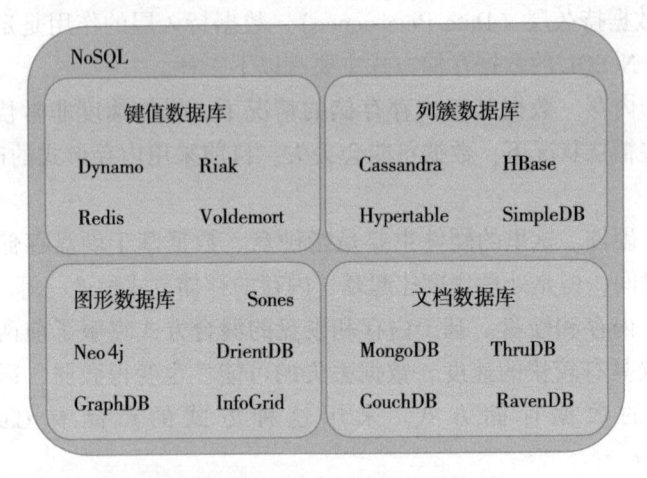

```
┌─────────────────────────────────────────┐
│ NoSQL                                    │
│  ┌──────────────────┐ ┌────────────────┐│
│  │   键值数据库      │ │  列簇数据库    ││
│  │ Dynamo   Riak    │ │Cassandra HBase ││
│  │ Redis  Voldemort │ │Hypertable SimpleDB│
│  └──────────────────┘ └────────────────┘│
│  ┌──────────────────┐ ┌────────────────┐│
│  │ 图形数据库  Sones │ │  文档数据库    ││
│  │ Neo4j  DrientDB  │ │MongoDB  ThruDB ││
│  │ GraphDB InfoGrid │ │CouchDB RavenDB ││
│  └──────────────────┘ └────────────────┘│
└─────────────────────────────────────────┘
```

图 3-22　NoSQL 分类示意图

（1）键值（Key-value）数据库

Key-value 数据库采用键值存储模式（一种结构最简单的 NoSQL 数据模型），与关系型数据库中的哈希表有些类似。Key-value 数据库的 key 值与数据值 Value 的对应关系如图 3-23 所示。

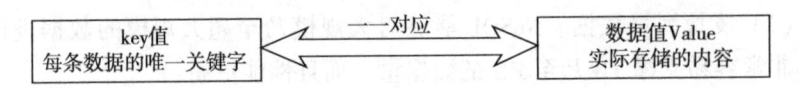

```
┌─────────────┐   一一对应    ┌──────────────┐
│   key值     │ ◄──────────► │  数据值Value  │
│每条数据的唯一关键字│          │ 实际存储的内容 │
└─────────────┘              └──────────────┘
```

图 3-23　key 值与数据值 Value 的对应关系

Key-value 数据库的数据查询能力非常强，其速度远比关系型数据库快得多，并且可以满足大数据存储和高并发性的要求，而对于实际存储内容并不关心。

此外，Key-value 数据库还可采用另一种 Key-value 存储模型——Key—结构化数据存储模型。它将 Key-value 存储中的 value 扩展为结构化的数据类型，包括数字、字符串、链表、集合以及有序集合。

Key—结构化数据存储的典型代表是由 Salvatore Sanfilippo 写的高速缓存系统 Redis（REmote Dictionary Server）。键值存储模型的最大问题是它通常由哈希表实现，所以无法进行范围查询，同时存储的数据缺少结构化。但其优点是查询效率非常高。

Key-value 存储系统具有相似的数据模型：一个 Map 字典允许用户根据 key 查找和请求 value。除了这些之外，现在的 Key-value 存储更倾向于取得高的扩展性，尽管这会牺牲部分一致性，所以其大多会略去对大量随机查询及一些分析特性（特别是连接和聚集操作）的支持。Key-value 存储已经存在很长时间（如 Berkeley DB），近几年发展起来的基于 Key-value 的 NoSQL 存储系统比较知名的有 Redis、Memcached、Voldemort 等。下面对 Redis 进行简单介绍。

Redis 是由 VMware 公司赞助的开源内存存储系统，本质上是一个 Key-value 类型的内存数据库。它采用标准 C 语言编写，支持多种内存数据结构，并提供多种语言的 API，性能非常高，可以说是最快的 NoSQL。Redis 类似于 Memcached，支持存储复杂的 value 类型，包括 string（字符串）、list（链表）、set（集合）、zset（有序集合）和 hash（哈希类型），并具有持久化功能，实现了功能与性能之间的平衡。在此基础上，Redis 还支持各种不同方式的排序。

Redis 的设计非常精炼，除了支持操作系统之外，不支持第三方数据库的调用。特别值得称赞的是，虽然 Redis 不支持多核，但 Redis 的性能仍然非常出色。Redis 拥有非常卓越的读/写性能，非常适用于数据访问非常频繁的 Web 网站或 Web 项目，一些著名的大公司（如新浪、暴雪娱乐）以及新兴的基于社会化网络的 Pinterest、Instagram 等都采用 Redis 存储数据。

但是，Redis 的数据容量经常被物理内存所限制，无法处理海量数据的高性能读/写，可扩展性较差，因此，不适用于超大规模数据的高性能操作和运算。

（2）列簇数据库

①BigTable。BigTable 是谷歌设计的一个存储和处理海量数据的非关系型数据库。由于谷歌的很多应用程序都需要处理大量的格式化及半格式化数据，而传统的基于固定模式的关系型数据库无法满足如此多样的数据格式要求，因此，谷歌开发出弱一致性的数据库系统 BigTable。

Google 的 BigTable 是一个典型的分布式结构化数据存储系统。在表中，数据是以"列簇"为单位组织的，列簇用一个单一的键值作为索引，通过这个键值，数据和对数据的操作都可以被分布到多个节点上进行。它不仅能够可靠地处理 TB、PB 级的超大规模数据，而且部署在上千台机器上也完全不是问题。

BigTable 的成功设计和开发，使得它在超过 60 个谷歌产品和项目上得到了广泛应用，无论是在高吞吐量的批处理方面还是在实时数据服务方面，BigTable 都能很好地提供一个灵活的、高性能的解决方案，并且成为后来众多开源 NoSQL 项目和产品的重要参照。

BigTable 是建立在其他几个谷歌基础构件上的，其系统架构如图 3-24 所示。

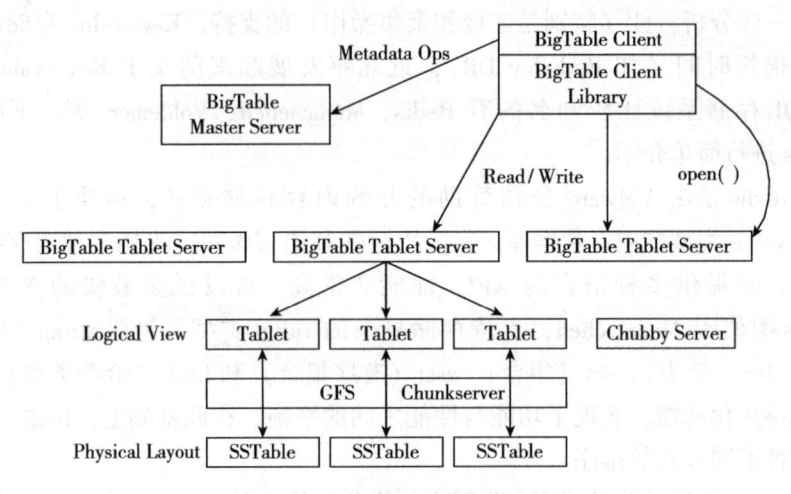

图 3-24 BigTable 的系统架构

其一，分布式文件系统 GFS（Google File System）。GFS 通常被认为是一种面向不可信任服务器节点而设计的文件系统，主要用于存储日志文件和数据文件。

GFS 拥有两类节点。一是 Chunk 节点。Chunk 节点主要用于存储与用户交换数据的 Chunk（数据块）。数据文件在存储的过程中，通常是分割成 Chunk 进行存储的。Chunk 具有唯一能被识别的标签，大小一般为 64MB，且一般被 DFS 在系统中默认复制三次。二是 Master 节点。Master 节点包括 Chunk 的标签、Chunk 的副本位置以及正在被操作的 Chunk。

GFS 的系统架构如图 3-25 所示。

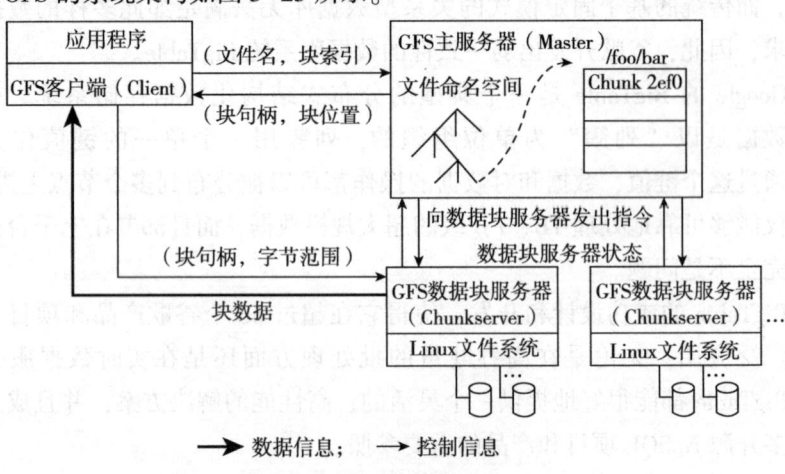

图 3-25 GFS 的系统架构

其二，客户端（Client Library）。客户端是 BigTable 系统的一部分，主要是与子表服务器（Table Server）进行通信，由分布式锁服务组件（Chubby Server）进行连接，具体如图 3-26 所示。

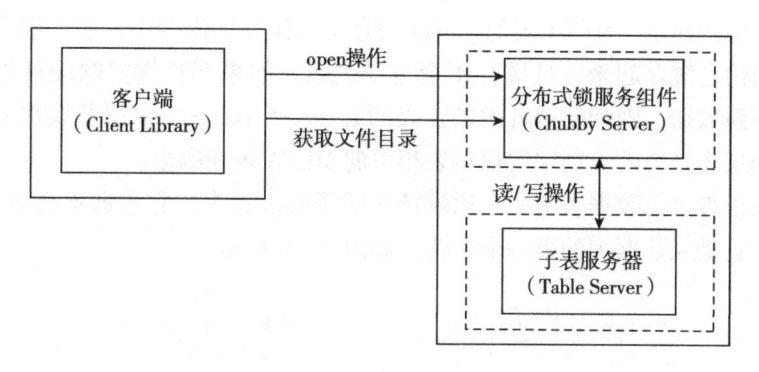

图 3-26　客户端与子表服务器的通信过程

由图 3-24、图 3-26 可以看出，客户端通信时不经过 Master 主服务器，也就是说，在实际应用中，主服务器不需要承担较多的负载。

其三，主服务器（Table Server）。主服务器主要负责管理子表服务器和执行原数据操作。它主要负责对子表服务器进行管理，主要作用有：管理 Table 的添加操作；管理 Tablet 的负载均衡，调整 Region 的分布；若发现失效的 Tablet，重新分配 Tablet；对 GFS 上的垃圾文件进行回收。

其四，子表服务器。每个子表服务器都管理一个子表（Table）的集合（通常每个服务器有数十个至上千个子表）。子表服务器负责处理它所加载的子表的读写操作，当子表过大时，对其进行分割。

BigTable 使用一个三层的、类似 B+树的结构存储 Tablet 的位置信息。Tablet 的地址结构如图 3-27 所示。

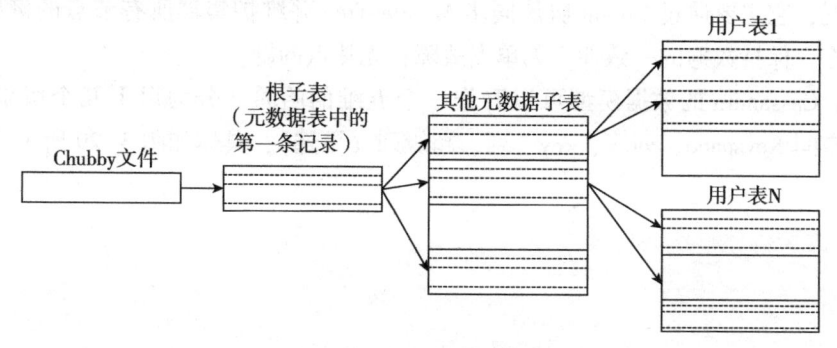

图 3-27　Tablet 地址结构

第一层是一个存储在 Chubby 中的文件,它存储了根子表（Root Tablet）的位置信息。根子表中记录了元数据表中用户 Tablet 的位置信息,而元数据表中则记录了用户数据在 HDFS 中物理节点的具体存储位置信息的集合。为了加快访问速度,META 表的 Tablet 信息全部保存在内存中。客户端会将查询过的信息缓存起来,且缓存不会自动失效。如果客户端根据缓存信息还访问不到数据,则询问持有 META 表的 Region Server,并试图获取数据的位置,如果还是失效,则询问根子表相关的 META 表在哪里。

根子表是元数据表中一个比较特殊的子表。首先,它永远不会被分割;其次,它是元数据表的第一个子表,如图 3-28 所示。

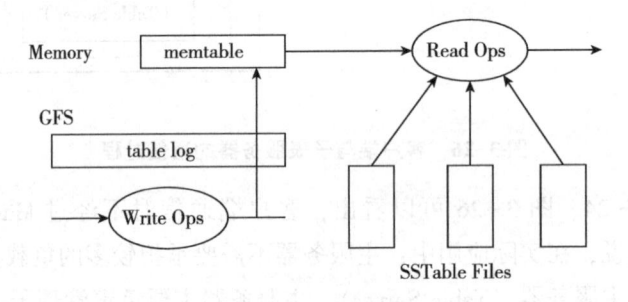

图 3-28 Tablet 的表示

②Cassandra。Cassandra 采用了亚马逊 Dynamo 基于 DHT 的完全分布式结构,可以更好地实现可扩展性。

Cassandra 最初由 Facebook 开发,并逐渐被 Web 网站采纳,成为一种非常流行的结构化数据库。对 Cassandra 进行的读/写操作,只会被反映到节点上,因此,Cassandra 可以无缝地加入或删除节点,性能的扩展变得非常简单。

Cassandra 非常适用于社交网络云计算,完全适用于节点规模变化大的情况,它主要通过 Gossip 协议同步 Merkle Tree 并维护集群所有节点的健康状态,保持数据的一致性,无单点故障,无热点问题。

Cassandra 的数据模型可以看作一个五维的哈希,分为以下几个级别:键空间 Keyspace、列簇、key、列、超级列（可选）,具体如图 3-29 所示。

```
Cassandra的数据模型
├─ 键空间 Keyspace → Cassandra中的最大组织单元，里面包含了一系列列簇
├─ 列簇 → 某个特定key的数据集合，每个列簇物理上被存放在单独的文件中
├─ key → 数据必须通过key来访问
├─ 列 → Cassandra中最基本的数据结构，column和value构成一个对，每行多列，每列的数据类型可不同
└─ 超级列 Super Column → 一种特殊的列，里面可以存放任意多个普通的列，且可以存放任意多个Super Column在一个列簇中
```

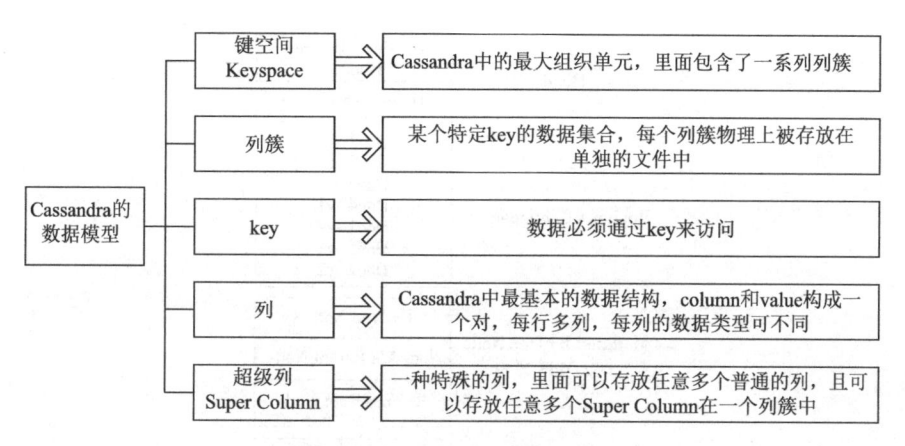

图 3-29　Cassandra 的数据模型

其中，键空间 Keyspace 一般是应用程序的名称，列簇与关系型数据库中的表有些类似，key 是数据访问的入口，数据类型不固定的列使 Cassandra 变得灵活。

（3）文档数据库

①CouchDB。CouchDB 是一个面向文档的数据库管理系统，每一个文档都具有唯一的 ID 作为管理依据。CouchDB 提供以 JSON 为数据格式的 REST 接口从而使得应用程序读取和修改这些文档，并可以通过视图来操纵文档的组织和呈现，具有高度可扩展性、高可用性和高可靠性，就算是故障率较高的硬件也能正确、顺畅地运行。

CouchDB 数据库文件的后缀为 .couch，由 Header 和 Body 组成，数据库结构如图 3-30 所示。

CouchDB 的系统架构如图 3-31 所示。

具体来说，CouchDB 具有以下技术特征：其一，RESTful API。CouchDB 系统的接口主要有 HTTP Get/PuffPost/Delete+JSON，这些接口都采用 HTTP 方式进行操作。其二，每个数据库都对应单个文件（以 JSON 保存）。基于此存储方式，数据之间不仅没有关系范式要求，还可以做到热备份。其三，在 CouchDB 系统中，用户可以根据自身需求创建视图。其四，采用 MVCC（Multi Version Concurrency Control）机制，读写均不锁定数据库。其五，N-Master 复制。可以使用无限多个 Master 机器，构建数据网络拓扑。其六，CouchDB 系统支持离线时存储数据，接入网络后会存储至云端。其七，支持附件。其八，使用 Erlang 开发（更多的特性）。

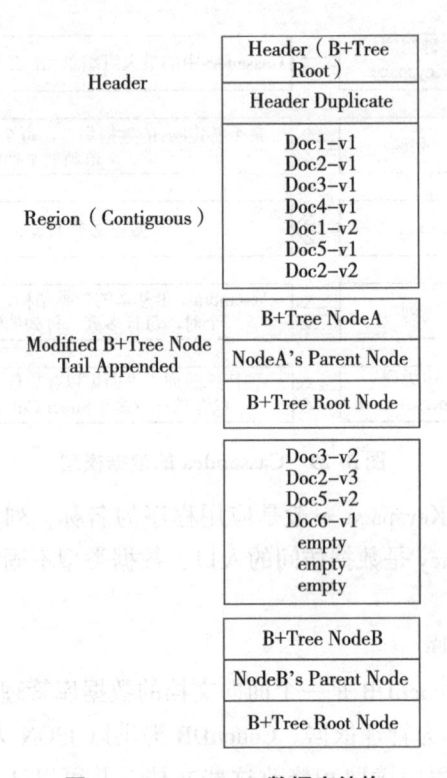

图 3-30 CouchDB 数据库结构

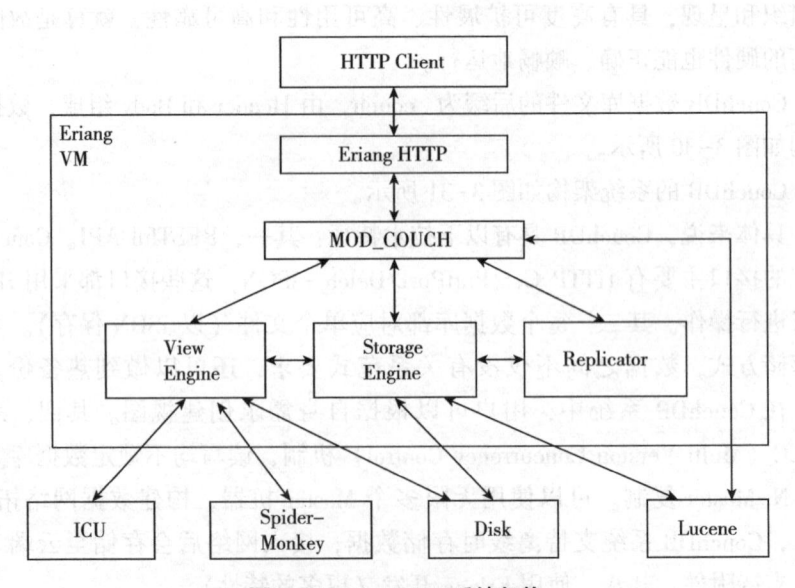

图 3-31 CouchDB 系统架构

CouchDB 的数据结构与数据模式互不干涉，数据结构主要的依赖对象是视图。数据结构依赖视图来创建文档间的关系且关系之间无限制，并提供聚合报告特性。这些视图的结果需要使用 MapReduce 来计算，其流程如图 3-32 所示。

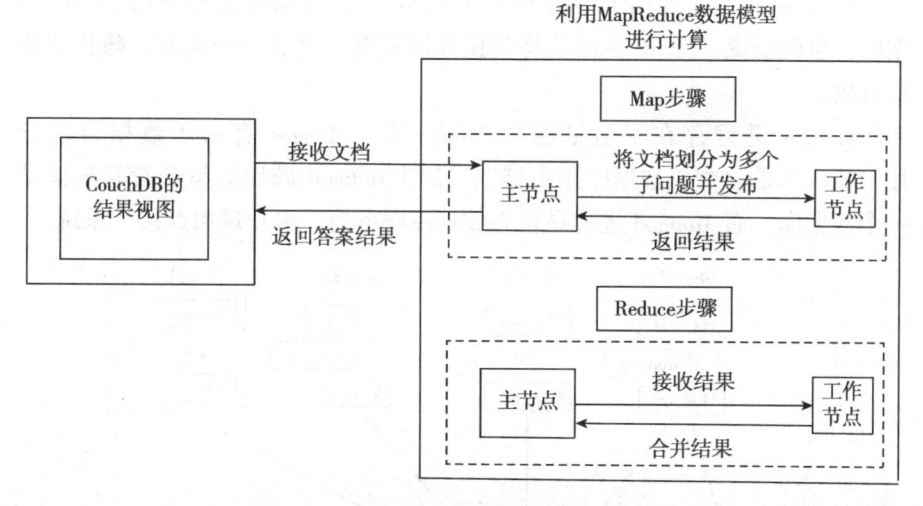

图 3-32 MapReduce 计算视图结果的流程

②MongoDB。MongoDB 是一个文档型 NoSQL 产品，在非关系型数据库中它的功能最为丰富，且与关系型数据库最为接近，因此最受欢迎。它支持的是一种类似于 JSON 的 BJSON 格式的数据，其结构很松散，既可以存储相对复杂的数据类型，也可以动态地定义模式。

支持的查询语言极其强大是 MongoDB 最大的特点，其语法跟面向对象的查询语言有些类似，基本能够实现类似关系型数据库单表查询的绝大多数功能，主要包括 Ad hoc 查询、索引、主从复制、负载均衡、文件存储、聚集操作、JavaScript 集成等功能。它的特点是易使用、易部署、高性能，非常容易存储数据，但是，它的并发读/写效率不是特别出色。

MongoDB 主要解决的是海量数据的访问效率问题，当数据超过一定规模时，它的访问速度是关系型数据库 MySQL 的数十倍甚至更多。这是因为 MongoDB 拥有一个非常出色的分布式文件系统 GridFS，可以支持海量数据的存储。因此，MongoDB 受到许多不是特别复杂的 Web 应用的青睐，越来越多的 Web 网站和 Web 项目将数据库从 MySQL 迁移到 MongoDB，数据查询的速度大幅提升。

虽然 MongoDB 的功能非常丰富，但它的架构非常简单，在没有特殊要求时，MongoDB 默认以一个单机数据库工作，不仅可以直接安装工作，并且支持所有功能。

MongoDB 系统主要由 Shard 数据块、Mongos 进程、Config 服务器组成，其系统架构如图 3-33 所示。

Shard 数据块主要用于存储 Mongod 进程，而 Mongod 进程是用于存储数据的，也就是说，Shard 数据块将数据存储复制，组成一个集群，防止主机单点故障。

Mongos 进程存在于前端路由 Mongo 中。Mongos 有助于数据自动分片，被认为是一个"数据库路由器"，使得 Mongod 进程的集合看起来像是一个数据库，而 Mongod 进程是核心数据库服务器。客户端由此接入系统。

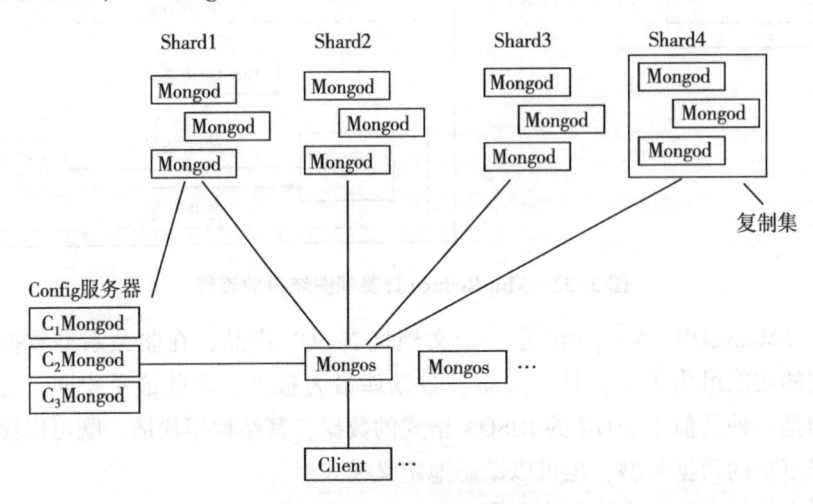

图 3-33　MongoDB 系统架构

Config 服务器上具有每个服务器、Shard 以及 Chunk 的元数据信息。

MongoDB 中对象数据的存储十分容易，它们将会被分组存储于数据集中，这个数据集具有唯一的标识名，且其中包含的文档数量没有限制，此时称这个数据集为集合（Collection），MongoDB 中的数据一般都是"面向集合"（Collection-Oriented）的。集合的概念与关系型数据库中的表有些类似，区别是表需要定义严格的模式，而集合则无须定义任何模式。Nytro MegaRAID 技术中的闪存高速缓存算法，能够快速识别数据库内大数据集中的热数据，提供一致的性能改进。

用户在 MongoDB 中存储数据时无须知道结构定义，也就是说，用户存储数据时的数据模式是自由的。即使用户已知存储的数据模式，也不必存储同样结构的文件，模式自由（schema-free）支持多种数据类型。

MongoDB 中的文档一般以键值对的方式存储在集合中。前面已经分析过，集合具有唯一的标识名以便进行区分，而文档是采用键作为唯一的标识，值对文件的类型并不做限制，可以存储多种复杂类型的文件，这种存储形式叫作BSON（Binary Serialized Document Format）。

具体来说，MongoDB数据库具有以下技术特征：其一，面向集合的存储。MongoDB中的数据存储格式都是JSON，并使用JavaScript进行操作。其二，数据动态查询。MongoDB支持动态查询，即使在没有建立索引的行上也能进行任意查询，且深入文档内嵌的对象及数组。这是因为MongoDB系统提供了一系列操作命令用于文档查询集合。其三，REST。MongoDB的服务器主要采用二进制协议，在启动时只提供一个接口用于监视工具状态。其四，MVCC。MongoDB写操作即时完成。其五，水平扩展性。MongoDB系统使用数据分片实现水平扩展性，支持二进制数据以及对象自动分片。

MongoDB系统也存在一些缺点。其一，数据可靠性问题。MongoDB系统在不正常停掉时并不能保证数据的一致性，必须运行repairDatabase()命令来修复数据文件。其二，删除锁定问题。在MongoDB系统中批量删除数据时，数据库会阻止读/写操作访问数据库，也就是说，在删除数据时网站会失去对数据库的响应。其三，内存占用问题。MongoDB系统会占用所有的空闲内存，即使MongoDB系统并没有这个需求，只有MongoDB系统重启时才能释放内存空间。

基于上述分析，MongoDB适用于高性能的存储服务、大量的更新操作、经常变化的数据等场景，比如网站实时数据处理、构建在其他存储层上的缓冲层、内容管理系统（Content Management System，CMS）、blog等，不适用于传统的商业智能应用、复杂的跨文档级联查询以及要求高度事务性的系统等场景。

MongoDB和CouchDB的对比分析如表3-1所示。

表3-1 MongoDB和CouchDB的对比分析

数据库	MongoDB	CouchDB
数据类型	文档型，JSON-like	文档型，JSON-like
分区	连续范围分区	连续范围分区
一致性	强一致性	最终一致性，客户端解决冲突
可靠性	Master/Slave复制集	多Master复制
架构	M/S	M/S

(4) 图形数据库

图形数据库以图这种数据结构为基础。图形数据库模型也可以看成从 Key-value 模型发展出来的一个分支，不同的是它的数据之间有着广泛的关联，并且支持一些图结构的算法。图形数据库主要用于存储实体之间的关系信息，它克服了关系型数据库查询复杂、缓慢的缺点，实现了非常灵活的查询。

图形数据库包括嵌入式图引擎 Neo4j、Twitter 的 FlockDB 和谷歌的 Pregel 等。其中，采用 Java 语言开发的、开源的 Neo4j 是图形数据库的主要代表。

Neo4j 是一个嵌入式、基于磁盘的、支持完整事务的 Java 持久化引擎，它在图（网络）中而不是表中存储数据。经过多年的发展，目前已经可以用于生产环境。Neo4j 有两种运行方式，一是服务的方式，对外提供 REST 接口，可以方便地集成到基于 PHP、.NET 和 JavaScript 的环境中；二是嵌入式，直接将数据文件存储于本地，并直接操作管理本地数据。

Neo4j 的内核是性能极快的图形引擎，拥有非常快的图形算法，以及良好的扩展性。与关系型数据库相比，Neo4j 拥有以下优势：①并行运行。可在一台或多台机器上并行处理海量的图。②性能优越。频繁查询数据库时仍能保持优良的性能，对复杂、互连接、结构化的数据进行查询时，会进行数据建模，查询速度与数据量无关。缺点是检索算法较为复杂，对复杂的子图查询效率较低。

3.2.2.4 NoSQL 的三大基石

NoSQL 存在并且发展有三大基础，分别为 CAP、BASE 和最终一致性。

CAP 是 Consistency（一致性）、Availability（可用性，指的是快速获取数据）和 Tolerance of Network Partition（分区容忍性）的简称。CAP 理论已经被证明了其正确性，需要注意的是，一个分布式系统至多能满足三者中的两个特性，无法同时满足三个。

ACID 是 Atomicity（原子性）、Consistency（一致性）、Isolation（隔离性）和 Durability（持久性）的简称。传统的关系型数据库以 ACID 模型为基本出发点，从而保证其数据一致性。但是大规模的分布式系统对 ACID 模型是排斥的，无法兼容。

由于 CAP 理论的存在，为了提高云计算环境下的大型分布式系统的性能，可以采用 BASE 模型。BASE 模型牺牲了高一致性，获得可用性或可靠性。BASE 包括 Basically Available（基本可用）、Soft State（软状态/柔性事务)、Eventually Consistent（最终一致）三个方面的属性。BASE模型的三种特性不要求数据的状态与时间实时同步一致，只要最终数据是一致的就可以。

3.2.2.5 基于NoSQL的Megastore存储系统

通常，HBase及Cassandra等NoSQL数据库主要提供高可扩展性支持，在一致性和可用性方面会做相应的牺牲，在传统的RDBMS的ACID语义、事务支持等方面存在不足。因此，很多系统努力尝试把NoSQL与传统的关系型数据库融合，并为一致性和高可用性提供强有力的保证，其中谷歌的Megastore是具有代表性的系统。

Megastore使用同步复制来达到高可用性和数据的一致性视图。简言之，Megastore对"不同地域的低延迟性的副本"提供了完全的串行化ACID语义来支持交互的在线服务，为了达到这个目标，Megastore在RDBMS和NoSQL之间折中，将数据进行分区，并对每个分区进行复制，分区内部提供完全的ACID语义，但是分区和分区之间只保证有限的一致性。

（1）系统架构

Megastore的系统架构如图3-34所示。

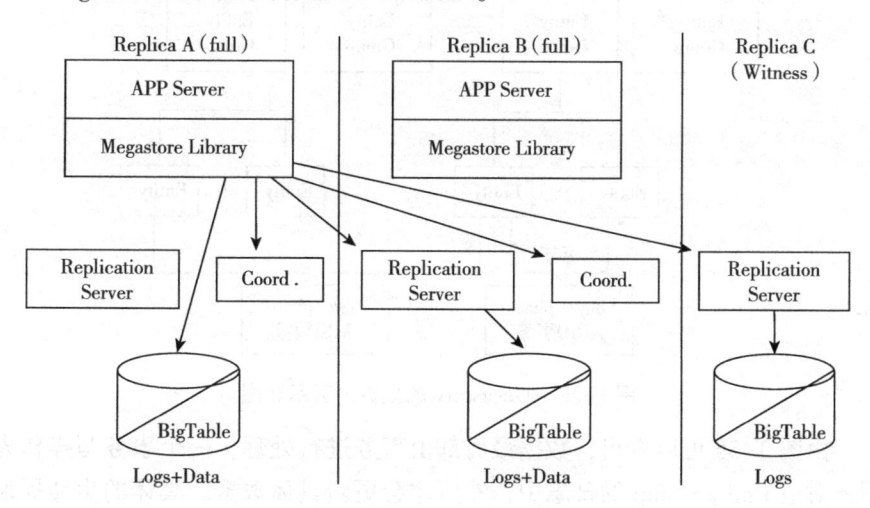

图3-34 Megastore的系统架构

由图3-34可以看出，Megastore系统中拥有多个副本，如日志、索引数据、Entity数据等。此外，副本中还有一种特殊的角色，称为观察者（Witnesses），只进行无效的写日志操作，无数据，主要用于组成quorum（当副本缺乏时）。

Megastore 通过客户库（Client Library）及一个辅助服务器来完成应用。应用连接到客户库，该客户库实现了 Paxos 及其他算法：选择一个副本进行读，延迟副本的追赶等。该客户库通过"直接提交事务到本地 BigTable"使 Paxos 持久地操作于副本上。

（2）Megastore 的可用性

Megastore 的高可用性依靠对数据进行分区来实现。每一个分区数据都拥有自己的日志，各自的事务处理也互相独立，如图 3-35 所示，故 Megastore 的可用性非常高。

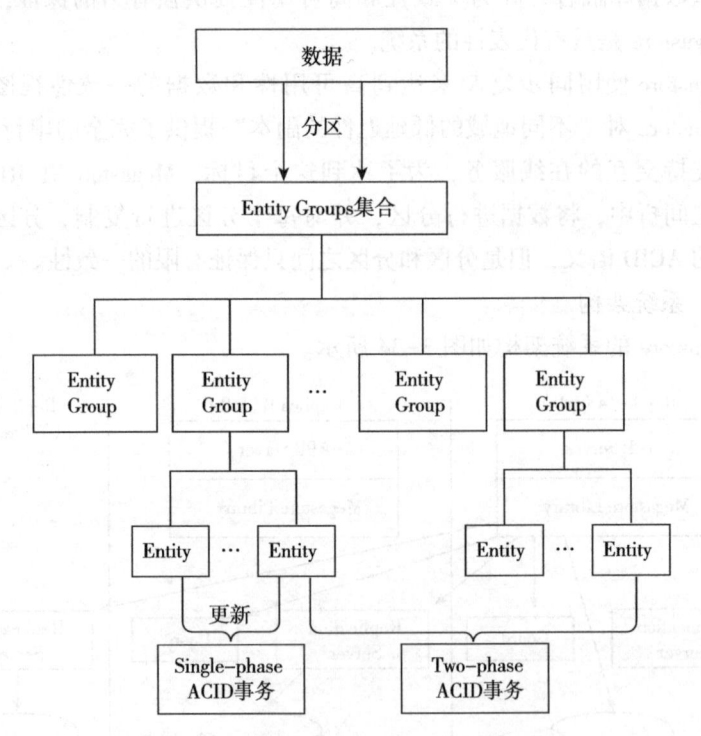

图 3-35 Megastore 的数据分区示意图

由图 3-35 可以看出，数据最后都由事务进行处理，一个事务写操作先写入对应 Entity Group 的日志中，然后才会更新具体数据。具体的生命周期步骤如图 3-36 所示。

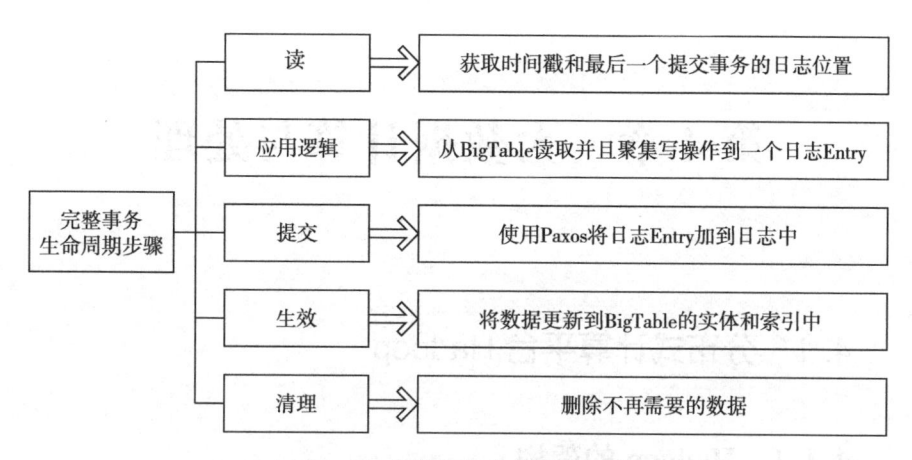

完整事务生命周期步骤	读	→	获取时间戳和最后一个提交事务的日志位置
	应用逻辑	→	从BigTable读取并且聚集写操作到一个日志Entry
	提交	→	使用Paxos将日志Entry加到日志中
	生效	→	将数据更新到BigTable的实体和索引中
	清理	→	删除不再需要的数据

图 3-36　完整事务生命周期步骤

第4章 大数据计算与处理

4.1 分布式计算平台 Hadoop

4.1.1 Hadoop 的架构

Hadoop 分布式系统基础框架具有创造性和极大的扩展性,用户可以在不了解分布式底层细节的情况下开发分布式程序,充分利用集群的威力高速运算和存储。简单来说,Hadoop 是一个更容易开发和运行处理大规模数据的软件平台。

Hadoop 的主要模块如图 4-1 所示。Hadoop 的核心模块包含 HDFS、MapReduce 和 Common。其中,HDFS 是分布式文件系统;MapReduce 提供了分布式计算编程框架;Common 是 Hadoop 体系最底层的一个模块,为 Hadoop 各模块提供基础服务。

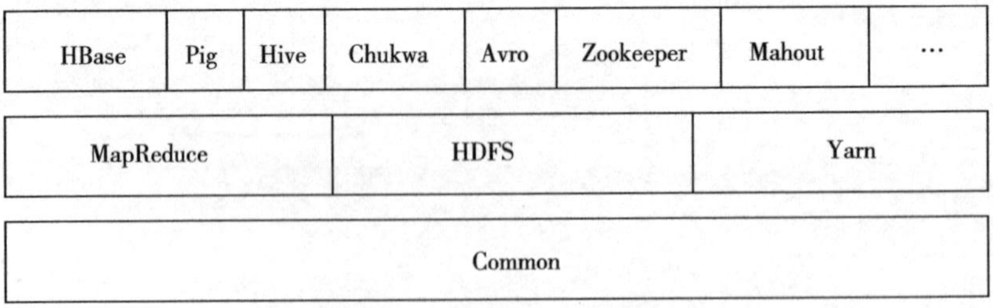

HBase	Pig	Hive	Chukwa	Avro	Zookeeper	Mahout	…
MapReduce			HDFS			Yarn	
Common								

图 4-1 Hadoop 的主要模块

Hadoop 的其他模块包含 HBase、Pig、Yarn、Hive、Chukwa、Avro、Zookeeper、Mahout 等。其中,HBase 基于 HDFS,是一个开源的基于列存储模型的分布式数据库;Pig 是处理海量数据集的数据流语言和运行环境,运行在 HDFS 和 MapReduce 上;Yarn 是 Hadoop 集群的资源管理系统;Hive 可以对存储在 Hadoop 里的海量数据进行汇总,并能使即时查询简单化;Chukwa 是基于 Hadoop 的大集群监控系统;Avro 可以使 Hadoop 的 RPC 模块通信速度更快、数据结构更紧凑；Zookeeper 是一个分布式、可用性高的协调服务，提供分布式锁之类的基本服务，用于构建分布式应用；Mahout 是一个在 Hadoop 上运行的可扩展的机器学习和数据挖掘类库（如分类和聚类算法）。[1] 随着 Hadoop 的发展，其框架也在不断更新，并继续研发其他模块来支撑海量数据的运算与存储。

4.1.2 Hadoop 的组成模块

4.1.2.1 HDFS

HDFS 是 Hadoop 体系中数据存储管理的基础。它是一个高度容错的系统，能检测和应对硬件故障，可以在低成本的通用硬件上运行。HDFS 简化了文件的一致性模型，通过流式数据访问，提供高吞吐量应用程序的数据访问功能，适合带有大型数据集的应用程序。

4.1.2.2 MapReduce

MapReduce 是用于并行数据处理的一种高效的编程模型。它将计算任务分解为 Map 和 Reduce 两个阶段，并使不同的 Map 计算任务并行分布到多个节点上完成，每一个 Map 计算任务通常都在数据存储的节点上执行，Map 计算任务结束后，输出 Key/Value 形式的中间结果，这些中间结果被分发到 Reduce 计算任务在多台机器上并行处理从而得到最终结果。具体的计算任务是由 TaskTracker 组成的集群各物理节点完成的，而 JobTracker 负责整个集群的资源管理监控、作业拆分分配和任务管理等工作。

4.1.2.3 Common

从 Hadoop 0.2.0 版本开始，Hadoop Core 模块更名为 Common。Common 是 Hadoop 的通用工具，用于支持其他的 Hadoop 模块。Common 提供了一系列分布式文件系统和通用 I/O 的组件和接口，主要包括系统配置工具、远程过程调用、序列化机制和抽象文件系统等。它们为在通用硬件上搭建云计算环境提供基本的服务，并且为运行在该平台上的软件开发提供了所需的 API。其他 Hadoop 模块都是在 Common 的基础上发展起来的。

4.1.2.4 Yarn

Yarn 是 Apache 新引入的子模块，与 MapReduce 和 HDFS 并列。由于在

---

[1] 曹润涛. 基于 Hadoop 的移动感知系统的设计与实现 [D]. 西安：西安电子科技大学，2012.

老的框架中，JobTracker 要一直监控 job 下 tasks 的运行状况，承担的任务量过大，所以引入 Yarn 来解决这个问题。Yarn 的基本设计思想是将 MapReduce 中的 JobTracker 拆分成两个独立的服务：全局的资源管理器 ResourceManager 和每个应用程序特有的 ApplicationMaster。其中，ResourceManager 负责整个系统的资源管理和分配，而 ApplicationMaster 则负责单个应用程序的管理。

当用户向 Yarn 提交一个应用程序后，Yarn 将分两个阶段运行该应用程序：第一个阶段是启动 ApplicationMaster；第二个阶段是由 ApplicationMaster 创建应用程序，为它申请资源，并监控它的整个运行过程，直到运行成功。Yarn 的架构如图 4-2 所示。

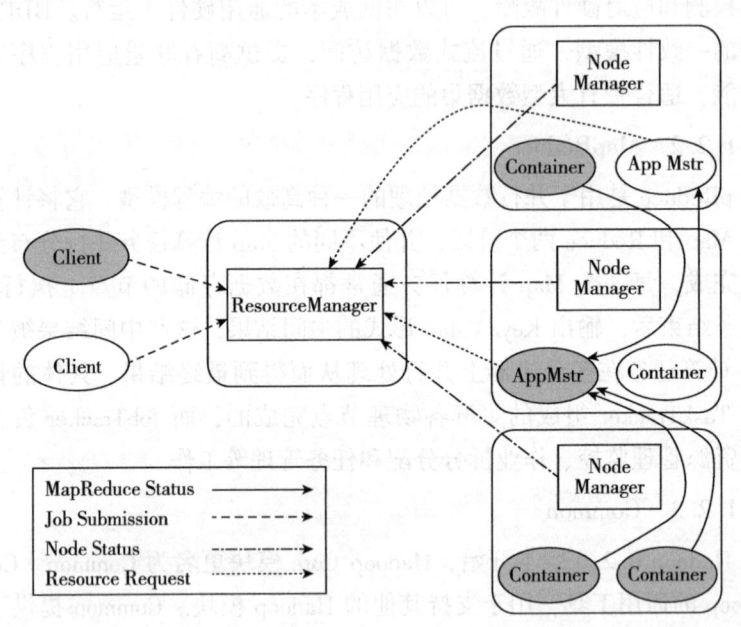

图 4-2　Yarn 的架构

4.1.2.5　Hive

Hive 是建立在 Hadoop 上的数据仓库基础构架。它定义了一种简单的类 SQL 查询操作语言，称为 HiveQL，此外，当采用 HiveQL 内部的 MapReduce 算法难以满足需求时，还支持使用用户自定义的 Map 和 Reduce 程序完成更加复杂的任务。

Hive 与 Hadoop 的关系如图 4-3 所示。

图 4-3　Hive 与 Hadoop 的关系

（1）Hive 的架构

Hive 的架构可以分为以下几部分，如图 4-4 所示。

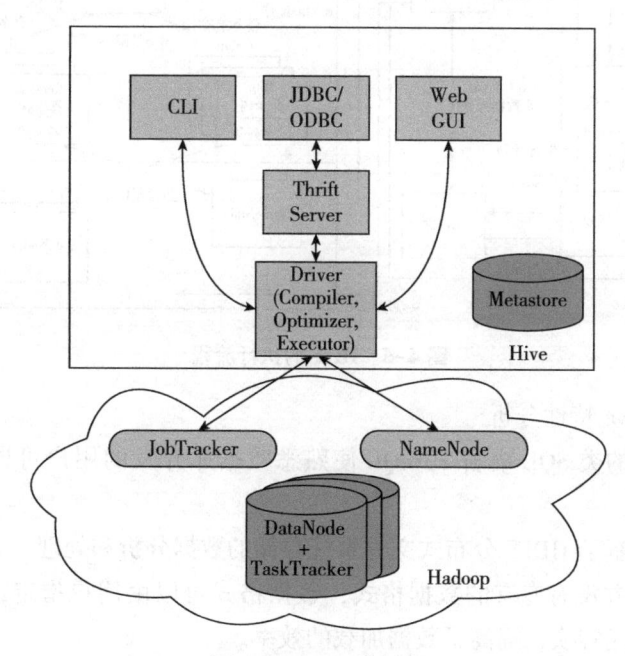

图 4-4　Hive 的架构

①用户接口。Hive 支持包括命令行接口（Command-Line Interface，CLI）、Client、Web 界面（Web User Interface，WUI）在内的多种交互接口，其中最常用的是 CLI。

②元数据存储。Hive 通常将元数据存储在关系型数据库中，如 MySql、Derby 中。Hive 中的元数据包括表的名字、表的列和分区及其属性、表属性（是否为外部表等）、表数据所在目录等。

③驱动器。包括解释器、编译器、优化器、执行器。其中，解释器、编译器、优化器完成 HiveQL 查询语句的词法分析、语法分析、编译、优化

及查询计划的生成。

④Hadoop。Hive 的数据存储在 HDFS 中，大部分的查询由 MapReduce 完成（包含 * 的查询，比如 select * from tb1 不会生成 MapRedcue 任务）。

Hive 的编译器负责编译源代码并生成最终的执行计划，包括语法分析、语义分析、目标代码生成。Hive 基于 MapReduce 来执行，其执行流程如图 4-5 所示。

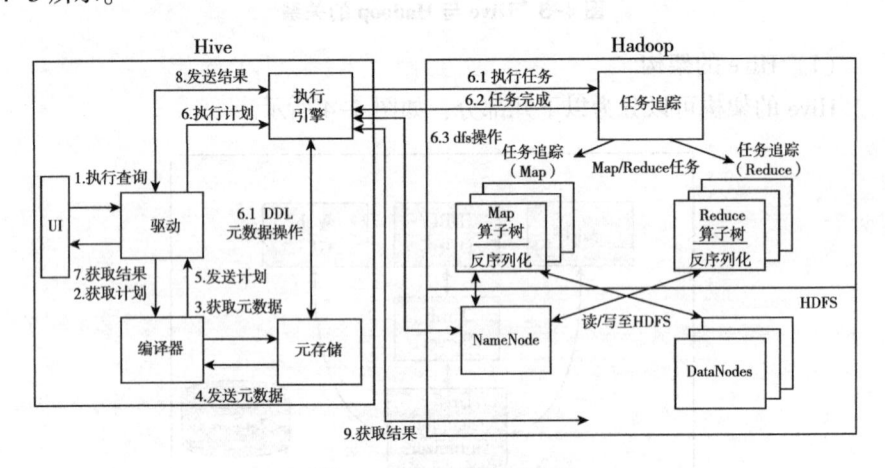

图 4-5　Hive 的执行流程

（2）Hive 特性分析

①专用的类 SQL 语言 HiveQL 使熟悉数据库开发的用户可以很方便地使用。

②面向基于 HDFS 分布式文件系统存储的数据分析和处理。

③Hive 并没有专有的数据格式，数据格式可以由用户指定，不存在二者之间的格式转换，提高了数据加载的效率。

④针对数据仓库应用，Hive 不支持对数据的改写和添加，所有数据在加载时已确定。

⑤集成 MapReduce，Hive 支持对大规模数据的并行访问和查询。

⑥Hive 无索引和 MapReduce 框架本身的延迟处理特点，导致 Hive 查询与关系型数据库的实时处理性能相比，会有较高的延迟。

⑦Hive 建立在 Hadoop 之上，具有较高的可扩展性。

4.1.2.6　HBase

HBase 使用 Hadoop 分布式文件系统（HDFS）作为其底层存储系统，其技术来源于 Google 的 BigTable 数据库，既可以直接使用本地文件系统，也可以基于 Hadoop 的 HDFS 文件系统实现分布式数据库，在此基础上可与 MapReduce 集成实现并发的海量数据处理能力，并由 Hadoop Zookeeper 协同执行任务，从而构建起一个高可靠性、高性能、面向列、可伸缩的分布式存储系统。HBase 的架构如图 4-6 所示。

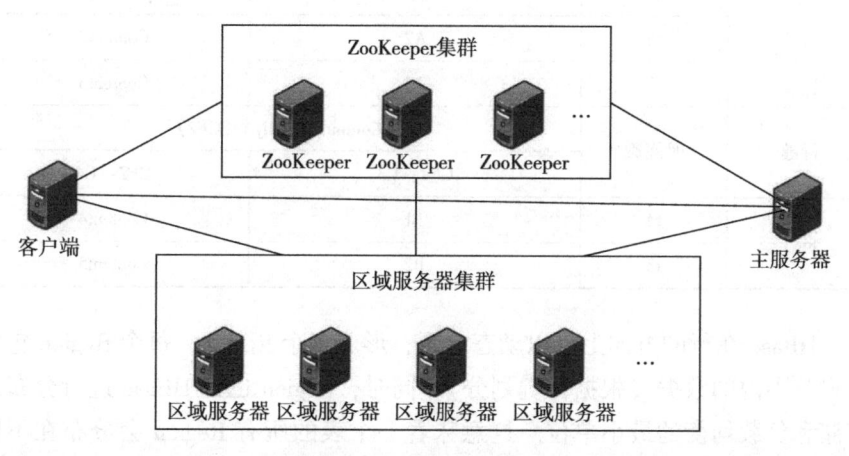

图 4-6 HBase 的架构

与 Google BigTable 相同，HBase 采用的也是基于列式存储的数据模型，以类似于表的形式存储数据，表中包含了行、列簇、时间戳，每一个列簇下可以有多个列，表中数据根据时间戳的不同可存储多个版本。尽管从逻辑上看，HBase 是由很多行、列簇组成的大表，但在物理存储中，表是按照列簇存储的。例如，表 4-1 包含了行数据 row1，两个列簇 CF1 和 CF2 分别包含了 C1、C2 和 C3、C4，但在物理存储中，会呈现出表 4-2 的形式。

表 4-1 HBase 概念结构（1）

行键	时间戳	Column-Family1（CF1）		Column-Family2（CF2）	
		CF1：C1	CF1：C2	CF2：C3	CF2：C4
row1	t7	A1	Content1		
	t6	A2	Content2		
	t5	A3	Content3		
	t4			B1	Content4
	t3			B2	Content5

表 4-2　HBase 概念结构（2）

行键	时间戳	Column-Family1（CF1）	
		CF1：C1	CF1：C2
row1	t7	A1	Content1
	t6	A2	Content2
	t5	A3	Content3

行键	时间戳	Column-Family2（CF2）	
		CF2：C3	CF2：C4
row1	t4	B1	Content4
	t3	B2	Content5

HBase 在行的方向上可以动态分区，形成多个 Region，每个 Region 包含一定范围内的数据（根据行键划分）。同时，Region 也是 HBase 进行分布式存储和负载均衡的最小单位。这意味着一个表的所有 Region 会分布在不同的物理机（Region 服务器）上，但一个 Region 内的数据只能存储在同一台 Region 服务器上。初始状态下，HBase 只有一个 Region，而随着数据量的增加，当超过某个阈值时，就会被划分成两个或多个 Region。这与 BigTable 被划分为多个 Tablet 子表，并物理存储在多个 Tablet 服务器上的原理是相同的，只是 HBase 中用于存储数据的服务器节点被称为 Region 服务器。

HBase 与 Hive 的相同点是 HBase 与 Hive 都是架构在 Hadoop 上的，都用 Hadoop 作为底层存储。二者的区别与联系如表 4-3 所示。

表 4-3　HBase 与 Hive 对比

名称	HBase	Hive
用途	弥补 Hadoop 对实时操作的缺陷	减少并行计算编写工作的批处理系统
检索方式	适用于索引访问	适用于全表扫描
存储	物理表	纯逻辑表
功能	只负责组织文件	既要存储文件又需要计算框架
执行效率	执行效率高	执行效率低

4.1.2.7　Avro

独立于编程语言的数据序列化系统 Avro，旨在解决 Hadoop 中 Writable 类型的不足：缺乏语言的可移植性。其强调数据的自我描述，这依赖于

schema，既支持动态加载 schema（动态映射），也支持代码生成的描述性映射。它提供了：丰富的数据结构；压缩的、快速的、二进制的数据格式；一种文件格式，用于存储持久化数据；一个 RPC 系统；和动态语言的简单交互并不需要为数据文件读写产生代码，也不需要使用或实现 RPC 协议。代码生成是一种优化方式，只对静态语言有意义。

所谓 schema，就是一种能够说清楚对象的描述文件，可能包括对象里面有什么、它们之间的逻辑关系以及数据的统计信息。比如对人的描述包括身高、体重、三围、性别等，只要格式确定，就可以叫作 schema。

Avro 依赖于 schema，当读取 Avro 数据时需要用到 schema，当写数据时也需要 schema 的指导。这样就允许数据都没有前缀，因为可以用 schema 来理解数据，从而使得序列化很快而且数据会比较小。

当把 Avro 数据存储到文件时，会把它的 schema 数据一起存储，这样数据就可以被任意程序使用了。如果程序希望用其他的 schema 来读取数据，操作是很简单的，因为可以通过比较两个 schema 来看能不能读取数据。

当 Avro 用于 RPC 时，客户端和服务端可以在连接握手的阶段进行 schema 交换。由于两边都有对方完整的 schema，所以可以比较出同名域、缺少的域、多余的域。

4.1.2.8 Chukwa

Chukwa 是开源的数据收集系统，用于监控和分析大型分布式系统的数据。Chukwa 是在 Hadoop 的 HDFS 和 MapReduce 框架上搭建的，它同时继承了 Hadoop 的可扩展性和健壮性。Chukwa 通过 HDFS 来存储数据，并依赖于 MapReduce 任务处理数据。Chukwa 中也附带了灵活且强大的工具，用于显示、监视和分析数据结果，以便更好地利用所收集的数据。[①]

4.1.2.9 Pig

Pig 是一个对大型数据集进行分析和评估的平台。Pig 最突出的优势是它的结构能够经受住高度并行化的检验，这个特性使其能够处理大型的数据集。目前，Pig 的底层由一个编译器组成，它在运行的时候会产生一些 MapReduce 程序序列，Pig 的语言层由一种叫作 Pig Latin 的正文型语言组成。

（1）Pig 的执行类型。Pig 有两种执行类型：本地模式和 Hadoop 模式。

---

① 周斌. 基于 Hadoop 的海量工程数据关联规划挖掘方法研究 [D]. 北京：北京交通大学，2016.

①本地模式。此模式下，Pig 在单一的 JVM 上运行并访问本地文件系统。这种模式只适合小数据集或测试使用。本地模式并不使用 Hadoop 的本地作业执行器，而是将翻译语句转换成实际计划自己去执行。

②Hadoop 模式。Hadoop 模式是一种 Pig 在大数据集上运行的模式。运行过程中，Pig 将查询转化成 MapReduce 作业，并在 Hadoop 集群上运行。采用这种模式时，需要向 Pig 明确 Hadoop 版本及集群运行的地点，包括该集群的名称节点和需连接到的任务追踪器（JobTracker）。

（2）Pig 程序运行。无论是采用本地模式还是 Hadoop 模式，Pig 程序都支持三种运行方式。

①Script。可以运行一个包含 Pig 命令的脚本。例如，Pig script.pig 表示在本地文件 script.pig 上运行命令。此外，对于较短的脚本，可以使用-e 在命令行运行指定为字符串类型的脚本。

②Grunt。可以通过一个交互式 Shell 运行 Pig 命令。当 Pig 没有指定要运行的文件，也不使用-e 选项时，Grunt 会启动。在 Grunt 中也可以运行或执行 Pig 脚本。

③Embedded。可以在 Java 中运行 Pig 程序，类似于在 Java 中使用 JDBC 运行 SQL 程序。

（3）Pig Latin 程序。Pig Latin 程序由一系列操作或者转换组成，用于对输入进行数据处理并产生输出。Pig Latin 是一个相对简单的语言，可以执行语句。用 Pig Latin 编写的脚本往往遵循以下特定格式：从文件系统读取数据，对数据执行一系列操作（以一种或多种方式进行转换），然后将由此产生的关系写回文件系统。

Pig 拥有大量的数据类型，不仅支持包、元组和映射等高级概念，还支持简单的数据类型。此外，Pig Latin 支持通过多个关系运算符来完成各种关系操作功能，如迭代、过滤、排序、连接、分组等，表 4-4 展示了一部分关系运算符。

表 4-4 Pig Latin 部分关系运算符

运算符	描述
FILTER	基于某个条件从关系中选择一组元组
FOREACH	对某个关系的元组进行迭代，生成一个数据转换
GROUP	将数据分组划分为一个或多个关系
JOIN	连接两个或两个以上的关系（内部或外部连接）

续表

运算符	描述
LOAD	从文件系统加载数据
ORDER	根据一个或多个字段对关系进行排序
SPLIT	将一个关系划分为两个或两个以上的关系
STORE	在文件系统中存储数据

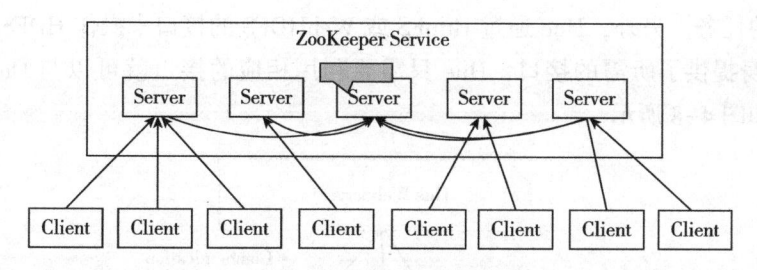

4.1.2.10 分布式协调服务 ZooKeeper

ZooKeeper 是 Hadoop 和 HBase 的重要组件，负责提供分布式应用程序的协调服务。分布式系统可以通过 ZooKeeper 实现系统配置维护、命名服务和同步服务等。ZooKeeper 致力于将不同协调服务集成在一个简单易用的界面上。

ZooKeeper 服务如图 4-7 所示。

图 4-7 ZooKeeper 服务

ZooKeeper 本质上是一个分布式的小文件存储系统，它本是 Hadoop 的一个组件，现在已经被拆分成 Hadoop 的一个独立子项目。ZooKeeper 集群也被应用在 HBase 中。ZooKeeper 具有简单、易表达、高可用性、松耦合交互、简单丰富的 API 等优点。因此，ZooKeeper 可以为用户提供顺序一致性、原子性、单一性、可靠性、及时性的保证。其中，顺序一致性是指按照客户端发送请求的顺序来更新数据；原子性是指更新只有成功和失败，不存在部分更新的情况；单一性是指无论客户端连接哪个服务器都会看到同一个视图；可靠性是指更新的结果在客户端覆盖之前具有持续性；及时性是指客户端会在一定时间范围内得到最新的数据。

4.1.2.11 机器学习 Mahout

Mahout 是一套具有可扩充能力的机器学习类库。它在提供机器学习框架的同时，还实现了一些可扩展的机器学习领域经典算法，可以帮助开发人员更加方便快捷地创建智能应用程序。通过和 Apache Hadoop 分布式框架相结合，Mahout 可以有效地使用分布式系统来实现高性能计算。

Mahout 可提供推荐引擎算法、聚类算法、分类算法、相关物品分析算法四种使用场景的算法。

4.1.2.12 Hadoop 图形化用户界面 Hue

Hue 是 Cloudera 开发的基于 Hadoop 生态系统的一个图形化用户界面。它基于 C/S 架构，为 Hadoop 生态系统提供以下易用的图形界面。

（1）FileBrowser：图形化操作 HDFS。

（2）JobSub and JobBrowser：提交并浏览系统中的 MapReduce 作业。

（3）Beeswax：Hive 的交互应用。

（4）Pig/HBase shell：Pig 和 HBase 的命令行控制界面。

Hue 与 Hadoop 系统之间通过 REST API 或 Thrift 完成通信。在 JobTracker 所在的节点上，都会安装 Hue 的相关插件，以完成提交并浏览 MapReduce 作业的任务。另外，Hue 通过 HttpFS 或 WebHDFS 的接口来操作 HDFS。Oozie 本身提供了所需的接口，Hue 只需要利用相应的接口就可以与 Oozie 交互，如图 4-8 所示。

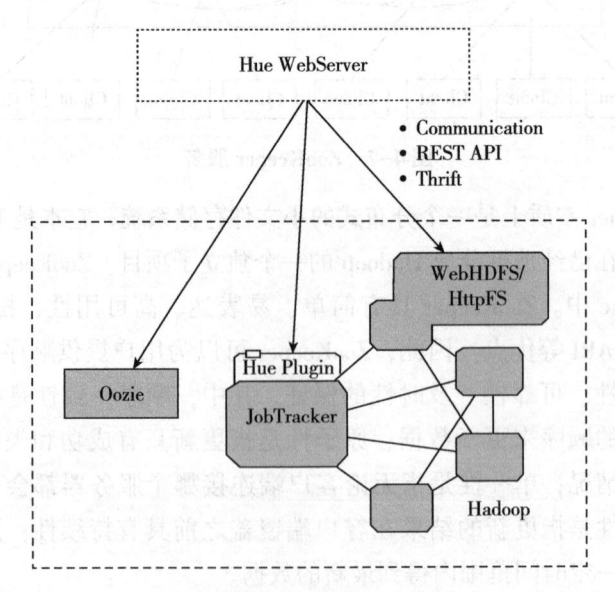

图 4-8　Hue 与 Hadoop 交互

4.1.2.13 Hadoop 与分布式开发

分布式就是要在不同的物理位置空间中实现数据资源的共享与处理。

如金融行业的银行联网、交通行业的售票系统、公安系统的全国户籍管理等,这些企业或行业单位之间具有地理分布性或业务分布性,如何在这种分布式的环境下实现高效的数据库应用程序的开发是一个重要问题。

典型的分布式开发采用的是层模式变体,即松散分层系统(Relaxed Layered System)。这种模式的层间关系松散,每个层都可以使用比它低的所有层的服务,不限于相邻层,从而增加了层模式的灵活性。较常用的分布式开发模式有客户机/服务器开发模式(C/S 开发模式)、浏览器/服务器开发模式(B/S 开发模式)、C/S 开发模式与 B/S 开发模式的综合应用。C/S 开发模式如图 4-9 所示,B/S 开发模式如图 4-10 所示。

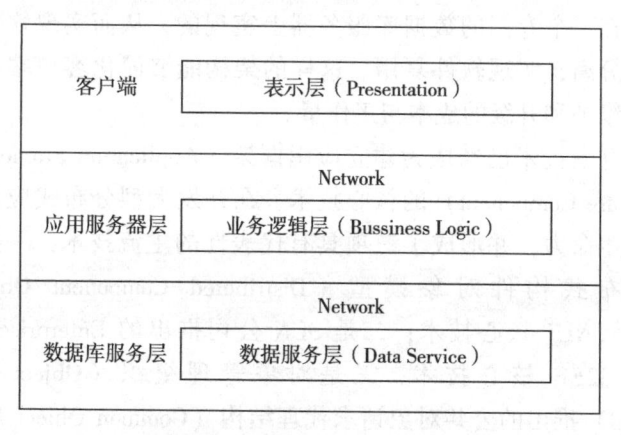

图 4-9 典型的 C/S 开发模式

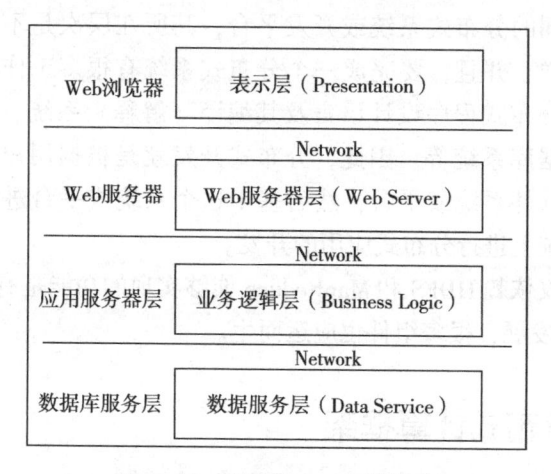

图 4-10 典型的 B/S 开发模式

在图 4-10 中,多了一个 Web 服务器层,它主要用于创建和展示用户界面。现实中经常把 Web 服务器层和应用服务器层统称为业务逻辑层，也就是说，在 B/S 开发模式下，一般把业务逻辑层放在 Web 服务器中。因此分布式开发主要分为三个层次，即用户界面、业务逻辑层、数据库存储与管理，三个层次分别部署在不同的位置。其中，用户界面实现客户端所需的功能，B/S 架构的用户界面是通过 Web 浏览器来实现的，如 IE 6.0。由此可看出，B/S 架构系统比 C/S 架构系统更能够避免高额的投入和维护成本。业务逻辑层主要是由满足企业业务需要的分布式构件组成的，负责对输入/输出的数据按照业务逻辑进行加工处理，并实现对数据库服务器的访问，确保在更新数据库或将数据提供给用户之前数据是可靠的。数据库存储与管理是在一个专门的数据库服务器上实现的，从而实现软件开发中业务与数据的分离，实现软件复用。这样的架构能够简化客户端的工作环境并减轻系统维护和升级的成本与工作量。

分布式开发技术已经成为建立应用框架（Application Framework）和软构件（Software Component）的核心技术，在开发大型分布式应用系统中呈现出强大的生命力，并形成了三项具有代表性的主流技术：一是微软公司推出的分布式构件对象模型（Distributed Component Object Model，DCOM），即 .NET 核心技术；二是 SUN 公司推出的 Enterprise Java Beans（EJB），即 J2EE 核心技术；三是对象管理组织（Object Management Group，OMG）推出的公共对象请求代理结构（Common Object Request Broker Architecture，CORBA）。

当然，不同的分布式系统或开发平台，其所在层次是不一样的，实现的功能也不一样。并且，要完成一个分布式系统有很多工作要做，如分布式操作系统、分布式程序设计语言及其编译（解释）系统、分布式文件系统和分布式数据库系统等。因此，分布式开发就是根据用户的需要，选择特定的分布式软件系统或平台，然后基于这个系统或平台进行进一步开发或者在这个系统上进行分布式应用的开发。

显然，仅仅依赖 HDFS 和 MapReduce 能够实现的功能是有限的。但随着 Hadoop 的快速发展，很多组件也应运而生。

4.2 分布式计算框架

本部分重点介绍 MapReduce 分布式计算框架。MapReduce 是目前全球大数据处理中进行分布式计算最重要和使用最普遍的分布式计算框架之一。

MapReduce 为分布式计算提供了非常好的处理模式，也提供了强大的分布式处理功能，还为分布式计算编程提供了非常便利的条件。只有对要采用的分布式计算框架、数据处理流程非常了解，才能设计和编写分布式计算程序，否则将无从下手，无法编写和调试出可运行的分布式计算程序。

4.2.1 MapReduce 的特点

MapReduce 具有以下特点。

（1）向"外"横向扩展，而非向"上"纵向扩展。纵向扩展（Scale-up）通常是指通过在一台计算机上增加或更换内存、CPU、硬盘或网络设备等硬件来实现系统整体性能的提升，横向扩展（Scale-out）指的是通过在集群中增加计算机来提升系统整体性能。

对于大规模数据处理，由于有大量数据需要存储，MapReduce 集群通常采用大量价格便宜、易于扩展的 PC 或普通服务器，并采用横向扩展的解决方案。显而易见，基于普通服务器的集群远比基于高端服务器的集群优越。

（2）适合大数据处理。由于基于 MapReduce 的系统并行化是通过数据切分实现的数据并行，同时计算程序启动时需要向各节点拷贝计算程序，过小的文件在这种模式下反而会效率低下。Google 的实验也表明，一个 150 秒完成的计算任务，程序启动阶段就用了 60 秒，可以想象，如果计算任务数据过小，这样的花费是不值得的，同时对过小的数据进行切分也无必要。因此，MapReduce 更适合进行大数据处理。

（3）节点失效为常态。传统服务器通常被认为是稳定的，但在服务器数量巨大或采用廉价服务的条件下，服务器失效将变得常见，基于 MapReduce 的分布式计算系统通常采用存储备份、计算备份和计算迁移等策略来应对，从而实现在单节点不稳定的情况下保持系统整体的稳定性。

（4）需要相应的分布式文件系统提供支持。值得注意的是，单独的 MapReduce 模式并不具有自动的并行性能，就像它在 LISP 语言中的表现一样，它只有与相应的分布式文件系统相结合才能完美地体现 MapReduce 这种编程框架的优势。如 Google 系统对应的分布式文件系统为 GFS，Hadoop 系统对应的分布式文件系统为 HDFS。MapReduce 能实现计算的自动并行化很大程度上是由于分布式文件系统在存储文件时就实现了对大数据文件的切分，这种并行方法也叫数据并行方法。数据并行方法避免了对计算任务本身的人工切分，降低了编程的难度，而像 MPI 往往需要人工对计算任务进行切分，因此分布式编程难度较大。

(5) 计算向存储迁移。传统的高性能计算中数据集中存储,计算时数据向计算节点复制,而基于 MapReduce 的分布式系统在数据存储时就实现了分布式存储,一个较大的文件会被切分成大量较小的文件存储于不同的节点,系统调度机制会在启动计算时将计算程序尽可能分发给需要处理的数据所在的节点,同时,计算程序通常比数据文件小得多,因此迁移计算程序的网络代价要比迁移数据小得多。

(6) 无须特别的硬件支持。与高性能计算不同,基于 MapReduce 的系统往往不需要特别的硬件支持,按 Google 的报道,它们的实验系统中节点就是基于典型的双核 X86 的系统,配置 2~4GB 的内存,网络由百兆网和千兆网构成,存储设备为便宜的 IDE 硬盘。

(7) 平滑无缝的可扩展性。主要包括数据扩展和系统规模扩展两层意义上的可扩展性。理想的算法应当能随着数据规模的扩大而表现出持续的有效性,性能的下降程度应与数据规模扩大的倍数相当。

在集群规模上,要求算法的计算性能应能随着节点数的增加保持接近线性程度的增长。多项研究发现,基于 MapReduce 的计算性能可随节点数目增长保持近似于线性的增长。

4.2.2 MapReduce 编程模型

Hadoop MapReduce 编程模型主要由两个抽象类构成,即 Mapper 和 Reducer,Mapper 对切分过的原始数据进行处理,Reducer 则对 Mapper 的结果进行汇总,得到最后的输出,简单来看,其模型如图 4-11 所示。

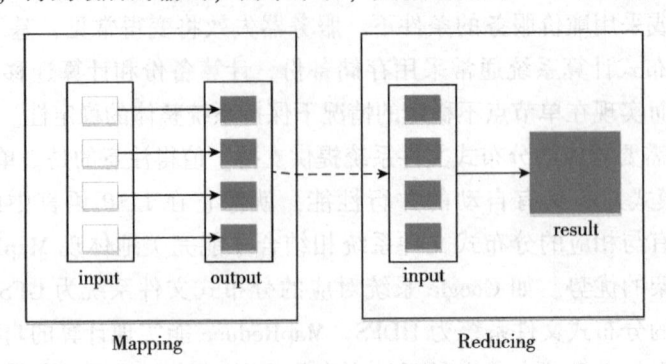

图 4-11 MapReduce 简易模型

在数据格式上,Mapper 接受<key, value>格式的数据流,并产生一系列同样是<key, value>形式的输出,这些输出经过相应处理,形成<key, {val-

ue list}>形式的中间结果；之后，由 Mapper 产生的中间结果传给 Reducer 作为输入，把相同 key 值的 {value list} 做相应处理，最终生成<key, value>形式的结果数据，再写入 HDFS 中，如图 4-12 所示。

```
<key, value> ──→ [Mapper] ──→ <key, value> …
                                   ↓
                       <key,{value list}> … ──→ [Reducer] ──→ <key, value> …
```

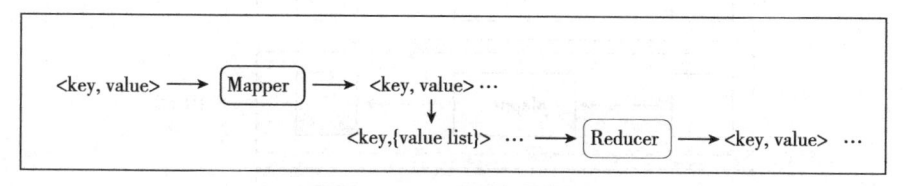

图 4-12 MapReduce 简易数据流

当然，上述只是 Mapper 和 Reducer 的处理过程，还有一些其他的处理流程并没有提到，如如何把原始数据解析成 Mapper 可以处理的数据，Mapper 的中间结果如何分配给相应的 Reducer，Reducer 产生的结果数据以何种形式存储到 HDFS 中，这些过程都需要相应的实例进行处理，所以 Hadoop 还提供了其他基本 API：InputFormat（分片并格式化原始数据）、Partitioner（处理并分配 Mapper 产生的结果数据）、OutputFormat（按指定格式输出），并且提供了很多可行的默认处理方式，从而满足大部分使用需求。多数情况下，用户只需要实现相应的 Mapper()函数和 Reducer()函数即可实现基于 MapReduce 的分布式程序的编写，涉及 InputFormat、Partitioner、OutputFormat 的处理，直接调用即可，WordCount 程序就是这样。

4.2.2.1 MapReduce 简单模型

对于某些任务来说，可能不需要 Reduce 过程，如对文本的每一行数据做简单的格式转换，只需要由 Mapper 处理就可以了。因此，MapReduce 也有简单的编程模型，该模型只有 Mapper 过程，由 Mapper 产生的数据直接写入 HDFS，如图 4-13 所示。

4.2.2.2 MapReduce 复杂模型

对于大部分任务来说，都是需要 Reduce 过程的，并且由于任务繁重，会启动多个 Reducer（默认为一个，根据任务量可由用户设定合适的 Reducer 数量）来进行汇总，如图 4-14 所示。如果只用一个 Reducer 计算所有 Mapper 的结果，会导致单个 Reducer 负载过大，成为性能的瓶颈，大大增加任务的运行时间。

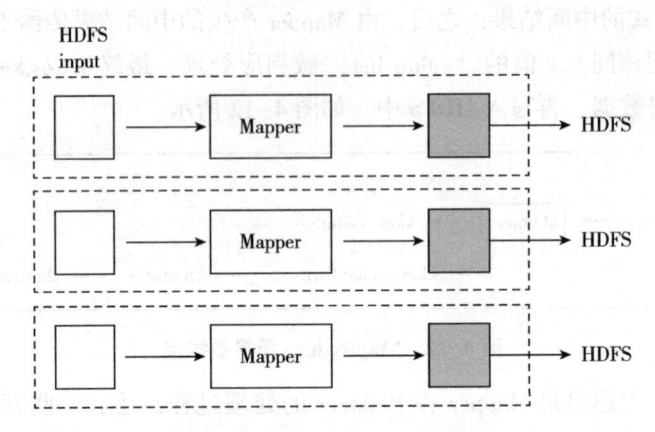

图 4-13 MapReduce 简单模型

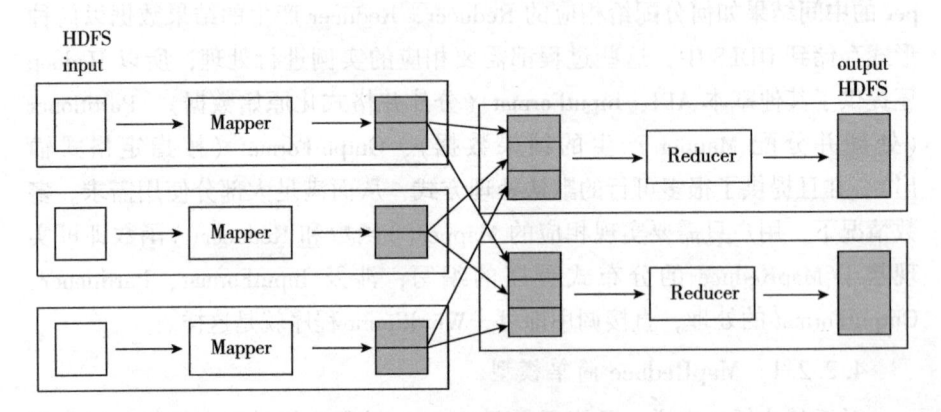

图 4-14 MapReduce 复杂模型

如果一个任务有多个 Mapper，由于输入文件的不确定性，由不同 Mapper 产生的输出存在 key 相同的情况；而 Reducer 是最后的处理过程，其结果不会进行第二次汇总，为了使 Reducer 输出结果的 key 值具有唯一性（同一个 key 只出现一次），由 Mapper 产生的所有具有相同 key 的输出都会集中到一个 Reducer 中进行处理。如图 4-15 所示，该 MapReduce 过程包含两个 Mapper 和两个 Reducer，其中两个 Mapper 所产生的结果均含有 k1 和 k2，这里把所有含有<k1, {v1 list}>的结果分配给上面的 Reducer 接收，所有含有<k2, {v2 list}>的结果分配给下面的 Reducer 接收，这样由两个 Reducer 产生的结果就不会有相同的 key 出现。值得一提的是，上面所说的只是一种分配情况，根据实际情况，所有的<k1, {v1 list}>和<k2, {v2 list}>也可能会分配给同一个 Reducer，无论如何，一个 key 值只会对应一个 Reducer。

```
<key,value> … → Mapper → <k1,v1₁> … → <k1,{v1 list}> ↘
                        <k2,v2₁> …   <k2,{v2 list}> ↘↗ Reducer → <k1,v1> …
<key,value> … → Mapper → <k1,v1₂> … → <k1,{v1 list}> ↗↘ Reducer → <k2,v2> …
                        <k2,v2₂> …   <k2,{v2 list}> ↗
```

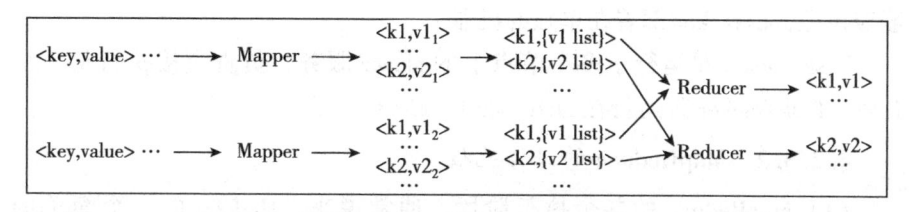

图 4-15　key 值归并模型

4.2.3　MapReduce 的架构和工作流程

4.2.3.1　MapReduce 的架构

MapReduce 的架构是对 MapReduce 整体结构与组件的抽象描述,与 HDFS 类似,MapReduce 采用了 Master/Slave（主/从）架构,如图 4-16 所示。

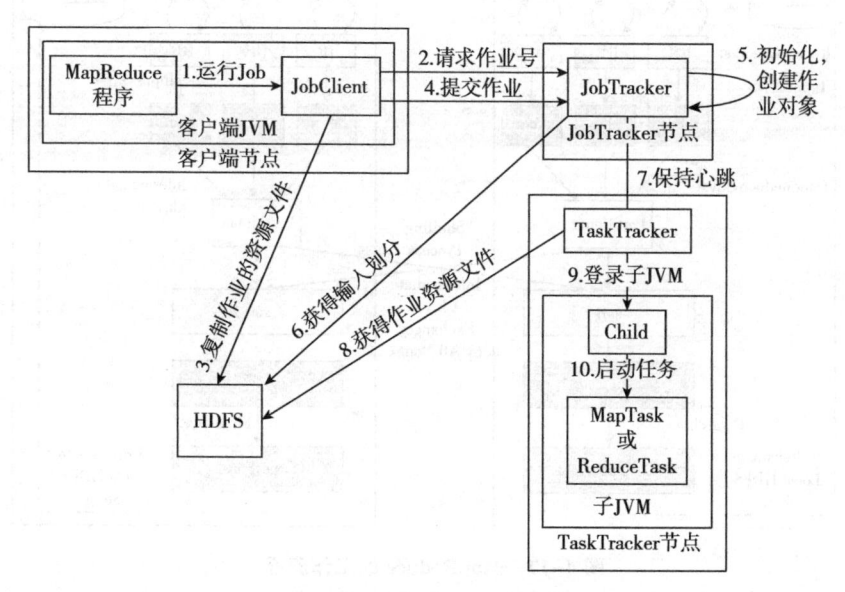

图 4-16　MapReduce 的架构

由图 4-16 可以看出,每一个 Job 都会在客户端通过 JobClient 类将应用程序及配置参数打包成 Jar 文件存储在 HDFS 中,并把路径提交到 JobTracker,然后由 JobTracker 创建每一个 Task（MapTask 和 ReduceTask）并将它们分发到各个 TaskTracker 服务中去执行。

JobTracker 是一个 master 服务,负责调度 Job 的每一个子任务 Task 运行于 TaskTracker 上,并监控它们,如果发现有失败的 Task 就重新运行它。一般应该把 JobTracker 部署在单独的机器上。

TaskTracker 是运行于多个节点上的 slaver 服务,负责直接执行每一个 Task。TaskTracker 都运行在 HDFS 的 DataNode 上。

4.2.3.2 MapReduce 的工作流程

(1) MapReduce 的各个执行阶段。通常说来,Hadoop 的一个简单的 MapReduce 任务执行流程如图 4-17 所示。

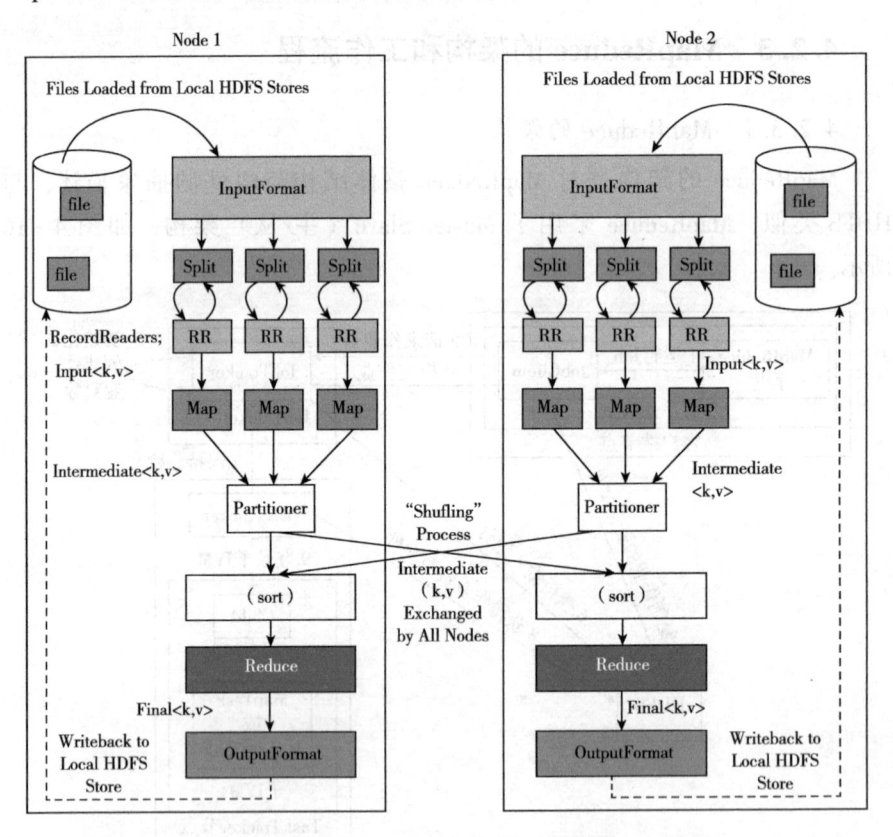

图 4-17 MapReduce 的工作流程

①JobTracker 在分布式环境中负责客户端对任务的建立和提交。

②InputFormat 模块主要为 Map 做预处理。

③RecordReader 处理后的结果作为 Map 的输入,然后 Map 执行定义的 Map 逻辑,输出处理后的<key, value>到临时中间文件。

④Shuffle & Partitioner,这两部分主要负责对输出的结果进行排序、分割和配置。在 MapReduce 流程中,为了使 Reduce 可以并行处理 Map 结果,必须由 Shuffle 对 Map 的输出结果进行一定的排序和分割处理,然后再

交给对应的 Reduce。Partitioner 为 Map 的输出结果配置相应的 Reduce，当 Reduce 很多的时候比较实用，因为它会分配 Map 的输出结果给某个 Reduce 进行处理，然后输出其单独的文件。

⑤Reduce 处理实际的任务，得到结果，并且将结果传递给 OutputFormat。

⑥OutputFormat 用于检验是否已有输出目录，以及输出结果的类型是否属于 Config 中配置的类型，若成立则输出 Reduce 汇总后的结果。

（2）Map 过程。Mapper 接受＜key，value＞形式的数据，并处理成＜key，value＞形式的数据，具体的处理过程可由用户定义。在 WordCount 中，Mapper 会解析传过来的 key 值，以空字符为标识符，如果碰到空字符，就会把之前累积的字符串作为输出的 key 值，并以 1 作为当前 key 的 value 值，形成＜word，1＞的形式，如图 4-18 所示。

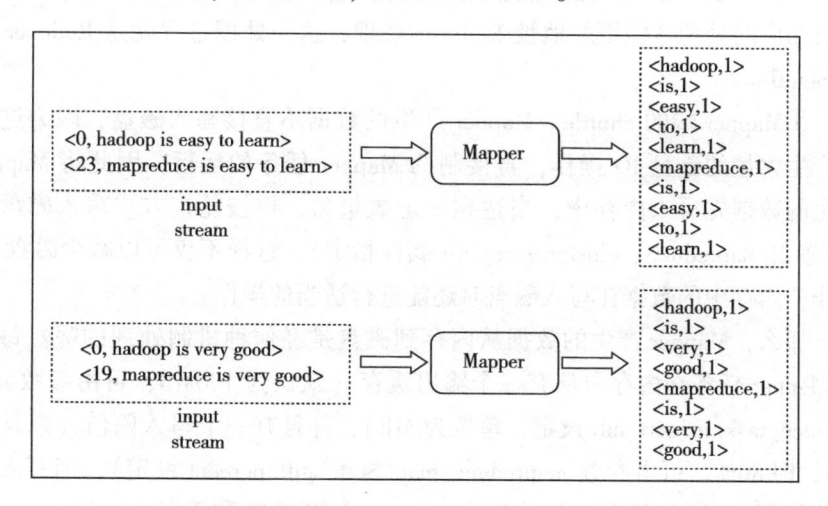

图 4-18　WordCount 的 Mapper 处理演示

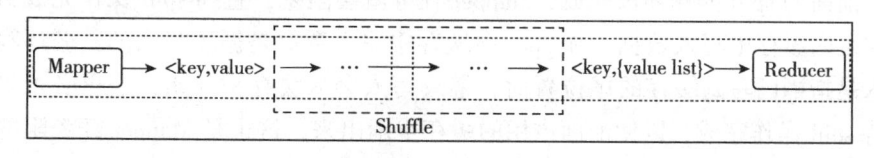

（3）Shuffle 过程。Shuffle 过程是指 Mapper 产生的直接输出结果，经过一系列处理，成为最终的 Reducer 直接输入数据的整个过程，如图 4-19 所示，这一过程也是 MapReduce 的核心过程。

图 4-19　Shuffle 过程

整个 Shuffle 过程可以分为两个阶段，分别是 Mapper 端的 Shuffle 和 Reducer 端的 Shuffle。由 Mapper 产生的数据并不会直接写入磁盘，而是先存储在内存中，当内存中的数据达到预先设定的阈值时，再把数据写到本地磁盘，并同时进行 sort（排序）、combine（合并）、partition（分片）等操作。

sort 操作是把 Mapper 产生的结果按 key 值进行排序；combine 操作是把 key 值相同的相邻记录进行合并；partition 操作涉及如何把数据均衡地分配给多个 Reducer，直接关系到 Reducer 的负载均衡。其中 combine 操作不一定会有，因为某些场景不适用，但为了使 Mapper 的输出结果更加紧凑，大部分情况下都会使用。

Mapper 和 Reducer 运行在不同的节点上，或者说，Mapper 和 Reducer 运行在同一个节点上的情况很少，并且，Reducer 的数量总是比 Mapper 少，因此 Reducer 总是要从其他多个节点上下载 Mapper 的结果数据，这些数据要进行相应的处理才能更好地被 Reducer 处理，这一处理过程就是 Reducer 端的 Shuffle。

①Mapper 端的 Shuffle。Mapper 产生的数据不直接写入磁盘，因为这样会产生大量的磁盘 IO 操作，直接制约 Mapper 任务的运行，因此将 Mapper 产生的数据先写入内存中，当达到一定数量后，再按轮询方式写入磁盘中（位置由 mapreduce、cluster.local.dir 属性指定），这样不仅可以减少磁盘 IO 操作，内存中的数据在写入磁盘时还能进行适当的操作。

那么，Mapper 产生的数据从内存到磁盘是经何种机制处理的呢？每一个 Mapper 任务在内存中都有一个输出缓存（默认为 100MB，可由参数 mapreduce.task.io.sort.mb 设定，单位为 MB），并且有一个写入阈值（默认为 0.8，即 80%，可由参数 mapreduce.map.Sort.spill.percent 设定），当写入缓存的数据占比达到这一阈值时，Mapper 会继续向剩下的缓存中写入数据，但会在后台启动一个新线程，对前面 80% 的缓存数据进行排序（sort），然后写入本地磁盘中，这一操作称为 spill 操作，写入磁盘的文件称为 spill 文件或者溢写文件，如图 4-20 所示；如果剩下的 20% 缓存已被写满而前面的 spill 操作还没完成，Mapper 任务就会阻塞，直到 spill 操作完成再继续向缓存中写入数据。Mapper 向缓存中写入数据是循环写入的，循环写入是指当已写到缓存的尾位置时，继续写入会从缓存头开始，这里必须等待 spill 操作完成，以使前面占用的缓存空闲出来，这也是 Mapper 任务阻塞的原因。在执行 spill 操作时，如果定义了 combine 函数，那么在 sort 操作之后，再进行 combine 操作，然后再写入磁盘。

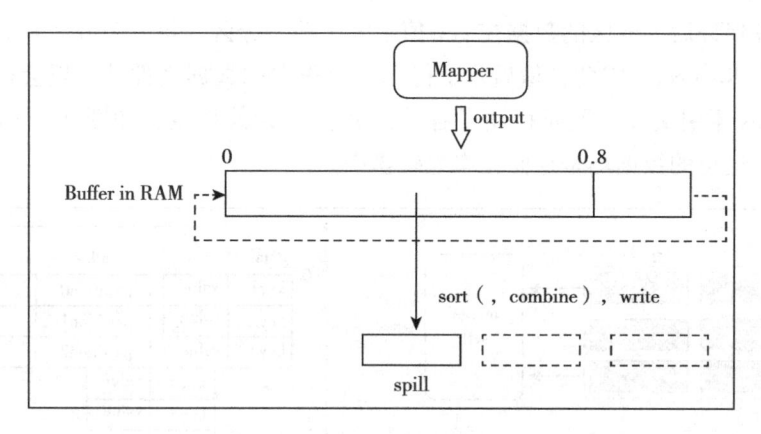

图 4-20 spill 操作

sort 操作是根据数据源按 key 进行二次快速排序,排序之后,含有相同 key 的数据被有序地集中到一起,这不管是对于后面的 combine 操作还是 merge sort 操作都具有非常大的意义;combine 操作是将具有相同 key 的数据合并成一行数据,必须在 sort 操作完成之后进行,如图 4-21 所示。combiner 其实是 Reducer 的一个实现,不过它在 Mapper 端运行,对要交给 Reducer 处理的数据进行一次预处理,使 Mapper 之后的数据更加紧凑,使更少的数据被写入磁盘和传送到 Reducer 端,不仅降低了 Reducer 的任务量,还减少了网络负载。

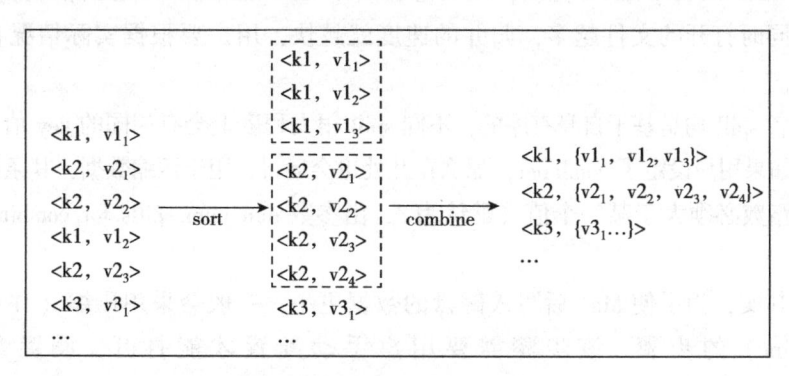

图 4-21 排序组合(sort 和 combine)

当某个 Mapper 任务完成后,一般会有多个 spill 文件,很明显,每个 spill 文件本身的数据是有序的,但它们并不是全局有序,那么如何把这些数据尽量均衡地分配给多个 Reducer 呢?这里会采用归并排序(merge sort)的方式将所有的 spill 文件合并成一个文件,并在合并的过程中提供一种基于区间的分片方法(partition),利用该方法可将合并后的文件按大小进行分区，并保证后一分区的数据在 key 值上大于前一分区，每一个分区都会分配给一个 Reducer。因此，最后除了得到一个很大的数据文件外，还会得到一个 index 索引文件，里面存储了各分区数据位置偏移量，如图 4-22 所示。注意，这里的数据均是存储在本地磁盘中。

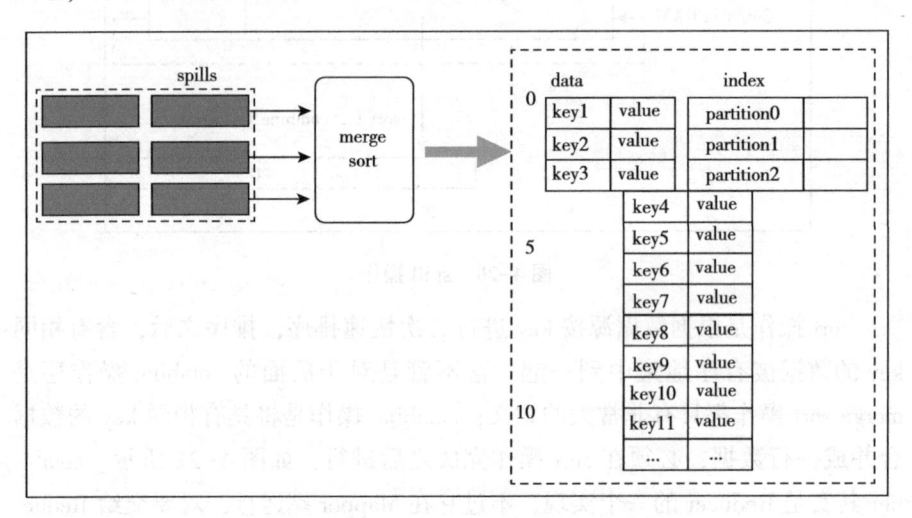

图 4-22 spill 文件的归并过程

merge sort 是一个多路归并过程，其同时打开文件的个数由参数 mapreduce.task.io.sort.factor 控制，默认为 10 个，图 4-22 展示的是 3 路归并。并不是同时打开的文件越多，归并的速度就越快，用户要根据实际情况自己判断。

各 spill 均是基于自身有序的，不同 spill 很大程度上会有相同的 key 值，因此，如果用户设定了 combiner，那么在此处也会运行，用于压缩数据，其条件是归并路数必须大于某一个值（默认为 3，由参数 min.num.spills.for.combine 设定）。

其实，为了使 Map 后写入磁盘的数据更小，一般会采用压缩（并不是 combine）的步骤，该步骤需要用户手动配置才能打开，设置参数 mapreduce.map.output.compress 的值为 true 即可。

归并过程完成后，Mapper 端的任务就告一段落，这时 Mapper 会删除临时的 spill 文件，并通知 TaskTrack 任务已完成。此时，Reducer 就可以通过 HTTP 协议从 Mapper 端获取对应的数据。一般来说，一个 MapReduce 任务会有多个 Mapper，并且分配在不同的节点上，它们往往不会同时完成，但是只要有一个 Mapper 任务完成了，Reducer 端就会开始复制数据。

第 4 章　大数据计算与处理

②Reducer 端的 Shuffle。从 Mapper 端的归并过程完成开始，到 Reducer 端从各节点上 copy 数据并完成 copy 任务，均是由 MRApplicationMaster 调度完成的。在 Reducer 取走所有数据后，Mapper 端的输出数据并不会立即删除，因为 Reducer 任务可能会失败，而且推测执行（当某一个 Reducer 执行过慢影响整体进度时，会启动另一个相同的 Reducer）时也会利用这些数据。下面根据图 4-23 详细讲解 Reducer 端的 Shuffle 流程。

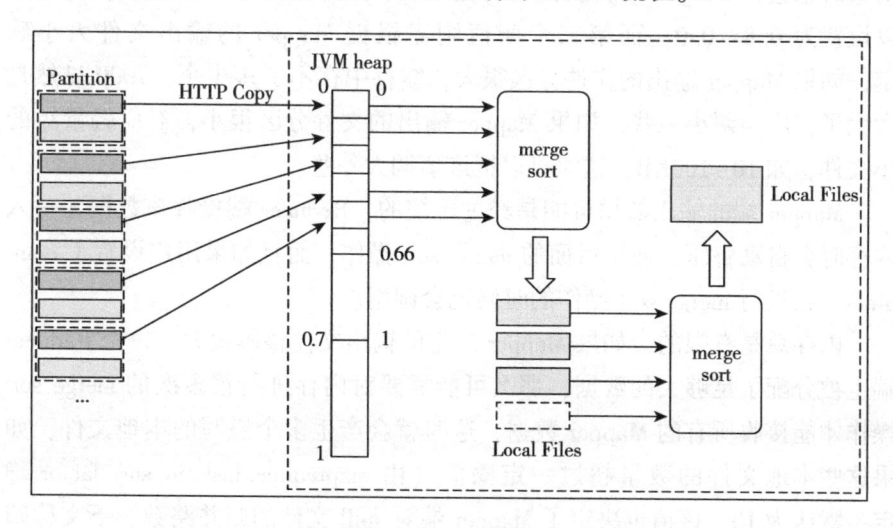

图 4-23　Reducer 端的 Shuffle

首先，Reducer 端会启用多个线程通过 HTTP 协议从 Mapper 端复制数据，线程数由参数 mapreduce.reduce.shuffle.parallelcopies 设定，默认为 5。该值是很重要的，因为如果 Mapper 产生的数据量很大，有时候会出现这样一种情况：Mapper 任务早就 100% 完成了，而 Reduce 还一直在 1%、2%……。这时就要考虑适当增加线程数，但不推荐过多增加线程数，因为容易造成网络拥堵，用户需要根据情况自己权衡。

Reducer 通过线程复制过来的数据不会直接写入磁盘，而是存储在 WM 的堆内存 JVMheap 中，当堆内存的最大值确定以后，会通过两个阈值来决定 Reducer 占用的大小，该阈值由变量 mapreduce.reduce.shuffle.input.buffer.percent 决定，默认为 0.7，即 70%，通常情况下，该比例可以满足需要，不过考虑到大数据的情况，最好还是增加到 0.8 或 0.9。

内存中当然是无法无限写入数据的，所以当接收的数据达到一定指标时，会对内存中的数据进行排序并写入本地磁盘，其处理方式和 Mapper 端的 spill 操作类似，只不过 Mapper 的 spill 操作进行的是简单二次排序，Reducer端由于内存中是多个已排好序的数据源，采用的是归并排序（merge sort）。这里，涉及两个阈值，一个是 mapred.job.shuffle.merge.percent，默认值是0.66，当接收的 Mapper 端数据在 Reduce 缓存中的占比达到这一阈值时，启用后台线程进行 merge sort；另一个是 mapreduce.reduce.merge.inmem.threshold，默认值为1000个，当从 Mapper 端接收的文件数量达到这一阈值时也进行 merge sort。从实际经验来看，第一个阈值明显小了，完全可以设置为0.8~0.9；而第二个阈值则需根据 Mapper 的输出文件大小确定，如果 Mapper 输出的文件分区很大，缓存中存不了多少个，1000显然是太大了，应当调小一些，如果 Mapper 输出的文件分区很小，对应轻量级的小文件，如10~100KB，这时可以把该值调大一些。

Mapper 端的输出数据可能是经过压缩的，Reducer 端接收该数据并写入内存时会自动解压，便于后面的 merge sort 操作，而且如果用户设置了 combiner，在进行 merge sort 操作的时候也会调用。

内存总是有限的，如果 Mapper 产生的输出文件整体很大，每个 Reducer 端也被分配了足够大的数据，那么可能需要对内存进行很多次的 merge sort 操作才能接收所有的 Mapper 数据，这时就会产生多个溢写的本地文件，如果这些本地文件的数量超过一定阈值（由 mapreduce.task.io.sort.factor 确定，默认为10，该值也决定了 Mapper 端对 spill 文件的归并路数，下文称归并因子），就需要把这些本地文件进行 merge sort（磁盘到磁盘模式），以减少文件的数量，有时候这项工作会重复多次。该操作并不是要把所有的数据归并为一个文件，而是当归并后的文件数量减少到归并因子以下或与之相同时就停止了，因为这时候剩下的所有文件可以在一起进行归并排序，输出的结果直接传给 Reducer 处理，其效果和把所有文件归并为一个文件之后再传给 Reducer 处理的效果一样，但是减少了文件合并及再读取的过程，具有更高的效率。

有时候，数据接收完毕时，由内存进行 merge sort 得到的文件并不多，这时会把这些文件和内存中的数据一起进行 merge sort，直接传给 Reducer 处理。

因此，从宏观来看，Reducer 的直接输入数据其实是 merge sort 的输出流，实际处理中，merge sort 对于每一个排好序的 key 值都调用一次 Reduce 函数，以此来实现数据的传递。

（4）Reduce 过程。Reducer 接收<key,｛value list｝>形式的数据流，形成<key, value>形式的数据输出，输出数据直接写入 HDFS，具体的处理过程可由用户定义。在 WordCount 中，Reducer 会将具有相同 key 的 value list 进行累加，得到这个单词出现的总次数，然后输出，其处理过程如图 4-24 所示。

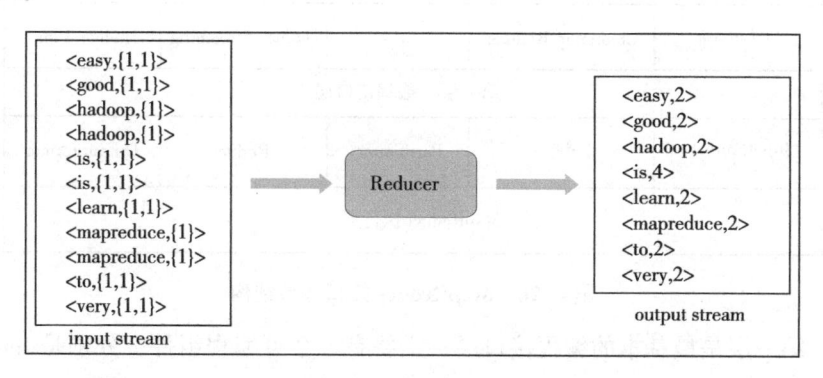

图 4-24　Reduce 过程

（5）文件写入（OutputFormat）。OutputFormat 描述了数据的输出形式，并且会生成相应的类对象，调用相应 write( ) 方法将数据写入 HDFS 中，用户也可以修改这些方法以实现想要的输出格式。在执行 Task 时，MapReduce 框架自动把 Reducer 生成的<key，value>传入 write( ) 方法，利用 write( ) 方法实现文件的写入。在 WordCount 中，调用的是默认的文本写入方法，该方法把 Reducer 的输出数据按<key，value>的形式写入文件，如图 4-25 所示。

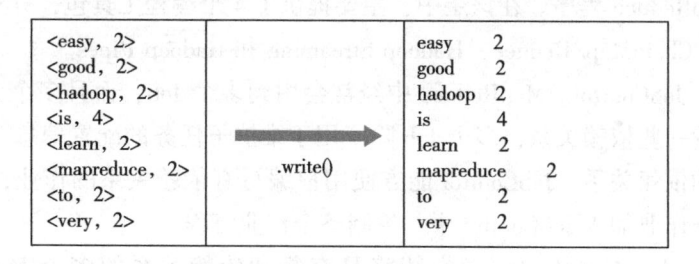

图 4-25　OutputFormat 处理

4.2.4　MapReduce 的接口

MapReduce 提供了一个简单而强大的接口，通过这个接口，可以实现海量数据的并发和分布式计算。

MapReduce 接口模型位于应用程序层和 MapReduce 执行器之间，可以将其分为编程接口层和工具层两层，如图 4-26 所示。

用户应用程序				
第二层：工具层				
JobControl	ChainMap/Reduce	...	Hadoop Streaming	Hadoop Pipes
第一层：编程接口层				
InputFormat	Map	Partitioner	Reduce	OutputFormat
MapReduce执行器				

图 4-26 MapReduce 接口体系结构

第一层是最基本的编程接口层，主要有 5 个可编程组件，分别是 Input-Format、Map、Partitioner、Reduce 和 OutputFormat。Hadoop 自带了很多直接可用的 InputFormat、Partitioner 和 OutputFormat，用户通常只需编写 Map 和 Reduce 即可。

实现 Map 和 Reduce 的方法均有 4 个参数，分别为 Key、Value、Ouput-Collector 和 Reporter。其中，Key 控制输入；Value 是输入的迭代器，可以遍历所有的 Value，相当于一个列表；OuputCollector 用于收集输出，每次收集都是 Key-value 的形式；Reporter 用来报告运行状态及调试时使用。

第二层是工具层，位于编程接口层之上，主要是为了方便用户编写复杂的 MapReduce 程序。在该层中，主要提供了 4 个编程工具包，分别为 Job-Control、ChainMap/Reduce、Hadoop Streaming 和 Hadoop Pipes。

（1）JobControl。MapReduce 中经常会用到多个 Job，而且多个 Job 之间需要设置一些依赖关系，多个 Job 除了用于维护子任务的配置信息，还维护子任务的依赖关系，JobControl 能方便用户编写有依赖关系的作业，把所有的子任务作业加入 JobControl 中，控制整个作业流程。

（2）ChainMap/Reduce。它能将具有复杂依赖关系的多个 MapReduce Job 串联起来，方便用户编写链式作业。

（3）Hadoop Streaming。允许任何编程语言实现的程序在 MapReduce 中使用，方便用户采用非 Java 语言编写作业。其开发效率很高，方便已有程序向 Hadoop 平台移植，但 Hadoop Streaming 默认只能处理文本数据，Streaming 中的 Map 和 Reduce 也默认只能向标准输出写数据，不能方便地处理多路输出。

（4）Hadoop Pipes。不同于使用标准输入和输出来实现 Map 代码和 Reduce 代码之间的 Hadoop Streaming，Hadoop Pipes 是专门为 C/C++程序员编写 MapReduce 程序而提供的工具包。

4.3 大数据处理技术

大数据环境下，数据来源非常丰富且数据类型多样，存储和分析挖掘的数据量庞大，对数据展现的要求较高，并且很看重数据处理的高效性和可用性。传统的数据处理方法是以处理器为中心，而大数据环境下，需要采取以数据为中心的模式，减少数据移动带来的开销。因此，传统的数据处理方法已经不能适应大数据的需求，本部分主要介绍几种常用的大数据处理技术。

4.3.1 大规模并行处理系统 MPP

数据仓库中的大规模并行处理系统（Massively Parallel Processing，MPP）是将任务并行地分散到多个服务器和节点上，在每个节点上完成计算后，再将各自的结果汇总在一起得到最终的结果。典型的 MPP 系统有 Oracle 的 Exadata、Teradata 的 Aster Data、IBM 的 Netezza、HP 的 Vertica、EMC 的 Greenplum 等。

BigSQL 是一种分布式数据库，它以大规模并行处理系统（MPP）为基础，把关系型数据库架构在 Hadoop 上，实现 SQL+MapReduce，从而可以用关系型数据库替代 HBase。其设计初衷是面向大规模数据分析的，能轻松扩展到 PB 级别。通过 BigSQL 的并行数据流引擎，能够让程序员编 MapReduce，数据库管理员（DBA）继续做 SQL，似乎两者的优势兼得。EMC 公司的 Greenplum、Teradata 公司的 Aster Data 等都是这方面的代表。BigSQL 具有以下特性。

（1）基于大规模并行处理系统（MPP）的技术

BigSQL 一般采用 MPP 架构。在 MPP 系统中，每个 SMP 节点都可以运行自己的操作系统、数据库等，这意味着任何一个节点内的 CPU 都不能访问其他节点的内存。节点之间的信息交互是通过节点互联网络实现的，这个过程一般称为数据重分布（Data Redistribution）。与传统的 SMP 架构明显不同，通常情况下，因为要在不同处理单元之间传送信息，MPP 系统的效率要比 SMP 差一点。但是 MPP 系统不共享资源，因此对它而言资源比

SMP 多。

BigSQL 采用 MPP 架构，突出优势是大规模并行处理能力，并行数据流引擎是其核心。

（2）采用无共享架构

常见的在线事务处理（OLTP）数据库系统采用 Shared Everything 架构来做集群，如 Oracle RAC 架构，数据存储共享，节点间的内存可以相互访问。

BigSQL 是一种分布式数据库，采用无共享（Shared Nothing）架构，主机、操作系统、内存、存储都是自我控制的，不存在共享。其架构主要由 Master Host（控制节点）、Segment Host（数据节点）和 Interconnect（网络连接层）三大部分组成。整个集群由很多个 Segment Host、Master Host 组成，其中每个 Segment Host 上都运行了很多个开源的关系型数据库。

Master Host 的主要作用是接收客户端的连接、处理 SQL 命令、调配各 Segment Host 间的工作负载、协调各 Segment Host 的返回结果并把最终的结果返回给用户。所有数据库的元数据都保存在 Master Host 上，但不保存用户数据。各 Segment Host 的数据要做交换时不经过 Master Host。

Segment Host 的主要作用是数据存储、处理大多数的查询请求。表和索引分布在数据库的可用 Segment Host 中，每个 Segment Host 都包含部分且唯一的数据。用户不能直接和 Segment Host 做交互，要先通过 Master Host。

Interconnect 负责各 Segment Host 进程通信，使用标准的千兆交换机。数据传输默认使用 UDP 协议。使用 UDP 时，数据库会做额外数据包校验和，对未执行的也会做检查。故在可靠性上，其基本上是和 TCP 等价的，在性能和扩展性上，却优于 TCP。使用 TCP 的话，数据库有 1000 个 Segment Host 的限制，UDP 则没有。

BigSQL 分布式数据库通过将数据分布到多个节点上来实现规模数据的存储。其中，每个表都是分布在所有节点上的，Master Host 先对表的某个或多个列进行哈希运算，然后根据运算结果将表的数据分布到 Segment Host 中。整个过程中 Master Host 不存放任何用户数据，只是对客户端进行访问控制和存储表分布逻辑的元数据。数据被规律地分布到节点上，充分利用 Segment 主机的 IO 能力，以此让系统达到最大的 IO 能力。

MPP 的主要问题是不能获得很好的可扩展性，而可扩展性是大数据处理的关键。

4.3.2 Spark

Spark 是一种与 Hadoop 相似的开源集群计算环境，但不同于 MapReduce 的是 Job 中间输出结果可以保存在内存中，从而不再需要读写 HDFS，因此 Spark 能更好地适用于数据挖掘与机器学习等需要迭代的 MapReduce 算法，可以更好地对大数据进行挖掘分析。Spark 是 Hadoop 之后的一种集群计算环境，因此有必要搞清楚两者之间的区别和联系。

4.3.2.1 Spark 的特点

相比于 Hadoop，Spark 具有以下特点。

(1) 数据处理速度更快。由于使用了弹性分布式数据集（RDD），可以在内存上透明地存储数据。把处理过程的中间数据存储在内存中，可减少对磁盘的读写次数，从而使得数据处理速度更快。Spark 实现了亚秒级的延迟，这对于 Hadoop MapReduce 是无法想象的。

(2) Spark 的集群是为特定类型的工作负载而设计的。Spark 和 Hadoop 一样，都是一种集群计算环境，但它可以承担那些在处理过程中需要大量重用数据集的迭代型工作负载。因此，除了可以对数据集进行反复查询外，其典型应用场景是各种机器学习算法，其中的模型训练过程一般都需要在某个特定的数据集上进行迭代运算。因此，Spark 的这种特性有利于降低用户进行数据挖掘的学习成本，促进大数据应用的开发。

(3) 形式多样的数据操作原语。在 Hadoop 中最基本的数据操作原语是 MapReduce 所提供的 Map 和 Reduce，由此产生的一个局限就是有些算法无法用 MapReduce 来实现。Spark 所提供的数据操作类型要多得多，即所谓的 Transformations，包括 map、filter、flatMap、sample、groupByKey、reduceByKey、union、join、cogroup、mapValues、sort、partionBy 等，以及 count、collect、reduce、lookup、save 等多种 actions，而且处理节点之间的通信模型不像 Hadoop 那样是唯一的 Data Shuffle 模式。显然，这些丰富的数据操作原语为大数据分析应用提供了灵活的支持。

(4) 流式计算、交互式计算和批量计算的支持。在 Spark 出现之前，存在三种计算模式，即以 MapReduce、Hive、Pig 等为代表的批处理系统，以 Storm 为代表的流式实时系统，以 Impala 为代表的交互式计算，但是缺乏一种灵活的框架以同时进行这三种计算。

Spark 实现了对批处理、交互式计算和流式处理的同时支持，提供了一个统一的数据处理平台。Spark 使用 Spark Streaming 来操作实时数据，进行流式计算。而 Hadoop 是为批处理而设计的，MapReduce 系统典型地通过调度批量任务来操作静态数据，适合于离线计算。虽然有研究对 Hadoop 进行了流式改进，但是基于 MapReduce 进行流式处理仍具有很大缺陷。Hadoop 是基于 HDFS 的，对数据的切分会产生中间数据文件，所能达到的数据片段比较大。

（5）多语言的支持。Spark 运行于 Java 虚拟机上，支持 Java、Scala、R、Clojure 或是 Python 快速编写应用程序，这有助于开发人员用他们各自熟悉的编程语言来创建并执行应用程序。特别是使用 Scala，可以像操作本地集合对象那样容易地操作分布式数据集。

4.3.2.2 Spark 的工作机制

（1）RDD

作为基于 HDFS 的类 MapReduce 框架，在 Spark 中，每个作业（Job）均是被分解成一系列任务（Task），并发送到由若干个服务器组成的集群上完成的。Spark 有分配任务的主节点（Driver）和执行计算的工作节点（Worker），Driver 负责任务分配、资源安排、结果汇总、容错等处理，Worker 负责存放数据和进行计算。Driver 会启动很多 workers，由 workers 在分布式的文件系统中读取数据并转化为 RDD，最后对 RDD 在内存中进行缓存和计算。Spark 只需进行一次磁盘读写，大部分处理在内存中进行。因此，Spark 为迭代式数据处理和交互式数据探索提供了更好的支持，每次迭代的数据保存在内存中，而不是写入文件中。

Spark 将海量数据抽象成 RDD 这种数据结构，从而构建起整个 Spark 生态系统。RDD 是一个只读的可分区的分布式数据集，分布在集群上，这个数据集的全部或部分可以缓存在内存中，在多次计算中重用。RDD 支持两种操作：转换（transformation）和动作（action）。转换（transformation）用于定义一个新的 RDD（把数据转换成 RDD），包括 map、flatMap、filter、union、sample、join、groupByKey、cogroup、reduceByKey、cros、sortByKey、mapValues 等；动作（action）用于返回一个结果（将转换好的 RDD 再转换成原始数据），包括 collect、reduce、count、save、lookupKey 等。

在 Spark 上，Driver 被编写为一系列 RDD 的转换和动作，可以直接对分布式数据进行操作，就像操作本机上的数据一样。其抽象的程度要高于传统的 MapReduce，不用再纠结于程序的底层实现。

RDD 的 transformation 会生成新的 RDD，新的 RDD 的数据依赖于原来的

RDD 的数据，每个 RDD 又包含多个分区。那么，一段程序实际上就构造了一个由相互依赖的多个 RDD 组成的有向无环图（DAG）。通过在 RDD 上执行 action，将这个有向无环图作为一个作业（Job）提交给 Spark 执行。

RDD 之间的这种依赖关系分为窄依赖（只依赖一个分区）和宽依赖（依赖多个分区）。窄依赖是指父 RDD 的每一个分区最多被一个子 RDD 的分区所用，表现为一个父 RDD 的分区对应于一个子 RDD 的分区，或两个父 RDD 的分区对应于一个子 RDD 的分区。

Spark 对有向无环图的 Job 进行调度，要确定阶段（Stage）、分区（Partition）、流水线（Pipeline）、任务（Task）和缓存（Cache）。在确定阶段（Stage）时，需要根据宽依赖划分阶段。流水线优化则在阶段（Stage）中起作用。根据分区（Partition）划分任务（Task）。缓存（Cache）是为了工作重用和本地备份。具体实现是，DAG Scheduler 从当前算子往前回溯依赖图，一旦碰到宽依赖，就生成一个阶段（Stage）来容纳已遍历的算子序列。在这个阶段（Stage）里，可以安全地实施流水线优化。然后，又从这个宽依赖开始继续回溯，生成下一个阶段（Stage）。

Spark 支持故障恢复的方式也不同，提供了两种方式：一是 Lineage，通过数据的血缘关系（DAG），再执行一遍前面的处理；二是 Checkpoint，将数据集存储到持久存储中。其机制实质上是支持内存物化（Cache）和硬盘物化（Checkpoint）两种方式来保存中间结果，Driver 中记录着每个 RDD 生成的图，在 RDD 失效的时候，能够根据这个链条，重新生成 RDD，从而确保所有的 RDD 都可以再生。RDD 在内存中做分区，作为备份。

（2）Lineage 容错方法

在容错方面有多种方式，包括数据复制以及记录日志。但是由于 Spark 采用 DAG 描述 driver program 的运算逻辑，因此 Spark RDD 采用一种称为 Lineage 的容错方法。

RDD 本身是一个不可更改的数据集，同时，Spark 根据 transformation 和 action 构建它的操作图 DAG，因此当执行任务的 worker 失败时，完全可以通过操作图 DAG 获得之前执行的操作，进行重新计算。无须采用 replication 方式支持容错，能很好地降低跨网络的数据传输成本。

不过，在某些场景下，Spark 也需要利用记录日志的方式来支持容错。针对 RDD 的 wide dependency，最有效的容错方式是采用 checkpoint 机制。当前，Spark 并没有引入 auto checkpointing 机制。

（3）内存管理

①Execution 内存管理。Execution 内存进一步为多个运行在 JVM 中的任务分配内存。与整个内存的分配方式不同,这块内存的再分配是动态分配的。在同一个 JVM 下,如果当前仅有一个任务在执行,则它可以使用当前可用的所有 Execution 内存。

Spark 提供了以下 Manager 对这块内存进行管理:一是 ShuffleMemoryManager。它扮演了中央决策者的角色,负责决定分配多少内存给哪些任务。一个 JVM 对应一个 ShuffleMemoryManager。二是 TaskMemoryManager。它记录和管理每个任务的内存分配,实现为一个 page table,用于跟踪堆(heap)中的块,侦测异常抛出时可能导致的内存泄露。在其内部调用了 ExecutorMemoryManager 去执行实际的内存分配与内存释放。一个任务对应一个 TaskMemoryManager。三是 ExecutorMemoryManager。其用于处理 on-heap 和 off-heap 的分配,实现为弱引用的池允许被释放的 page 可以被跨任务重用。一个 JVM 对应一个 ExecutorMemeoryManager。

内存管理的执行流程大致如下:当一个任务需要分配一块大容量的内存用于存储数据时,先请求 ShuffleMemoryManager,告知"我想要 X 个字节的内存空间"。如果请求能被满足,则任务就会要求 TaskMemoryManager 分配 X 个字节的空间。一旦 TaskMemoryManager 更新了它内部的 page table,就会要求 ExecutorMemoryManager 去执行内存空间的实际分配。

这里有一个分配内存的策略。假定当前的 active task 数据量为 N,那么每个任务可以从 ShuffleMemoryManager 处获得多达 1/N 的执行内存。分配内存的请求并不能完全得到保证,如内存不足,这时任务就会将自身的内存数据释放。根据操作的不同,任务可能会重新发出请求,或者尝试申请小一点的内存块。

②Storage 内存管理。Storage 内存由更加通用的 BlockManager 管理。Storage 内存主要用于缓存 RDD Partitions,也用于将容量大的任务结果传播和发送给 Driver。

Spark 提供了 Storage Level 来指定块的存放位置:Memory、Disk 或者 Off-Heap。Storage Level 还可以指定存储时是否按照序列化的格式。当 Storage Level 被设置为 MEMORY_AND_DISK_SER 时,内存中的数据以字节数组(byte array)的形式存储,当这些数据被存储到硬盘中时,不再需要进行序列化。若设置为该 Level,则 evict 数据会更加高效。

(4)数据持久化

Spark 最重要的一个功能是它可以通过各种操作(operation)持久化

（或者缓存）一个集合到内存中。当用户持久化一个 RDD 的时候，每一个节点都将参与计算的所有分区数据存储到内存中，并且这些数据可以被这个集合（以及这个集合衍生的其他集合）的动作（action）重复利用。这个能力使后续的动作速度更快（通常快 10 倍以上）。对于迭代算法和快速的交互使用来说，缓存是一个关键的工具。

用户能通过 persist( )或者 cache( )方法持久化一个 RDD。先在 action 中计算得到 RDD；然后，将其保存在每个节点的内存中。Spark 的缓存是一种容错的技术，如果 RDD 的任何一个分区丢失了，可以通过原有的转换（transformation）操作自动地重复计算并且创建出这个分区。

此外，用户可以利用不同的存储级别存储每一个被持久化的 RDD。

4.3.2.3 Spark 的生态圈

Spark 已经建立了自己的生态圈，如图 4-27 所示。处于底层的是 Spark 的核心组件，也是其执行引擎，包括弹性分布数据集（Resilient Distributed Dataset，RDD，这是 Spark 最基本的抽象）与 Spark 任务调度等。在内存中对 RDD 进行快速处理是 Spark 的核心能力。在此基础上，Spark 提供了 SparkSQL、Spark Streaming、MLlib 及 GraphX 等相关的附加库。

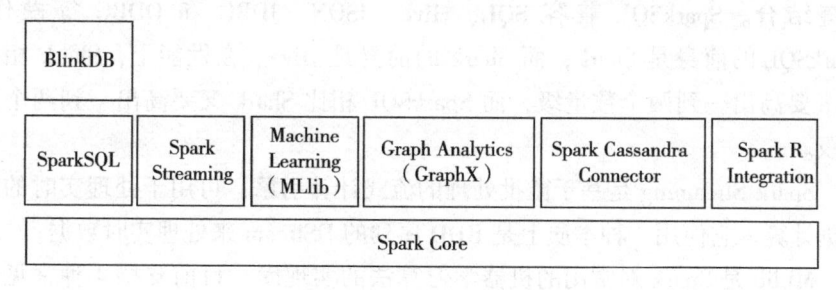

图 4-27 Spark 的生态圈

在 Spark 中，RDD 是一种重要的数据结构，具有容错的、并行性的特点，目的是让用户显式地将数据存储到磁盘和内存中，并能控制数据的分区。

此外，为了更好地进行数据维护，RDD 提供了一组丰富的操作来操作这些数据。在这些操作中，诸如 map、flatMap、filter 等转换操作实现了 Monad 模式，与 Scala 的集合操作进行较好的配合。除此之外，RDD 还提供了诸如 join、groupBy、reduceByKey 等更为方便的操作，以支持常见的数据运算。

RDD 可以简单地理解成一个提供了许多操作接口的数据集合，与一般的数据集不同的是，其实际数据分布存储在磁盘和内存中。

对开发者而言，RDD 可以看作是 Spark 中的一个对象，它本身运行于内存中，如读文件是一个 RDD，对文件进行计算是一个 RDD，结果集也是一个 RDD，不同的分片、数据之间的依赖、Key-value 类型的 Map 数据都可以看作 RDD。RDD 是一个大的集合，将所有数据都加载到内存中，方便进行多次重用。

RDD 提供了针对多种数据计算模型的支持，使得 Spark 能够适用于批处理、流式处理等多种大数据处理场景。通常来说，针对数据处理的常见计算模型有迭代式计算（Iterative Algorithms）、关系查询（Relational Queries）、函数式计算（MapReduce）、流式计算（Stream Processing）等。例如，Hadoop MapReduce 采用 MapReduces 模型，实现了批量处理；Storm 则采用 Stream Processing 模型，具备流式计算能力；而 RDD 混合了上述 4 种模型。

SparkSQL 主要用于数据处理和对 Spark 数据执行类 SQL 的查询。通过 SparkSQL，可以针对不同格式和不同来源的数据执行 ETL 数据抽取操作，如 JSON、Parquet 或关系型数据库等，然后完成特定的查询操作。

SparkSQL 作为 Spark 大数据框架的一部分，可与 Spark 生态的其他模块无缝结合。SparkSQL 兼容 SQL、Hive、JSON、JDBC 和 ODBC 等操作。SparkSQL 的前身是 Shark，而 Shark 的前身是 Hive。在性能上，Shark 相比 Hive 要高出一到两个数量级，而 SparkSQL 相比 Shark 又要高出一到两个数量级。

Spark Streaming 是基于微批处理的流式计算引擎，可用于处理实时的流数据计算。它使用一种本质上是 RDD 序列的 DStream 来处理实时数据。

MLlib 是 Spark 对常用的机器学习算法的实现库，目前支持 4 种常见的机器学习问题，即二元分类、回归、聚类及协同过滤，同时包括一个底层的梯度下降优化基础算法。

GraphX 是一个分布式图处理框架，基于 Spark 平台提供对图计算和图挖掘的编程接口，极大地方便了开发人员对图的分布式处理。图的分布式处理实际上是把图拆分为很多子图，再分别对这些子图进行并行计算。它可以帮助用户以图形的形式表现文本和列表数据，从而找出数据中的不同关系。Spark 2.0 提供了一些典型图算法的封装，包括 PageRank 算法、标签传播算法等。

GraphX 是构建在 Spark 上的图计算模型，利用 Spark 框架提供的内存缓存 RDD、DAG 和基于数据依赖的容错等特性，实现高效健壮的图计算框架。

Spark R 是针对 R 统计语言的程序包。用户可通过其在 R 壳（Shell）中使用 Spark 功能。

BlinkDB 是一种大型并行的近似查询引擎，用于对海量数据执行交互式 SQL 查询。其允许用户对海量数据执行类 SQL 查询，可以通过牺牲数据精度来提升查询响应速度，因此在速度的重要性高于精确性的情况下非常有用。

Cassandra Connector 可用于访问存储在 Cassandra 数据库中的数据并在这些数据上执行数据分析。

从开发者的角度来看，Spark 的组成结构如图 4-28 所示。该结构包含三部分，即数据存储、管理框架和 API。

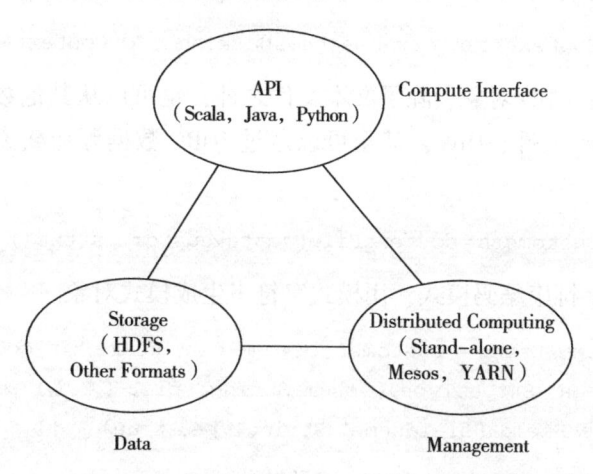

图 4-28　开发者视角的 Spark 组成结构

Spark 用 HDFS 文件系统存储数据，可用于存储任何兼容于 Hadoop 的数据源，包括 HDFS、HBase、Cassandra 等。

利用 API，应用开发者可以用标准的 API 接口创建基于 Spark 的应用。Spark 可提供 Scala、Java 和 Python 等程序设计语言的 API。

Spark 既可以部署在一个单独的服务器上，也可以部署在像 Mesos 或 Yarn 这样的分布式计算框架上，这是开发环境的问题。

4.3.2.4　SparkSQL

SparkSQL 的前身是 Shark，但是 Shark 对于 Hive 有太多依赖，如采用 Hive 的语法解析器、查询优化器等，因此提出了 SparkSQL 项目。它支持多种数据源，不但兼容 Hive，还可以从 RDD、Parquet 文件、JSON 文件、RDBMS 数据及 Cassandra 等 NoSQL 数据库中获取数据。

DataFrame 是 SparkSQL 的核心，它将数据保存为由行构成的集合，行对应的列有相应的列名。DataFrame 构建在 RDD 之上，是一种分布式结构，RDD 的数据分片使得 DataFrame 能够被并行处理。使用 DataFrame 可以非常方便地查询数据、给数据绘图以及进行数据过滤、列查询、计数、求平均值和将不同数据源的数据进行整合。

同时，SparkSQL 内置了 JDBC 服务器，为商业智能（BI）工具等提供标准的 JDBC/ODBC 连接。

使用 SparkSQL 时，最主要的两个组件就是 DataFrame 和 SQLContext。SQLContext 封装了 Spark 中的所有关系型功能，主要过程包括以下步骤。

（1）用已有的 Spark Context 对象创建 SQLContext 对象。

```
val sqlContext=new org.apache.spark.sql.SQLContext(sc)
```

（2）创建 RDD 对象。除了文本文件之外，也可以从其他数据源中加载数据，如 JSON 文件、Hive，甚至可以通过 JDBC 数据源加载关系型数据库中的数据。

```
val rddCustomers=sc.textFile("data/customers.txt")
```

（3）用字符串编码模式，用模式字符串生成模式对象。

```
val schemaString="customer_id name city staze zip_code"
val schema=StructType(schemaString.split(" ").map(fieldname=>StructField(fieldname,StringType,true)))
```

（4）将 RDD（rddCustomers）记录转化成 Row。

```
val rowRDD=rddCustomers.map(_.split(",")).map(p=>Row(p(0).trim,p(1),p(2),p(3),p(4)))
```

（5）将模式应用于 RDD 对象。

```
val dfCustomers=sqlContext.createDataFrame(rowRDD,schema)
```

（6）将 DataFrame 注册为表。

```
dfCustomers.registerTempTable("customers")
```

（7）用 SQLContext 对象提供的 sql 方法执行 SQL 语句。

```
val custNames=sqlContext.sql("SELECT name FROM customers")
```

（8）SQL 查询的返回结果为 DataFrame 对象，支持所有通用的 RDD 操作。可以按照顺序访问结果行的各个列。

```
custNames.map(t=>"Name:"+t(0)).collect().foreach(println)
```

4.3.2.5 Spark 的部署和应用方式

(1) Spark 的三种部署方式

目前，Spark 支持三种不同类型的部署方式，分别是 standalone、Spark on Mesos 和 Spark on Yarn。

①standalone 模式。与 MapReduce 1.0 框架类似，Spark 框架也自带了完整的资源调度管理服务，可以独立部署到一个集群中，不需要其他系统来为其提供资源调度管理服务。在架构的设计上，Spark 与 MapReduce 1.0 完全一致，都是由一个 Master 和若干个 Slave 构成，并且以槽（Slot）作为资源分配单位。不同的是，Spark 中的槽不再像 MapReduce 1.0 那样分为 Map 槽和 Reduce 槽，而是设计了统一的一种槽提供给各种任务使用。

②Spark on Mesos 模式。Mesos 是一种资源调度管理框架，可以为运行在它上面的 Spark 提供服务。由于 Mesos 和 Spark 存在一定的血缘关系，Spark 在进行设计开发的时候就考虑到了对 Mesos 的充分支持。相对而言，Spark 运行在 Mesos 上，要比运行在 Yarn 上更加灵活、自然。目前，Spark 官方推荐采用这种模式，所以许多公司在实际应用中也采用这种模式。

③Spark on Yarn 模式。Spark 可运行在 Yarn 上，与 Hadoop 进行统一部署，即"Spark on Yarn"，资源管理和调度依赖 Yarn，分布式存储则依赖 HDFS。

(2) 从"Hadoop+Storm"架构转向 Spark 架构

为了能同时进行批处理与流处理，企业应用中通常会采用"Hadoop+Storm"架构（也称为 Lambda 架构）。图 4-29 给出了采用"Hadoop+Storm"部署方式的一个案例，在这种部署架构中，Hadoop 和 Storm 框架部署在资源管理框架 Yarn（或 Mesos）上，接受统一的资源管理和调度，并共享底层的数据存储（HDFS、HBase、Cassandra 等）。Hadoop 负责对批量历史数据的实时查询和离线分析，而 Storm 则负责对流数据的实时处理。

但是，上面这种架构部署较为烦琐。由于 Spark 同时支持批处理与流处理，因此对于一些类型的企业应用而言，从"Hadoop+Storm"架构转向 Spark 架构就成为一种很自然的选择。采用 Spark 架构具有如下优点：①实现一键式安装和配置，线程级别的任务监控和告警。②降低硬件集群、软件维护、任务监控和应用开发的难度。③便于做成统一的硬件、计算平台资源池。

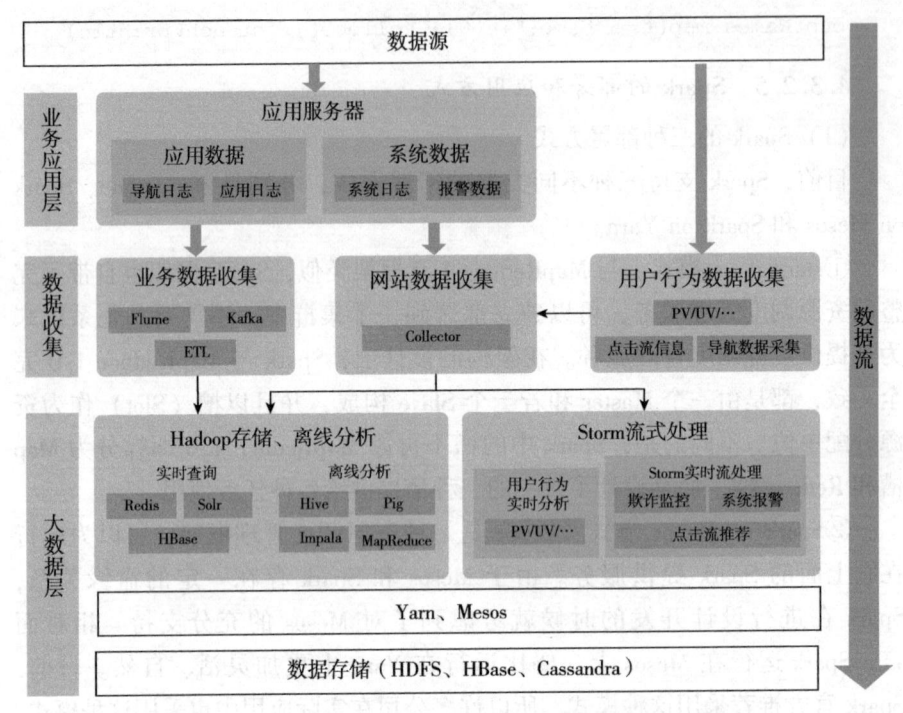

图 4-29 采用"Hadoop+Storm"部署方式的一个案例

需要说明的是，Spark Streaming 的原理是将流数据分解成一系列短小的批处理作业，每个短小的批处理作业使用面向批处理的 Spark Core 进行处理，通过这种方式变相实现流计算，而不是真正实时的流计算，因而通常无法实现毫秒级的响应。因此，对于需要毫秒级实时响应的企业应用而言，仍然需要采用流计算框架（如 Storm）。

（3）Hadoop 和 Spark 统一部署

一方面，Hadoop 生态系统中的一些组件所实现的功能目前是无法由 Spark 取代的，比如，Storm 可以实现毫秒级响应的流计算，但是 Spark 无法做到毫秒级响应；另一方面，企业中已经有许多应用是基于现有的 Hadoop 组件开发的，完全转移到 Spark 上需要一定的成本。因此，在许多企业的实际应用中，Hadoop 和 Spark 统一部署是一种比较现实、合理的选择。

由于 Hadoop MapReduce、HBase、Storm 和 Spark 等都可以运行在资源管理框架 Yarn 上，因此，可以在 Yarn 上进行统一部署。

这些不同的计算框架统一运行在 Yarn 上，可以带来以下好处：计算资源按需伸缩；不同负载应用混搭，集群利用率高；共享底层存储，避免数据跨集群迁移。

4.3.2.6 Spark Streaming

Spark Streaming 是 Spark 的核心组件之一，为 Spark 提供了可拓展、高吞吐、容错的流计算能力。Spark Streaming 可整合多种输入数据源，如 Kafka、Flume、HDFS，甚至是普通的 TCP 套接字。经处理后的数据可存储至文件系统、数据库，或显示在仪表盘上。

Spark Streaming 的基本原理是将实时输入数据流以时间片（秒级）为单位进行拆分，然后经 Spark 引擎以类似批处理的方式处理每个时间片数据。

Spark Streaming 最主要的抽象是 DStream（Discretized Stream，离散化数据流），表示连续不断的数据流。在内部实现上，Spark Streaming 的输入数据按照时间片（如 1s）分成一段一段的 DStream，每一段数据都转换为 Spark 中的 RDD，并且对 DStream 的操作最终都转变为对相应的 RDD 的操作。

如果要用一句话来概括 Spark Streaming 的处理思路的话，那就是"将连续的数据持久化、离散化，然后进行批量处理"。

（1）数据持久化。将从网络上接收到的数据先暂时存储下来，为事件处理出错时的事件重演提供可能。

（2）数据离散化。数据源源不断地涌进，永远没有尽头。既然不能穷尽，那么就将其按时间分片。例如，采用一分钟为时间间隔，在连续的一分钟内收集到的数据就集中存储在一起。

（3）批量处理。将持久化的数据分批处理，处理机制套用之前的 RDD 模式。

Spark Streaming 的计算流程如图 4-30 所示。

（1）Spark Streaming 将实时输入的数据流（Data Stream）分解成一系列短小的批处理作业（Batches）。也就是把 Spark Streaming 的输入数据按照 Batch Size（如 1s）分成一段一段的数据（Discretized Stream，DStream）。

（2）将每一段数据（DStream）都转换成 Spark 中的 RDD 保存到 Spark 的内存中，由内存管理器（Memory Manager）进行管理，记录下 RDD 生成的轨迹。

（3）将 Spark Streaming 中对 DStream 的 transformation 操作变为针对 Spark 中对 RDD 的 transformation 操作，并交给 Spark 中的任务调度程序（Task Scheduler）。

（4）执行 RDD 的 action 操作，将任务提交给计算引擎，将批处理的计算结果（Batches of Results）输出。

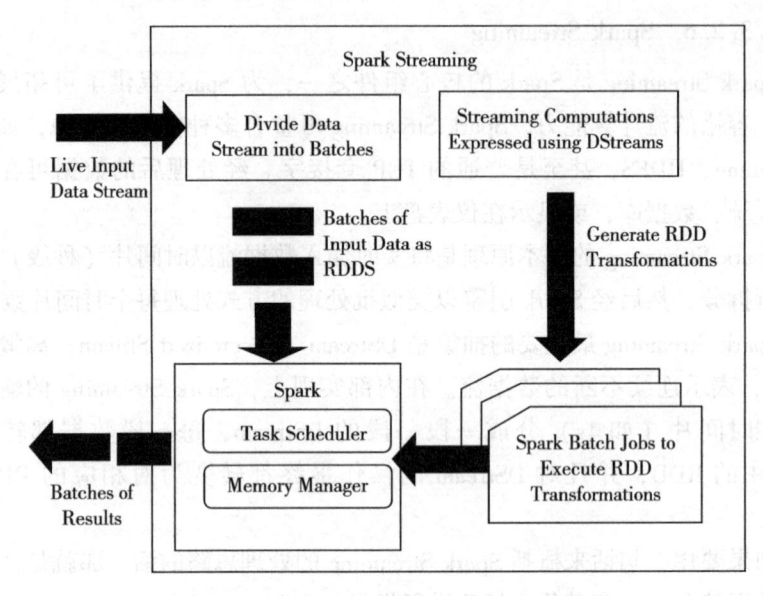

图 4-30　Spark Streaming 的计算流程

4.3.3　流实时处理系统 Storm

流式数据处理有 Twitter 的 Storm、Facebook 的 Scribe、Linkedin 的 Samza 等。其中，Storm 是一个免费、开源的分布式实时计算系统，Storm 对于实时计算的意义类似于 Hadoop 对于批处理的意义，Storm 可以简单、高效、可靠地处理流数据，并支持多种编程语言。Storm 框架可以方便地与数据库系统进行整合，从而开发出强大的实时计算系统。

Twitter 是全球访问量最大的社交网站之一，Twitter 开发 Storm 流处理框架是为了应对其不断增长的流数据实时处理需求。为了处理实时数据，Twitter 采用了由实时系统和批处理系统组成的分层数据处理架构，一方面，由 Hadoop 和 ElephantDB（专门用于从 Hadoop 中导出 key/value 数据的数据库）组成批处理系统；另一方面，由 Storm 和 Cassandra（非关系型数据库）组成实时系统。在计算查询时，该系统会同时查询批处理视图和实时视图，并把它们合并起来以得到最终的结果。实时系统处理的结果最终会由批处理系统来修正，这种设计方式使得 Twitter 的数据处理系统显得与众不同。

Storm 的 Topology 编程模型较为简单，在实际的任务处理中却很实用。

· 116 ·

实际上 Topology 就是任务的逻辑规划，包含 Spout 和 Bolt 两类组件，Spout 组件负责读取数据，Bolt 组件负责任务处理。与 MapReduce 相比，它的任务粒度相对灵活，不局限于 MapReduce 中的 Map() 函数和 Reduce() 函数，用户可以根据任务需求编写自己的函数。同时，它不存储中间数据，组件与组件之间的数据传递通过消息传递的方式进行，对于很多不需要存储中间数据的应用来说，Topology 编程模型简化了处理过程，降低了处理延迟。

4:3.3.1　Storm 的特点

（1）Storm 具有很好的容错性、扩展性、可靠性和稳定性。Storm 使用 ZooKeeper（Hadoop 中的一个正式子项目，一种分布式协调工具）作为集群协调工具，当发现正在运行的 Topology 出错的时候，ZooKeeper 会告诉 Nimbus（Storm 系统的主进程，负责分发任务等操作），Nimbus 就重新分配并启动任务。在 Storm 中，Topology 被提交后，在没有被手动杀死之前，将一直处于运行状态。这些措施都是为了保证 Storm 系统的容错性。Storm 采用三进程架构——Nimbus、Supervisor、ZooKeeper，无论是集群还是单机都只有这三个进程。当需要在集群中加入新的节点的时候，只需要修改配置文件并运行 Supervisor 和 ZooKeeper 进程即可，扩展起来十分方便。另外，Storm 采用消息传递的方式进行数据运算，数据传输的可靠性很高。对于 Storm 系统中传递的消息，主节点会根据消息从产生到结束的过程生成一棵消息树。因此，消息从诞生到消亡的整个过程都会被跟踪。如果主节点发现某消息丢失了，就会重新处理该消息。正是因为有了容错性、可靠性的保障，Storm 系统在运行中会体现出稳定性，不会轻易出现宕机、崩溃的现象。

（2）Storm 并行机制灵活。各个组件的并行数由用户根据任务的繁重程度自行设定，如果该组件处理的任务复杂度高，耗费时间多，那么并行数的设置就偏大些；相反，并行数的设置就偏小些。这样，拓扑中的每个组件就能很好地进行配合，最大化地利用集群性能，提高任务处理效率。

（3）Storm 支持多种语言。Storm 的内部实现语言是 Clojure，但基于 Storm 开发的应用几乎可以使用任何一种语言，所需的只是连接到 Storm 的适配器。Storm 默认支持 Clojure、Java、Ruby 和 Python，并已经存在针对 Scala、JRuby、Perl 和 PHP 的适配器。更多的适配器将会随着应用的扩展变得更加的丰富。

Storm 可用于许多领域，如实时分析、在线机器学习、持续计算、远程 RPC 以及数据提取、加载、转换等。由于 Storm 具有可扩展、高容错性、能可靠地处理消息等特点，目前已经广泛应用于流计算中。此外，Storm 是开源、免费的，用户可以轻易地进行搭建、使用，大大降低了学习成本和使用成本。

4.3.3.2 Storm 的设计思想

要了解 Storm，需要先了解 Storm 的设计思想。Storm 对一些设计思想进行了抽象化，主要术语包括 Streams、Spouts、Bolts、Topology 和 Stream Groupings。下面逐一介绍这些术语。

（1）Streams。在 Storm 对流数据 Streams 的抽象描述中，如图 4-31 所示，流数据是一个无限的 Tuple 序列（Tuple 即元组，是元素的有序列表，一个 Tuple 就是一个值列表，列表中的每一个值都有一个名称，并且该值可以是基本类型、字符类型、字节数组等，也可以是其他可序列化的类型）。这些 Tuple 序列会以分布式的方式并行地创建和处理。

（2）Spouts。Storm 认为每个 Stream 都有一个源头，并把这个源头抽象为 Spouts。Spouts 会从外部读取流数据并持续发出 Tuple，如图 4-32 所示。

图 4-31　Streams：无限的 Tuple 序列　　　图 4-32　Spouts：数据源

（3）Bolts。如图 4-33 所示，Storm 将 Streams 的状态转换过程抽象为 Bolts。Bolts 既可以处理 Tuple，也可以将处理后的 Tuple 作为新的 Streams 发送给其他 Bolts。对 Tuple 的处理逻辑都被封装在 Bolts 中，可执行过滤、聚合、查询等操作。

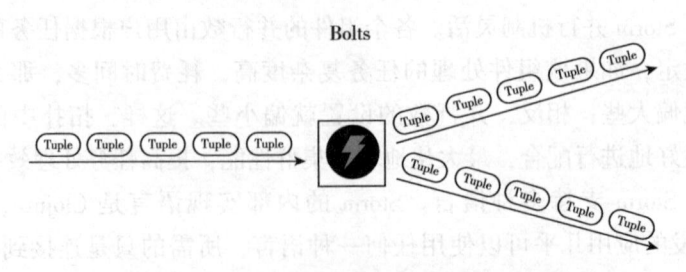

图 4-33　Bolts：处理 Tuple 并产生新的 Streams

（4）Topology。Storm 将由 Spouts 和 Bolts 组成的网络抽象成 Topology，如图 4-34 所示。Topology 是 Storm 中最高层次的抽象概念，它可以被提交到 Storm 集群执行。一个 Topology 就是一个流转换图，图中的节点是 Spout 或

Bolt，图中的边则表示 Bolt 订阅了某个 Stream。当 Spout 或者 Bolt 发送元组时，它会把元组发送到每个订阅了该 Stream 的 Bolt 上进行处理。

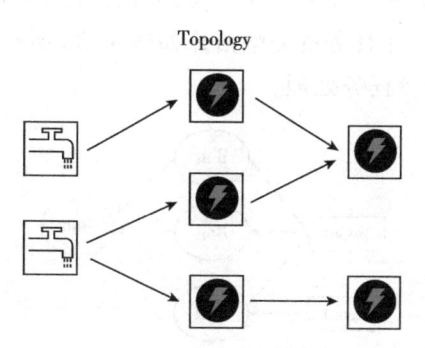

图 4-34 Topology 示意图

在 Topology 的具体实现上，Storm 中的 Topology 定义仅仅是一些 Thrift 结构体（Thrift 是基于二进制的高性能的通信中间件），而 Thrift 支持各种编程语言进行定义，这样一来就可以使用各种编程语言来创建、提交 Topology。

（5）Stream Groupings。Storm 中的 Stream Groupings 用于告知 Topology 如何在两个组件间（如 Spout 和 Bolt 之间，或者不同的 Bolt 之间）进行 Tuple 的传送。一个 Topology 中 Tuple 的流向如图 4-35 所示，其中，箭头表示 Tuple 的流向，而圆圈则表示任务，每一个 Spout 和 Bolt 都可以有多个分布式任务，一个任务在什么时候、以什么方式发送 Tuple 就是由 Stream Groupings 决定的。

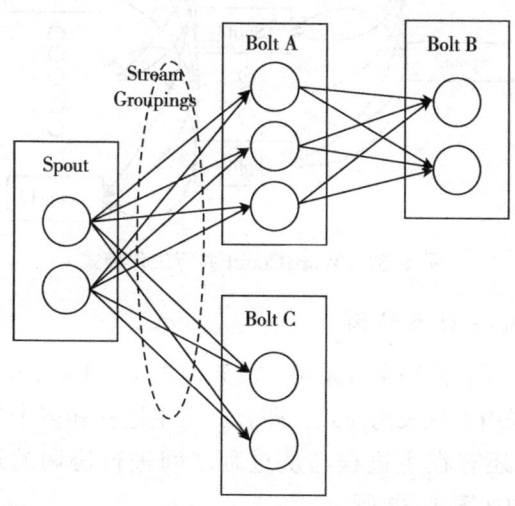

图 4-35 由 Stream Groupings 控制 Tuples 的流向

4.3.3.3 Storm 编程模型原理

Storm 编程模型采用的是生活中常见的并行处理任务方式——流水线作业方式。Storm 实现一个任务的完整拓扑如图 4-36 所示，其中，Spout 负责读取数据源，Bolt 负责任务处理。

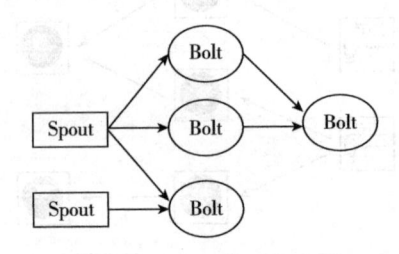

图 4-36　Storm 编程模型 Topology

统计单词的任务就被拆分为三部分来操作，每部分都可以根据任务的繁重程度来规划并行数，各个组件的并行数没有明确规定。比如，可以设置 Spout 的并行数为 2，Split 的并行数为 8，Count 的并行数为 12，如图 4-37 所示。

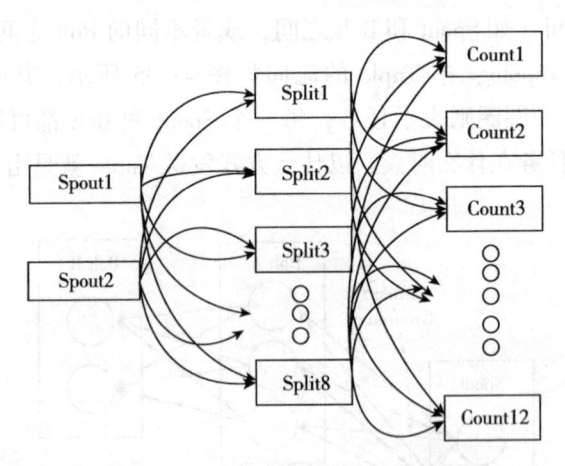

图 4-37　WordCount 并行工作模式

4.3.3.4 Storm 体系结构

Storm 中因为没有使用文件系统，其架构相比于 Hadoop 的架构要简单得多。Storm 依然采用主从架构模式，即有一个主进程和多个从进程。除了这两种进程以外，还有在主进程与从进程之间进行协调的进程 ZooKeeper。Storm 的体系结构如图 4-38 所示。

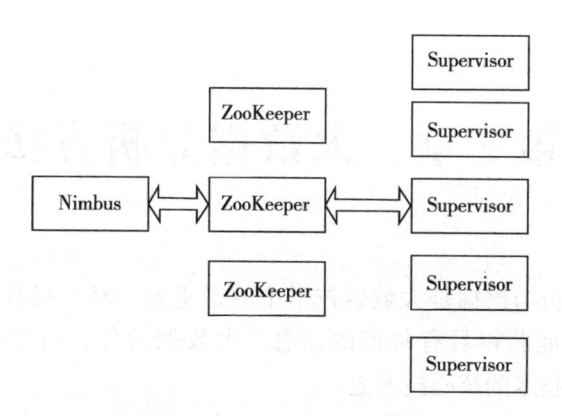

图 4-38　Storm 的体系结构

由图 4-38 可知，Storm 由三类进程（Nimbus、ZooKeeper 和 Supervisor）组成，那么我们如何把 Storm 的三类进程配置到集群上？主进程 Nimbus 负责分发任务和调度任务，在一个任务中只需要一个这种角色，所以 Nimbus 只需要配置到一个节点上；而从进程 Supervisor 负责实际的任务处理，一个集群需要多个节点，每个节点都需要配置多个从进程，从而最大限度地利用集群性能，因此需要将 Supervisor 配置到集群中的每个节点上。ZooKeeper 负责主进程与从进程协调的任务，因此，ZooKeeper 也需要配置到集群中的每个节点上。

第5章 大数据分析方法

大数据分析与挖掘是大数据技术中的最重要一环，只有通过分析与挖掘大数据，才能获得具有价值的信息。大数据的分析与挖掘方法尤为重要，是大数据技术的核心技术之一。

5.1 大数据分析方法概述

大数据分析是指用准确、适宜的分析方法和工具来分析经过预处理的大数据，提取具有价值的信息，进而形成有效的结论并通过可视化技术展现出来的过程。更具体地说，大数据分析是通过应用技术与工具来分析与理解数据，把自己所拥有的数据与用户产生的各种数据结合起来，统揽全局。

大数据的特点决定了大数据分析必须依托计算机技术来实现。大数据分析不是简单的统计分析，在其发展过程中出现了两大重点：一是侧重于数据的处理和表示；二是研究数据的统计规律，侧重于对微观数据本质特征的提取和模式发现。将两者结合起来协同发展是一个重要趋势与方向。机器学习、人工智能、图像及信号处理技术以及认知技术逐渐成熟，并成为大数据分析工具包的标准组件。数据挖掘是大数据分析的核心，占有重要地位。数据分析只是在已定的假设、先验约束基础上处理原有统计数据的方法，其将统计数据转化为信息，而这些信息要进一步获得认知，转化为有效的预测和决策，就需要数据挖掘。数据分析结果需要进一步进行数据挖掘才能指导决策，而通过数据挖掘进行价值评估的过程也需要调整先验约束而再次进行数据分析。数据分析与数据挖掘的主要区别如下。

（1）数据分析通常是分析以往的数据、评价某时间段内取得的效果；而数据挖掘的数据量极大，要依靠挖掘算法来找出隐藏在大量数据中的规律和模式，也就是从数据中提取出隐含的有价值的信息。

（2）数据分析的分析目标比较明确，分析条件也比较清楚，采用统计方法对数据进行多维度的描述，它是从一个假设出发，需要自行选择方程或模型来与假设匹配。数据挖掘不需要假设，其目标不是很清晰，可以自动建立方程与模型。

（3）数据分析往往是针对数字化的数据。数据挖掘能够采用不同类型的数据，如声音、文本等。

（4）数据分析对结果进行解释，呈现出有效信息；数据挖掘的结果不容易解释，对信息进行价值评估，着眼于预测未来，并提出决策性建议。

数据分析是把数据变成信息的工具，数据挖掘是把信息变成认知的工具，如果要从数据中提取出一定的规律，那么需要将数据分析和数据挖掘结合使用。

5.2 数据挖掘的主要方法

5.2.1 数据挖掘的内容与主要方法

5.2.1.1 分类算法并行化分析

针对常用的传统分类算法，在给出算法基本原理的基础上，对其进行简单的 MapReduce 并行化分析，如表 5-1 所示。

表 5-1 分类算法并行化分析

名称	基本原理	效率分析	MapReduce 并行化分析
C4.5	C4.5 算法是一种决策树算法，是对 ID3 算法的改进，包括用信息增益率选择属性、在构造树的过程中进行剪枝、将连续型的属性进行离散化处理等	时间复杂度为 $O(nm^2+kmn)$；空间复杂度为 $O(n)$	在构造决策树的过程中，C4.5 算法最耗时的阶段是属性数据的统计，可把每层决策树生成前的属性数据统计进行并行化处理。计算简单，适合 MapReduce 并行化
KNN	根据距离函数计算待分类样本 x 和每个训练样本的距离，选择与待分类样本 x 距离最小的 k 个样本作为 x 的 k 个最近邻，最后根据 x 的 k 个最近邻判断 x 的类别	时间复杂度为 $O(nm^2+kmn)$；空间复杂度为 $O(n)$	KNN 算法可分为三个部分：第一部分是距离的计算；第二部分是排序并选择 k 个最近邻；第三部分是投票决策。对距离的计算、投票决策均可以并行实现。计算不简单，适合 MapReduce 并行化

续表

名称	基本原理	效率分析	MapReduce 并行化分析
Bayes	利用贝叶斯原理，通过计算待分类数据可能类别的最大后验概率，确定最终的类别	时间复杂度为 $O(nkm)$；空间复杂度为 $O(\|V\|km)$	Bayes 算法的训练和测试均可以并行执行：训练时将整个训练样本集分成若干部分，在每个部分上统计频率，然后把统计结果相加实现；测试时也可将测试样本集分成若干部分，对每个部分分别进行测试，最后将测试结果汇总输出。算法并行化相对简单，可进行 MapReduce 并行化
SVM	在线性条件下，在原空间寻找两类样本的最优分类超平面；而在非线性条件下，先将原始模式空间映射到高维的特征空间，然后在该特征空间中寻找最优分类超平面	时间复杂度为 $O(mn^2)$；空间复杂度为 $O(lm)$	SVM 算法内部计算太复杂，不太适合 MapReduce 并行化
神经网络	神经网络是人脑思维系统的一个简单的结构模拟，可模仿基本形式的人脑神经元的功能。实质上，神经网络是一个不依赖于模型的自适应函数估计器，不需要模型就可以实现任意的函数关系	时间复杂度为 $O(nmT)$；空间复杂度为 $O(lm)$	尽管神经网络能够并行处理，但是因为具有学习能力、适应能力和容错特征，算法复杂度很高，不太适合 MapReduce 并行化

注：n 为训练样本个数，m 为训练数据特征维数，k 为每一维属性不同属性的数目。特别地，对于 KNN 算法，k 为近邻的个数；对于 Bayes 方法，$|V|$ 为不同目标值的个数；对于 SVM 算法，l 为支持向量的个数；对于神经网络，T 为迭代周期数，l 为隐含层单元个数。

5.2.1.2 聚类算法并行化分析

针对常用的聚类算法，在给出算法基本原理的基础上，对其进行简单的 MapReduce 并行化分析，如表 5-2 所示。

表 5-2　聚类算法并行化分析

名称	基本原理	效率分析	MapReduce 并行化分析
K-means	先随机地选择 k 个对象，每个对象代表一个簇的初始均值或中心；对于剩余的每个对象，根据其与各个簇的均值的距离，将其指派到最相似的簇，然后计算每个簇的新均值。这个过程不断重复，直到准则函数收敛	时间复杂度为 $O(nki)$；空间复杂度为 $O(k)$	K-means 算法从逻辑功能上分为三部分：聚类中心初始化、迭代更新聚类中心、聚类标注；这三部分均可以并行计算。其中的并行化计算相对简单，适合 MapReduce 并行化
CLARANS	CLARANS 算法与 K-means 算法一样，也是以聚类中心划分聚类的，一旦 k 个聚类中心确定了，聚类马上就能完成。不同的是，K-means 算法以类簇的样本的均值代表聚类中心，而 CLARANS 算法采用在每个簇中选出一个实际的对象代表该簇，其余的每个对象聚类到与其最相似的代表性对象所在的簇中	时间复杂度为 $O(n^2)$；空间复杂度为 $O(ks)$	CLARANS 算法从逻辑功能上分为三部分：聚类中心和邻居样本初始化、迭代更新聚类中心、聚类标注；这三部分均可以并行计算。其中的并行化计算相对简单，适合 MapReduce 并行化
DBScan	DBScan 算法是一种基于密度的聚类算法，与划分和层次聚类算法不同，它将簇定义为密度相连的点的最大集合，能够把具有足够高密度的区域划分为簇，并可在有噪声的空间数据中发现任意形状的聚类	时间复杂度为 $O(n^2)$；空间复杂度为 $O(n)$	DBScan 算法从逻辑功能上分为三部分：样本抽样、对抽样样本进行聚类、聚类标注；这三部分均可以并行计算。其中的并行化计算相对简单，适合 MapReduce 并行化
BIRCH	BIRCH（利用层次方法的平衡迭代规约和聚类）算法是一个综合的层次聚类方法，它用聚类特征和聚类特征树概括聚类描述，该算法通过聚类特征可以方便地进行中心、半径、直径及类内、类间距离的计算	时间复杂度为 $O(n)$；空间复杂度为 $O(n)$	BIRCH 算法不适合对分割的数据进行处理，而且是增量计算的，不适合 MapReduce 并行化

续表

名称	基本原理	效率分析	MapReduce 并行化分析
Chameleon	Chameleon（变色龙）算法是一个在层次聚类中采用动态模型的聚类算法。在它的聚类过程中，如果两个簇间的互联性和近似度与簇内部对象间的互联性和近似度高度相关，则合并这两个簇。基于动态模型的合并过程有利于自然的聚类发现，而且只要定义了相似度函数就可应用于所有类型的数据	时间复杂度为 $O(n^2)$；空间复杂度为 $O(n)$	Chameleon 算法不适合对分割的数据进行处理，不适合 MapReduce 并行化
STING	STING 算法是一种基于网格的多分辨率的聚类技术，它将空间区域划分为矩形单元，针对不同级别的分辨率，通常存在多个级别的矩形单元，这些单元形成了一个层次结构：高层的每个单元都被划分为多个低一层的单元	时间复杂度为 $O(n)$；空间复杂度为 $O(l)$	STING 算法的数据分割并不是简单的块分割，其内部并行机制不适合 MapReduce 并行化

注：n 为样本个数，k 为类簇个数，i 为算法迭代次数，s 为每次抽样的个数，d 为样本的属性个数。

5.2.1.3 关联分析算法并行化分析

针对常用的传统关联分析算法，在给出算法基本原理的基础上，对其进行简单的 MapReduce 并行化分析，如表 5-3 所示。

表 5-3 关联分析算法并行化分析

名称	基本原理	效率分析	MapReduce 并行化分析
FP-growth	FP（Frequent Pattern）-growth（频繁模式增长）算法也是决策树算法，在产生候选项目集时采用模式增长的方法递归挖掘全部频繁模式，并且仅需扫描事务数据库两次。它采用分而治之的思想：在经过第一遍扫描后，将提供频繁项集的事务数据库压缩成一棵频繁模式树（或称为 FP-Tree），但仍保留项集关联信息。然后，将这种压缩后的事务数据库分成一组条件数据库（一种特殊类型的投影数据库），每个条件数据库关联一个频繁项集，并分别挖掘每个条件数据库	时间复杂度为 $O(ntlogt + 2^t)$；空间复杂度为 $O(nt + 2^t)$	FP-growth 算法需要扫描两次事务数据库：第一次是找出事务数据库中的频繁项集；第二次是根据降序排序后的频繁项集，建立频繁模式树；最后通过遍历频繁模式树进行关联规则的挖掘。算法并行化相对简单，适合 MapReduce 并行化

续表

名称	基本原理	效率分析	MapReduce 并行化分析
WFP	基于加权的优化算法（Weighted Frequency Pattern, WFP）是在 FP-growth 算法的基础上, 发现频繁项集, 然后构建频繁模式增长的兄弟孩子树, 通过遍历构造的频繁模式树找到频繁项集, 最后从加权频繁项集中计算出满足加权最小支持度和最小置信度的强关联规则	时间复杂度为 $O(nt\log t + 2^t)$; 空间复杂度为 $O(nt + 2^t)$	WFP 算法中, 有两部分可使用并行化: 发现频繁项集、构建频繁模式增长的兄弟孩子树并找到频繁项集。算法并行化相对简单, 适合 MapReduce 并行化
Apriori	Apriori（先验）算法通过候选项集数目的不断增加逐步完成频繁项集的发现。大体分为两步: 第一步, 生成所有频繁项集; 第二步, 产生关联规则	时间复杂度为 $O(n2^t)$; 空间复杂度为 $O(2^t)$	Apriori 算法通过迭代的方法逐步发现频繁项集, 在每次迭代过程中, 需要扫描事务数据库获取候选项集中每个项集的支持度计数, 这一操作可以采用并行化。算法并行化相对简单, 适合 MapReduce 并行化
Sampling	Sampling 算法属于基于抽样的优化算法: 先使用数据库的抽样数据得到一些可能成立的关联规则, 然后利用数据库的剩余部分验证这些关联规则	时间复杂度为 $O(n/k \times 2^t)$; 空间复杂度为 $O(2^t)$	Sampling 算法中用于发现大项目集的算法（如 Apriori 算法）内部可进行并行化, 故整个算法可实现并行化。算法并行化相对简单, 适合 MapReduce 并行化
Partition	Partition 算法属于基于划分的优化算法: 先将大容量的数据库从逻辑上分成几个互不相交的块, 每块都用关联挖掘算法（如 Apriori）生成局部的频繁项集, 然后把这些局部的频繁项集作为候选的全局频繁项集, 通过测试它们的支持度得到最终的全局频繁项集	时间复杂度为 $O(n \times 2^t)$; 空间复杂度为 $O(2^t)$	Partition 算法中用于发现大项目集的算法（如 Apriori 算法）内部可进行并行化, 故整个算法可实现并行化。算法并行化相对简单, 适合 MapReduce 并行化

续表

名称	基本原理	效率分析	MapReduce 并行化分析
DHP	基于哈希的优化算法（Direct Hashing and Pruning，DHP）利用散列技术改进产生频繁项集的方法：把扫描的项目放到不同的哈希桶中，每对项目最多只可能在一个特定的桶中，这样可以对每个桶中的项目子集进行测试，减少了候选项集生成的代价	时间复杂度为 $O(n2^t)$；空间复杂度为 $O(2^t)$	DHP 算法内部不适合 MapReduce 并行化

注：n 为样本个数，t 为属性个数，k 为总样本与抽样样本的比值，m 为种群大小。

5.2.2 复杂数据类型挖掘

5.2.2.1 文本数据挖掘

（1）文本挖掘的过程。文本挖掘的一般过程如图 5-1 所示，主要包括文本预处理、文本挖掘和模式评估这三个步骤。通过文本挖掘能够从大量、冗长的信息中迅速发现对自己有用的信息，但是文档集中有时会包含一些没有意义且使用频率较高的词汇，因此文本预处理成为文本挖掘的中间枢纽。在完成预处理后，利用数据挖掘和模拟识别等方法提取面向特定应用目标的知识或模式，经过评估判断获取的知识或模式是否符合要求。

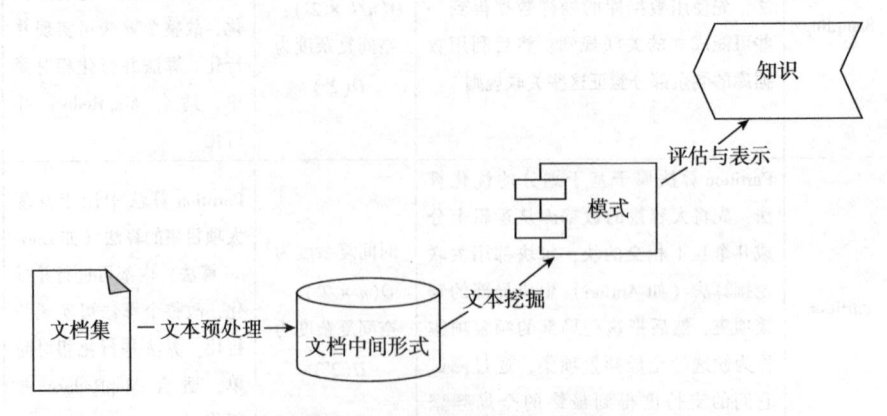

图 5-1 文本挖掘的一般过程

如果把文本挖掘看成一个独立的过程，则上述处理过程可以细化为图 5-2 进行表示。

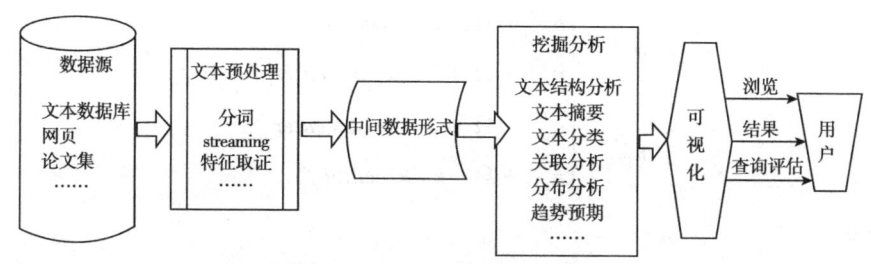

图 5-2 独立文本挖掘的表示

当把文本内容简单地看成由基本语言单位组成的集合时，这些单位被称为项（term）。由于中文与英文的文档存在间隔符等差异，因此中文、英文文档内容特征提取的一般过程如图 5-3 所示。

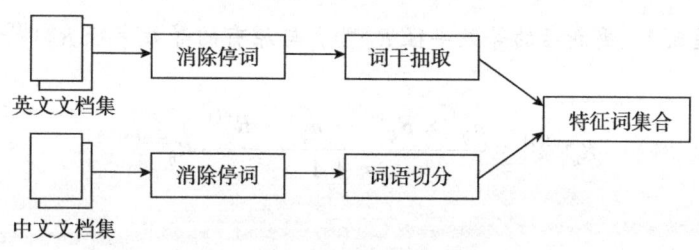

图 5-3 文本特征提取的一般过程

（2）文本挖掘方法。由于大多数算法的计算复杂度太高，而且都需要重新生成分类器，可扩展性差，因此不适合用于大规模的情况。基于上述考虑，这里引入互依赖和等效半径的概念，提出新的分类算法——基于互依赖和等效半径、简单而高效的分类算法 SECTILE。SECTILE 的计算复杂度较低，响应速度快，而且扩展性能较好。

定理 5.1 更新后的重心 $center_{ij}^{(1)}$ 与原有的重心 $center_{ij}^{(0)}$ 存在如下关系：

$$center_{ij}^{(1)} = \frac{n \times center_{ij}^{(0)} + x_j}{n+1}$$

证明：由于更新前的重心 $center_{ij}^{(0)} = \sum_{h=1}^{n} \frac{x_h}{n}$，所以 $\sum_{h=1}^{n} x_h = n \times center_{ij}^{(0)}$。

则有

$$center_{ij}^{(1)} = \frac{\sum_{h=1}^{n} x_h + x_j}{n+1} = \frac{n \times center_{ij}^{(0)} + x_j}{n+1}$$

定理得证。

定理 5.2 更新后的 n_{ij}^{+1} 和 n_{ij}^{-1} 与原有的 n_{ij}^{+0} 和 n_{ij}^{-0} 存在如下关系：

$$n_{ij}^{+1} = \begin{cases} n_{ij}^{+0} + \Omega, & x_j < center_{ij}^{(0)} \\ n_{ij}^{+0} - \Omega + 1, & x_j \geqslant center_{ij}^{(0)} \end{cases}$$

$$n_{ij}^{-1} = \begin{cases} n_{ij}^{-0} - \Omega + 1, & x_j < center_{ij}^{(0)} \\ n_{ij}^{-0} + \Omega, & x_j \geqslant center_{ij}^{(0)} \end{cases}$$

其中

$$\Omega = \begin{cases} \dfrac{(center_{ij}^{(0)} - center_{ij}^{(1)}) \times n_{ij}^{-0}}{R_{ij}^{equal(0)}}, & x_j < center_{ij}^{(0)} \\ \dfrac{(center_{ij}^{(1)} - center_{ij}^{(0)}) \times n_{ij}^{-0}}{R_{ij}^{equal(0)}}, & x_j \geqslant center_{ij}^{(0)} \end{cases}$$

定理 5.3 更新后的等效半径 $R_{ij}^{equal(1)}$ 与原有的等效半径 $R_{ij}^{equal(0)}$ 存在如下关系：

$$R_{ij}^{equal(1)} = \frac{n_{ij}^{+1} \times R_{ij}^{+(1)} + n_{ij}^{-1} \times R_{ij}^{-(1)}}{n+1} R_{ij}^{equal(0)}$$

其中

$$R_{ij}^{+(1)} = \begin{cases} R_{ij}^{+(0)} + center_{ij}^{(0)} - center_{ij}^{(1)}, & x_j < center_{ij}^{(0)} + R_{ij}^{+(0)} \\ x_j - center_{ij}^{(1)}, & x_j \geqslant center_{ij}^{(0)} + R_{ij}^{+(0)} \end{cases}$$

$$R_{ij}^{-(1)} = \begin{cases} center_{ij}^{(1)} - x_j, & x_j < center_{ij}^{(0)} + R_{ij}^{-(0)} \\ R_{ij}^{-(0)} + center_{ij}^{(1)} - center_{ij}^{(0)}, & x_j \geqslant center_{ij}^{(0)} + R_{ij}^{-(0)} \end{cases}$$

5.2.2.2 在线推荐系统常用算法

（1）文档排序算法。文档排序算法最早是为了解决信息检索领域中的文档排序问题。这是信息检索的重要研究课题，也是先进主流搜索引擎和推荐系统的核心算法之一。例如，搜索引擎返回的用户查询页面包含一系列相关网页，如何让相关度最高且对用户最有价值的网页排在搜索返回页面的上方，是文档排序算法研究的主要问题。

最广为人知的排序算法是谷歌创始人 Larry Page 和 Sergey Brin 共同发明的 PageRank 算法。PageRank 算法将互联网中的网页和网页之间相互指向的超链接抽象成一幅有向图（Directed Graph），并想象有一只蚂蚁在有向图上漫无目的地爬行（随机行走）。现在，我们把目光定格在某个具体的网页上（图中的一个节点）。如果有更多的网页通过超链接指向这个网页，那么，我们这只随机行走的蚂蚁就更有可能穿过有向图中代表这个网页的节点。PageRank 算法计算蚂蚁穿过有向图中每一个节点的概率,并将此作为这个网页重要性的指标(网页的 PageRank 分值)。搜索引擎根据这些网页的 PageRank 分值从大到小排序,并将结果输出到搜索返回页面。值得注意的是,每个节点的 PageRank 分值不只取决于连入当前节点的链接的个数,也取决于这些链接的起始节点本身的 PageRank 分值。如图 5-4 所示,指向节点 E 的链接共有 6 个,由于这些节点的 PageRank 分值都比较小,节点 E 的 PageRank 分值只是中等大小。相反,虽然连入节点 C 的链接只有一个,但因为它来自 PageRank 分值最大的节点 B,节点 C 的 PageRank 分值反而比节点 E 大。

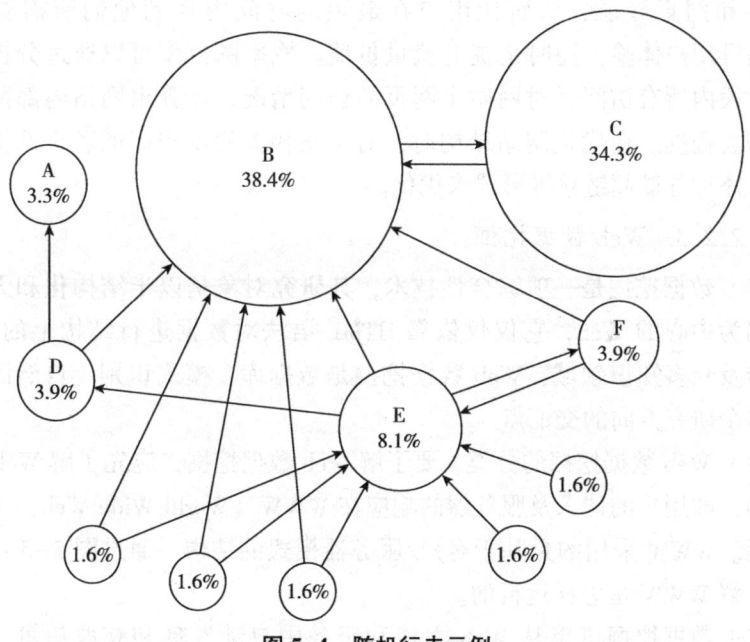

图 5-4 随机行走示例

(2)概率图模型。概率图模型是一类重要的数据挖掘方法,这类模型的目的是在纷繁的数据中挖掘出不同变量之间的相关性。例如,分析电子商务网站中各种产品的销量数据时,概率图模型可以帮助我们找出那些在销售业绩上相关性很强的产品,从而为商品的打包销售策略提供决策支持。下面简单介绍一些概率图模型在数据挖掘中的应用。

①语义网络。语义网络被业界称作下一代搜索引擎的基础性组成部分。语义网络通过网络图的表达形式,关联词汇之间的语义关系,特别是语义网络可将人类自然语言(如中文和英语)中的各种词汇间的关联性通过一

张网络图表达出来。这是因为概率图模型可以通过对大量文档的学习，自动计算出自然语言词汇之间的关联。

②上市公司股价关联分析。股票价格的关联分析对设计合理的股票投资组合至关重要。在做投资组合产品设计的时候，通常希望投资组合具有比较低的相关度，从而减少投资风险。概率图模型可以计算出过去一段时间所有股票价格变动之间的相关性，并将这种关系表示为网络结构，为投资组合的设计提供依据。

③网站流量优化。对于一个大型网站来说，当外部流量导入后，需要进一步优化这些流量在网站内部各网页上的分布，进一步优化网站的超链接结构和网页导航，从而让用户在最短的时间内找到他们所需要的内容，提升用户体验，同时也提升流量价值。概率图模型可以通过分析过去一个时段内所有访问者对网站中网页的访问情况，计算出网站内部网页之间的相关程度。在优化网站结构时，对于正相关程度很高的若干网页，可以通过添加导航超链接等形式来优化。

5.2.2.3 Web 数据挖掘

Web 数据挖掘是一项综合性技术，其研究对象是以半结构化和无结构化文档为中心的 Web，它仅仅依靠 HTML 语法对数据进行结构上的描述。由于涉及众多知识领域，Web 数据挖掘是数据库、模式识别、自然语言处理等多个研究方向的交汇点。

（1）Web 数据挖掘的分类。要了解 Web 数据挖掘，应先了解 Web 的体系结构，即用户的请求及服务器的响应在 WWW（World Wide Web）上的工作流程。WWW 采用的是基于客户/服务器模式的结构，通过图 5-5 可以清楚地了解 WWW 是怎样运行的。

Web 数据挖掘可以从 Web 文档和服务中自动发现和获取信息，包括 Web 文本、Web 图片、Web 视频和 Web 日志等各种媒体信息。Web 上信息的多样性决定了 Web 数据挖掘任务的多样性，其分类如图 5-6 所示。

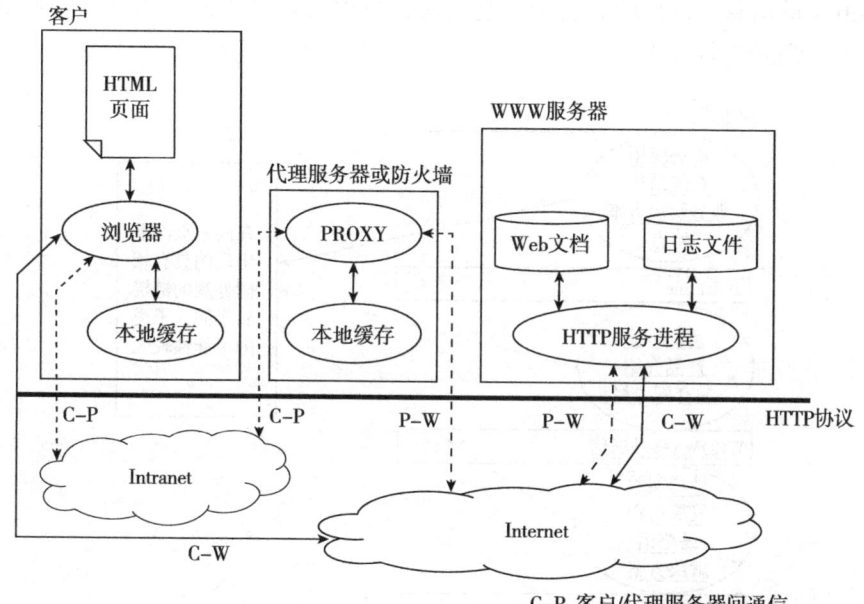

图 5-5 WWW 体系结构

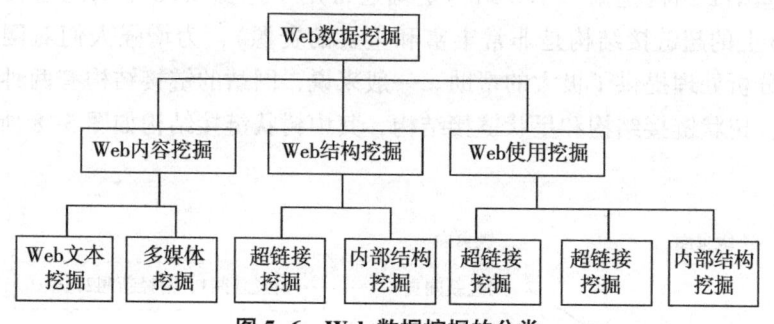

图 5-6 Web 数据挖掘的分类

①Web 内容挖掘。Web 内容挖掘可以看作是 Web 信息检索（IR）和信息抽取（IE）的结合，可分为 Web 文本挖掘和 Web 多媒体挖掘。Web 内容挖掘可以对 Web 上大量文档集合的"内容"进行总结、分类等操作，提取有实用价值的信息。Web 内容挖掘在很多企业中都有着非常重要的作用，其中一个便是可以快速获取同行的竞争情报，为企业发展带来高效的经济价值。

Web 内容挖掘不仅能对 Web 上的大量信息进行总结、分析，还能利用

Web 上的信息进行预测。鉴于这些情况，页内文档结构的利用可以按照如图 5-7 所示进行分类。

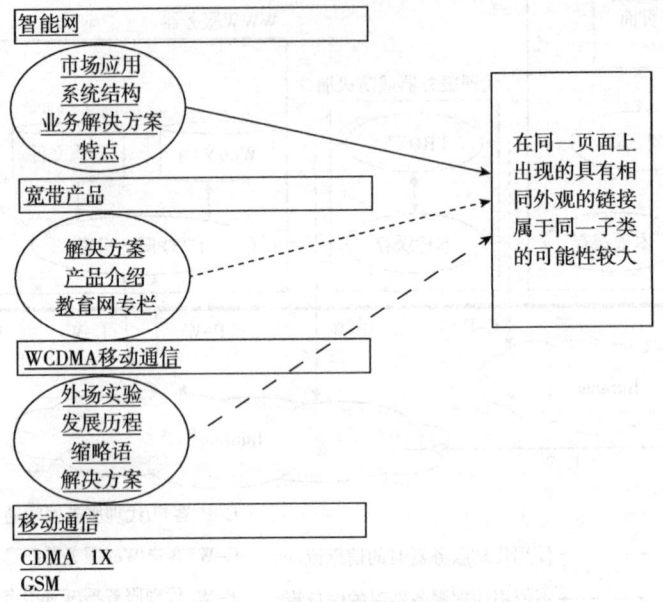

图 5-7　页内文档结构的利用

②Web 结构挖掘。Web 结构挖掘通常用于挖掘 Web 上的超链接结构（Web 上的超链接结构是非常丰富和重要的资源），为增强人们对网页的精确分析处理提供了极大的帮助。一般来说，网站的链接结构有两种基本方式：树状链接结构和星状链接结构，其中树状链接结构如图 5-8 所示。

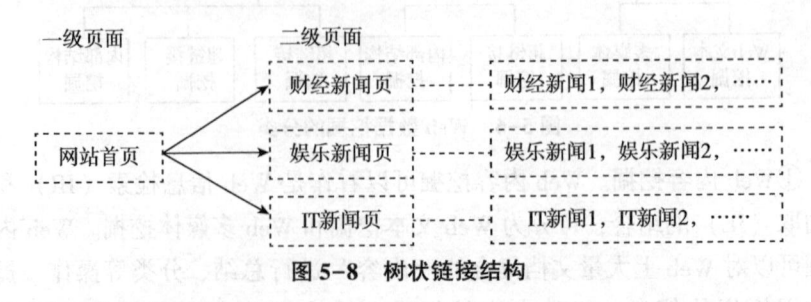

图 5-8　树状链接结构

常见的页面框架结构有三种，如图 5-9 所示。单个网页里面也存在一定的层次结构，对页内文档结构的提取有助于分析页面内容，提取页面信息。

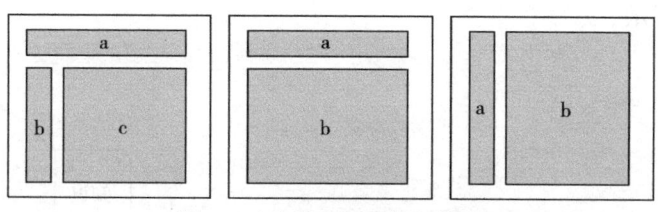

图 5-9　常见的页面框架结构

Web 结构挖掘的目标趋向于 Web 文档的链接结构，揭示出蕴含于文档结构的个性化信息。Web 文档之间的超链接体现了文档之间的逻辑关系。本质上，每个 Web 站点的结构都具有层次性，如 Yahoo 网站，很容易从其目录层次得到它的网站结构。

由于 Web 页面内部存在或多或少的结构信息，在逻辑上可以用有向图表示出来。研究 Web 页面的内部信息结构，把 Web 表示为有向图，可以得到任意两个站点之间的最短路径。沿着最短路径进行分析，便可在数据库中利用 Web 结构挖掘方法找出网页之间的特性。

③Web 使用挖掘。只要用户访问了 Web，Web 服务器上的日志数据便能记录访问者的浏览行为，从而为站点管理人员提供各种有利于 Web 站点改进的信息。日志文件挖掘的过程如图 5-10 所示。

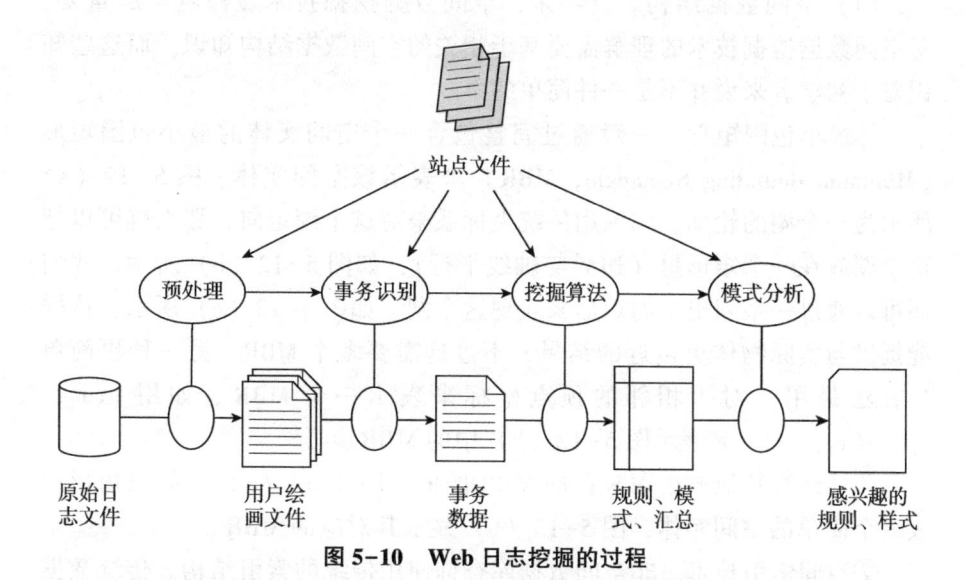

图 5-10　Web 日志挖掘的过程

（2）Web 挖掘过程。Web 挖掘过程与数据挖掘最大的不同在于处理对象和采用的技术方法有所不同。通常而言，Web 挖掘主要分为五步，如

图 5-11 所示。

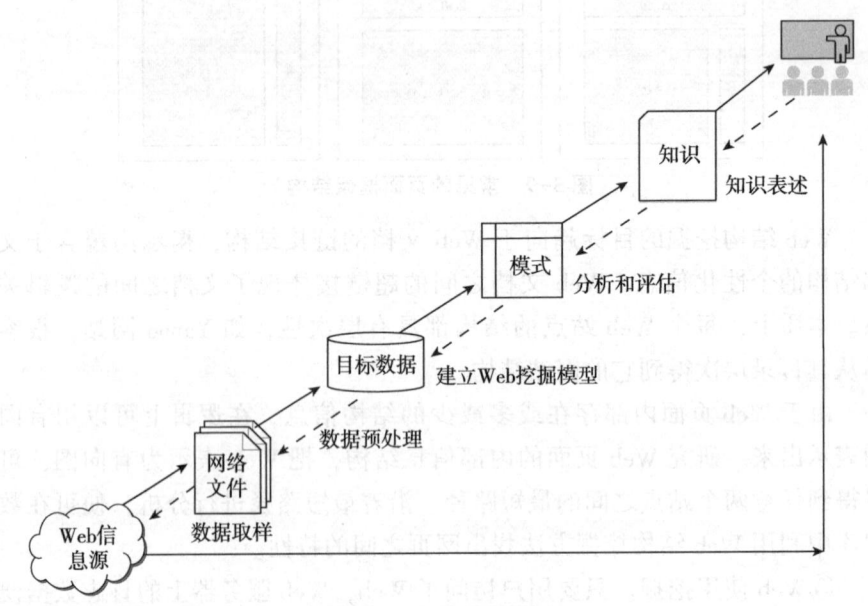

图 5-11　Web 挖掘流程

5.2.2.4　空间数据挖掘

（1）空间数据结构。近年来，空间数据挖掘技术显得越来越重要。对空间数据挖掘技术的理解需要基于相关的空间数据结构知识，而这些知识对于初学者来说并不是一件简单的事。

①最小包围矩形。一般通过完整包含一个空间实体的最小包围矩形（Minimum Bounding Rectangle，MBR）来表示该空间实体。图 5-12（a）所示为一个湖的轮廓。如果用传统坐标系来对这个湖定向，那么就可以把这个湖放在一个矩形里（边界与轴线平行），如图 5-12（b）所示。我们还可以通过一系列更小的矩形来表现这个湖，如图 5-12（c）所示，这样能提供与实际物体更接近的结果，不过这需要多个 MBR。另一种更简单的方法是用一对不相邻的顶点坐标来表示一个 MBR，如用 $\{(x_1, y_1), (x_2, y_2)\}$ 来表示图 5-12（b）中的 MBR。

此外还有其他方法用来存储 MBR 的值。图 5-13（a）中的三角形代表一个简单的空间实体，图 5-13（b）显示其对应的 MBR。

②空间索引技术。非空间数据库查询使用传统的索引结构。传统数据库的 B 树是通过精确的匹配查询来访问数据的。然而，空间查询会用到基于空间实体相对位置的近似度量。为了有效地进行空间查询，比较明智的

方法是把那些在空间中邻近的实体在磁盘上做聚类。最后，所考虑范围内的地理空间会按照邻近的关系分成若干单元，这些单元与存储位置（磁盘上的块）产生联系。相应的数据结构就是基于这些单元构造的。

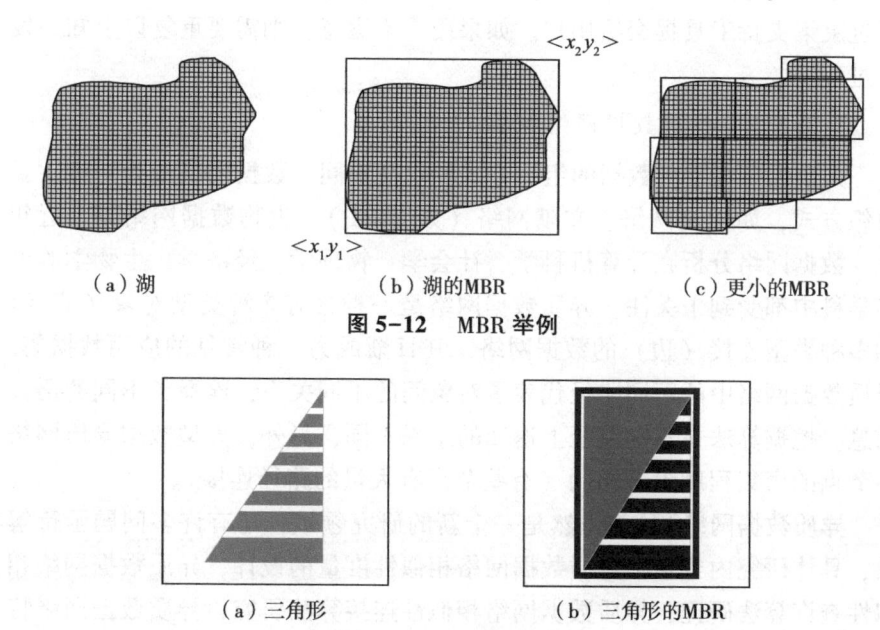

(a) 湖　　　　　　(b) 湖的MBR　　　　　(c) 更小的MBR

图 5-12　MBR 举例

(a) 三角形　　　　　　(b) 三角形的MBR

图 5-13　空间实体举例

（2）空间数据挖掘的过程。空间数据挖掘是空间数据知识发现过程中的一个重要步骤。空间数据知识发现过程如图 5-14 所示。

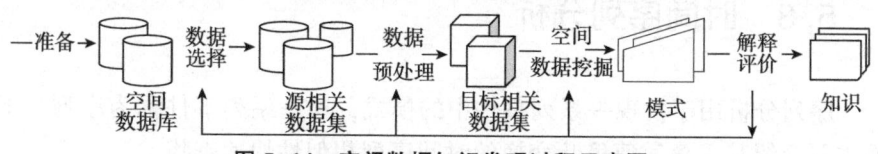

图 5-14　空间数据知识发现过程示意图

①准备。了解空间数据挖掘（Spatial Data Mining, SDM）的相关情况，熟悉有关背景知识，弄清用户的需求。

②数据选择。根据用户的需求从空间数据库（Spatial Data Bases, SDB）中提取与 SDM 相关的数据，构成源相关数据集。

③数据预处理。检查数据的完整性和一致性，对其中的噪声数据进行处理，对丢失的数据利用统计方法进行填补，得到目标相关数据集。

④空间数据挖掘。首先，根据用户的需求，确定 SDM 要发现的知识类型。其次，选择合适的知识发现算法，并使得选定的知识发现算法与整

个 SDM 的评判标准相一致。最后，运用选定的知识发现算法，从目标相关数据集中提取用户需要的知识。

⑤解释评价。根据某种兴趣度度量，提取用户真正感兴趣的模式，并通过决策支持工具提交给用户。如果用户不满意，则需要重复以上知识发现过程。

5.2.2.5 异质数据网络挖掘

大数据环境下，数据的组织方式和以往不同，数据网络成为一种主要组织方式，如社交网络、文献网络（如 DBLP）、生物数据网络等。近年来，数据网络分析在计算机科学、社会学、物理学、经济学、生物学等许多学科中都受到了关注。异质数据网络是一种具有多种类型对象（节点）和多种类型连接（边）的数据网络，其日渐成为一种常见的应用数据集。异质数据网络中的不同路径代表了对象间的不同关系，诠释了不同的语义信息。挖掘算法在不同路径上返回的结果不同，另外，大型数据异质网络中节点的密集程度也不相同（有些节点有大量的路径连接）。

异质数据网络[①]目前仍然是一个新的研究领域，还有许多问题亟待解决，具体研究内容包括异质数据网络相似性度量的设计，异质数据网络相似性查询算法研究，异质数据网络相似性连接算法研究，异质数据网络特异群组挖掘算法研究，异质数据网络挖掘算法与医疗、生命科学、社交网络等特定应用中的知识相结合的问题，等等。

5.3 时间序列分析

序列分析用于发现一系列事件中的模式，这一系列事件称为序列。下面主要介绍基于离散傅里叶变换的时间序列相似性快速查找。

在介绍此类问题的解决方法之前，先给出序列及序列相似性问题中用到的符号及其意义。

$X = \{x_t \mid t = 0, 1, 2, \cdots, n-1\}$ 代表一个序列。

Len (X) 代表序列 X 的长度。

First (X) 代表序列 X 的首个元素。

Last (X) 代表序列 X 的终了元素。

---

① Sun Y, Han J. Mining Heterogeneous Information Networks: A Structural Analysis Approach [J]. Acm Sigkdd Explorations Networks, 2012, 14 (2): 20-28.

$X[i]$ 代表 X 在 i 时刻的取值，$X[i] = x_i$。

序列上元素之间的"<"关系：在序列 X 中，如果 $i<j$，那么 $X[i] < X[j]$。

子序列间的<关系：X_{Si}、X_{Sj} 为 X 的子序列，如果 $\text{First}(X_{Si}) < \text{First}(X_{Sj})$，则称 $X_{Si} < X_{Sj}$。

所谓的序列相似性查找，就是在序列数据库中找到与待测序列最为相似的序列。所构建的序列 X 与 Y 的相似性判别函数常用距离函数 $D(X, Y)$ 来表示。

傅里叶变换是一种重要的积分变换，早已被广泛应用。给定一个时间序列，可以用离散傅里叶变换把其从时域空间变换到频域空间。根据 Parseval 的理论，时域能量函数与频域能量谱函数是等价的。这样就可以把比较时域空间的序列相似性问题转化为比较频域空间的频谱相似性问题。

5.3.1 完全匹配

5.3.1.1 特征提取

给定一个时间序列 $X = \{x_t \mid t = 0, 1, 2, \cdots, n-1\}$，对 X 进行离散傅里叶变换，得到

$$X_f = 1/\sqrt{n} \sum_{t=0}^{n-1} x_t \exp(-i2\pi ft/n), \quad f = 0, 1, \cdots, n-1$$

这里 X 与 x_t 代表时域信息，而 $\vec{X}$ 与 X_f 代表频域信息，$\vec{X} = \{x_f \mid f = 0, 1, 2, \cdots, n-1\}$，$X_f$ 为傅里叶系数。

5.3.1.2 首次筛选

依据 Parseval 的相关理论，时域能量函数与频域能量谱函数之间存在等量关系，所以

$$\|X - Y\|^2 \equiv \|\vec{X} - \vec{Y}\|^2$$

通常来说，判断两序列相似性时可以采用欧氏距离。若所判断的两序列的欧式距离不大于 ε，我们就认为两序列相似，也就是说，满足序列相似的条件为

$$\|X - Y\|^2 = \sum_{f=0}^{n-1} |x_t - y_t|^2 \leq \varepsilon^2$$

按照 Parseval 的理论，还存在如下关系：

$$\|\vec{X} - \vec{Y}\|^2 = \sum_{f=0}^{n-1} |X_f - Y_f|^2 \leq \varepsilon^2$$

通过一定的分析发现，大部分序列的能量往往聚集在傅里叶变换之后的前几个系数中，换句话说，就是某一信号所具有的高频部分并不拥有较高的地位。所以，仅取前面 f_c 个系数，即

$$\sum_{f=0}^{f_c-1} |X_f - Y_f|^2 \leq \sum_{f=0}^{n-1} |X_f - Y_f|^2 \leq \varepsilon^2$$

因此

$$\sum_{f=0}^{f_c-1} |X_f - Y_f|^2 \leq \varepsilon^2$$

在进行首次筛选这一步骤的过程中，需要在进行了特征提取的频域空间中找出符合上述要求的序列。这样便排除了大量与待测序列的欧式距离超过 ε 的序列。

5.3.1.3 最终验证

进行最终验证，就是计算所有首次筛选得到的序列与待测序列在时域空间中的欧氏距离，若该距离不超过 ε，则首次筛选得到的序列符合要求。

通过大量的实际数据发现，这种完全匹配方法非常适用于相似性快速查找，并且仅需用 1~3 个系数即可获得满意的结果，需要强调的是，此种方法更加适用于序列数目较大、序列长度较长的序列。

5.3.2 子序列匹配

子序列匹配是指在 n 个长度不同的序列 Y_1，Y_2，…，Y_n 中找到与给定查询序列 X 相似的子序列。1994 年，Faloutsos、Ranganathan 和 Manolopolous 在前人工作的基础上，首次提出时间窗口（time window）的概念，并将长度为 S 的序列映射为特征空间（Feature Space）中的一条轨迹（Trail），对窗口内的子序列进行特征提取，再用 R^* 树结构对模式进行有效匹配，从而提出了基于离散傅里叶子序列快速匹配的方法。

为了提高查询速度，可以把给定序列所形成的轨迹进行分段，每段都用最小边界矩形 MBR 表示，并用 R^* 树来存储和检查这些 MBR。当提出一个查找子序列的请求时，先在 R^* 上进行检索，避免对整个轨迹的搜索。

在序列轨迹分段时，可以根据事先给定的值或函数进行，但效果不理想，为此，Faloutsos 等提出了一个基于贪婪算法（Greedy Algorithm）的自

适应分段方法：将划分序列轨迹的前两个点作为基准，表示第一个 MBR，采用代价函数求得边界代价函数值，然后选择划分序列轨迹的第三个点，从而求新的边界代价函数值，若该值有所增加，就重新选择下一个 MBR，否则，把此点纳入第一个 MBR 中，接着执行该过程。

图 5-15 和图 5-16 显示了一个有 9 个点的轨迹的分段情况，若按 $\sqrt{\text{Len}(S)}$（Len(S) 表示序列的长度）划分轨迹，则分段情况如图 5-15 所示，显然它不如图 5-16。图 5-16 中每个 MBR 所包含的点的个数都属于自适应的。

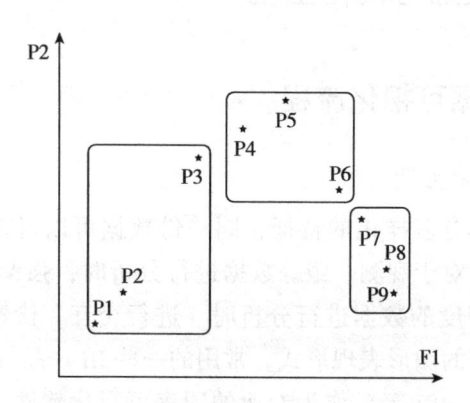

图 5-15　事先固定点个数的分段情况

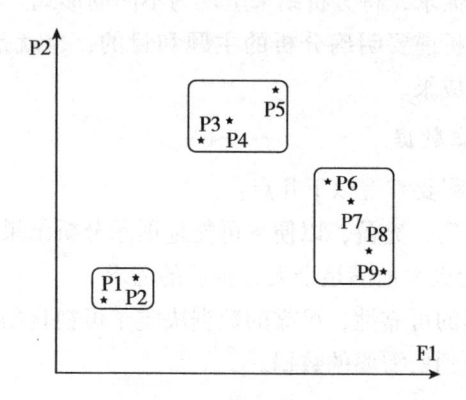

图 5-16　自适应分段

根据所建立的索引，可以进行查找，若查找长度等于 ω，将待查找序列 X 映射为特征空间上的点 X'，得到一个以 X' 为中心、ε 为半径的球体，对于待查找序列 X 的长度大于 ω 的情况，可以采用前缀查找（Prefix Search）或多段查找（Multipiece Search）进行处理。

第6章 大数据可视化

6.1 大数据可视化基础

6.1.1 数据可视化流程

6.1.1.1 明确主题

数据的形式具有多样化的特征,同一份数据可以可视化成多种看起来截然不同的形式。对于观测、跟踪数据进行分析时,强调实时性、变化性。对于强调数据呈现度的数据进行分析时,进行交互、检索的设计等。不同的目的决定了不同的图形表现形式。常用的一些 BI 产品(如 Tableau、Power BI、FineBI、SmartBI 等)作为专业的图表可视化软件,可根据不同企业和个人的数据分析需求,将分析结果呈现为不同的形式。

进行可视化分析前要明确分析的主题和目的,也就是说,通过数据分析要展示什么样的成果。

6.1.1.2 获取数据

获取数据的过程要掌握以下几点:
(1)数据要丰富、充盈,以便尽可能地展示分析结果。
(2)BI 产品能极大地满足个人、企业的需求。
(3)保证数据的可靠性,可靠的数据决定了可视化的准确性和结果。
(4)准确地找到所需要的数据。

6.1.1.3 数据分析和清洗

在日常生活中,我们面对的数据常常是庞大、繁杂、无规律可循的。因此,在进行数据可视化之前需要对数据进行清洗,将不需要的数据剔除。之后根据可视化的目的,将清洗完成的数据源利用大数据分析工具(如 Tableau、FineBI、Power BI 等)进行下一步的数据分析,得出分析结论,为可视化打好基础。

6.1.1.4 选择分析工具

选择的分析工具应满足以下几个要求：

（1）具有多种可视化分析效果，最完备的集合数据分析。

（2）超快的分析速度和卓越的分析性能。

（3）丰富灵活的前端展示，完备的数据生态系统，秒级渲染。

（4）足够大的可视化效果库，满足企业、政府精准的分析需求，协助制订完美的解决方案，成就更佳商业智能。

6.1.1.5 解释与表述

解释和表述分为图表解释和文字说明两种。有时数据是通过一定的形状、颜色和几何图形呈现出来的，为了让读者能读懂图，图表设计者就要把这些图形解码回数据值，并提供线索或图例解释图表。而在借助图形化的手段清晰且快捷有效地传达与沟通信息的同时，文字的增色作用也不容忽视。

6.1.1.6 修饰与细节

数据可视化的效果应具有层次感，以大轮廓概述整体效果，在细节处对数据加以详细呈现，让数据得到充分的体现。数据可视化切忌华而不实，力求简洁直观地展示分析成果。

6.1.2 大数据可视化的挑战

传统的数据可视化仅将数据进行组合，以比较简单的方式展现给用户，这种做法常见于一些数据仓库的报表型应用中。而大数据可视化的对象具有一些不同于传统数据的特点，如数据量大、实时性高、数据类型繁多等。这些数据特点对大数据可视化提出了新的挑战。

（1）多源、异构、非完整、非一致、非准确数据的集成与接口。大数据一般涵盖多种数据源，因此，对各种数据源的支持和集成将直接影响数据的完整性和准确性。而可视化的前提是建立集成的统一的数据接口，使开发者和使用者不必关注其背后的复杂机制。多数据源的集成和统一接口的支持，是大数据可视化面临的首个挑战性问题。

（2）符合心理映像的可视化设计方法。可视化的目标应该是呈现结果容易被用户理解、感知和体验，同时还应该具有丰富的表达能力。将高维度数据可视化，一方面要有一定的心理映像机制来指导，但是目前对可视化表征设计合理性、自然性、直观性及有效性的评估仍然缺乏科学机制；另一方面，用户体验尚难以量化和捕捉，而且用户体验的合理性没有最好，只有更好。

（3）人机互补的最优化协作。人具有机器所没有的特定的认知能力和感知能力，可以快捷地从杂乱的信息中抽取出有用的信息和知识，而计算机具有强大的精确计算能力，可以进行大规模挖掘计算。在大数据可视化中，如何设计最优的人机交互协作方式，以便有效地进行多层次、多粒度的挖掘和分析，具有一定的挑战性。

（4）可视化算法与架构的可扩展性。一方面，数据量的不断增加和数据流动性的加快使得可视化方法的计算量急剧增加，可视化架构需要适应不同规模的运算，以实现高速动态可视化处理。例如，当数据量不断快速增长时，时空数据的维度会越来越多，其可视化会面临大量的图层交叉和覆盖问题。

另一方面，新的互联网应用模式的出现，必然导致新的数据形式的出现，这就要求大数据可视化分析方法在应对复杂、未知类型的数据方面具有良好的可扩展性，包括感知扩展性和交互扩展性。

（5）其他问题。大数据可视化还面临其他一些问题，包括视觉噪声、信息丢失、大型图像感知、高速图像变换、高性能要求等。其中，视觉噪声是指在数据集中，大多数对象之间有很强的相关性。因此要将它们去噪声处理，作为独立的对象显示。

可视化中数据延迟、实时性不够是另一个问题，这个问题的出现是因为计算机按照事先设定好的程序将信息转化为可视化数据的过程中会出现数据迟滞的情况，导致显示界面的数据与真实数值出现偏差，即在较长时间内，计数是准确的，但在较短时间内，计数可能会出现迟滞，从而产生偏差。

6.2　大数据可视化方法

根据不同的应用场景和信息处理过程，可将大数据可视化分为多维数据可视化、文本可视化、网络可视化、时空数据可视化等。

6.2.1　多维数据可视化

多维数据可视化是指对三个维度以上的数据进行可视化展示。最常用的场景是数据仓库分析,数据仓库中的数据通常具有多个属性,多维数据可视化就是将每个属性作为一个维度,数据记录在维度上的值就是对应的变量值。因此,多维数据可视化可以认为是将数据记录映射为多维空间中的点(或称为多维矢量)。由于人们的习惯,这些矢量通常在二维或三维的空间中再现。

多维数据可视化的主要过程如下。

(1)多维数据的降维。数据降维的目的是将数据从多维空间映射到低维空间。在数据分析领域有一些专门的降维方法,如特征选择、特征提取等,至于如何选择则与数据分析的具体任务有关。其他的做法就是由用户选择感兴趣的属性子集。

(2)多维数据探索。即使数据被变换到了低维空间,仍有可能不适合人们的体验习惯。因此,需要对数据进行切片、切块、旋转从而有利于用户对多维数据进行搜索,得到相关的有用信息。

(3)多维数据可视化。多维数据可视化是指将数据以图形图像的形式显示出来。

在上述处理过程中,多维数据可视化常用的技术有以下几种。

(1)散点图。也就是将数据集合中的每一行记录映射成为二维或三维坐标系中的实体。例如,如果要描述房价和面积的关系,就可以用横纵坐标分别表示房价和面积。

如果具有多个变量,则可利用散点图矩阵。例如,除了房价和面积外,还有房间个数、房屋所处地段、新房旧房等变量,则可以定义 k 个变量,创建一个 k 行 k 列的矩阵,每行或每列变量之间两两构成一个二维空间,形成"$k(x)$,$k(y)$"的关系,这样就可以通过多个散点图来展示数据之间的关系。

(2)投影法。投影法是可以同时表现多维数据的可视化方法。它的基本思想是把多维数据通过某种组合,投影到低维(1~3维)空间上,并通过极小化某个投影指标,寻找出能反映原多维数据结构或特征的投影。

(3)平行坐标法。平行坐标法是应用和研究得最为广泛的一种多维数据可视化技术,其核心是用二维的形式表示 N 维空间的数据。它的基本原理是将 n 维数据属性空间用 n 条等距离的平行轴映射到二维平面上,每条轴线对应一个属性维,坐标轴的取值范围从对应属性的最小值到最大值均匀分布,这样,每一个数据项都可以用一条折线段表示在 n 条平行轴上。

基于平行坐标法的数据可视化方法主要有以下几种。

（1）刷技术。刷是一种凸显数据子集的数据可视化技术，它通过凸显一部分折线而使其他折线不明显，更清晰地显示局部数据的变化规律。

（2）维数控制。通过减少不重要的维度，忽略部分不重要的数据，减少了平行坐标图的复杂度，从而使关注部分更加明显。

（3）交换坐标轴。通过交换数据的坐标轴，猜测和探索数据属性间隐含的关系。

（4）维缩放。通过对局部数据进行缩放，将其与全局数据进行比较来发现其隐含的关系和变化趋势。

此外，还有数据抽象、颜色比例等技术。

平行坐标法面临的问题是在数据量很大或维数很多的情况下，大规模数据项会造成线条密集和重叠覆盖问题。针对这一问题，常用的方法是对平行坐标轴进行简化，形成聚簇可视化效果。

6.2.2 文本可视化

文本可视化试图将文本内容以直观方式展现出来，而不是局限于文字描述，而且这种直观表达要尽量保留文本中的重要信息和关系。因此，文本可视化一般需要结合文本分析技术，如中文分词、关键词识别、主题聚类等，可以看出，文本可视化的过程与文本分析过程实际上有共同的步骤，可以实现自然融合。其主要过程简述如下。

（1）中文分词。对中文文本中的词汇进行切分，分离出中文词汇、英文单词、数字、特殊字符等文本表达的基本要素。这也是许多中文文本数据分析必须经过的一个步骤。

（2）文本特征。文本特征是反映文本重要性的词汇信息，这些信息将直接影响文本可视化中的词汇集。而文本的重要性与具体的文本分析应用有关，例如，在理解文本的主要内容时，高频词汇的重要性显然就会很高。而在文本分类时，则未必如此。因此，文本特征的选择应当结合具体的可视化需求。

（3）文本表示。与多维数据表示一样，在确定文本特征之后，需要决定该特征的重要性，即所谓的权重函数，常用的有 TF 和 TF-IDF 等。这样处理之后，就可以采用多种不同的方法进行文本表示。目前主要有两种方法，一种是空间向量模型，另一种是概率模型。

（4）文本可视化。经过特征选择降维后，文本的维度仍然非常高，并不适合采用前述的多维数据可视化技术。文本的可视化可以分为静态可视化和动态可视化。静态可视化主要是分析文本所包含的主题和各个主题之间的关系，动态可视化则是分析主题随着时间推移而变化的情况，两者在可视化的表现形式上有所不同。

最常见的静态可视化是标签云（将 HTML 嵌入网页中，并以字母次序、随机次序、重要次序等排列），除了标签云，还可以以树的形式展现相似度，或者以放射状层次圆环的形式展示文本结构，或者将一维投影到二维展现，用层次化点排布的投影方法进行展现；动态可视化与时间有关，需要引入时间轴作为一个维度，一般可以用气泡、河流等模式的图进行展示。

6.2.3 网络可视化

互联网大数据中有一个重要的数据类型，即连接型数据，其直接或间接地存在于许多互联网应用中。这种数据的特点使其在逻辑上构成了一种网络图结构，图中的节点代表数据单元，节点之间的连接代表数据单元之间的关系。微博中的人际网络数据就是一种直接型的连接数据，反映了人与人之间的关注和粉丝关系。网络论坛中的用户关系则是一种间接型的连接数据，用户是网络中的节点，而用户所发的帖子之间的关系则反映了用户之间的关系，需要对帖子之间的关系进行分析之后才能得到。

不管是哪种类型数据，它们在逻辑上都可以看作是一种网络图结构，这种网络图结构可以是有向图，也可以是无向图，连接可以是有权的，也可以是无权的。同时，网络可以是静态的，也可以是动态的。网络的动态性体现在两个方面，一是网络规模是动态变化的；二是网络中的节点及关系是动态变化的。

网络可视化技术分为九类，包括基于力导向布局（Force-Directed Algorithm，FDA）、基于地图布局（Geographical Map）、基于圆形布局（Circular）、基于相对空间布局（Spatial Calculated）、基于聚类布局（Cluster）、基于时间布局（Time-oriented）、基于层布局（Substrate-based）、基于手工布局（Hand-made）和基于随机布局（Random）的网络可视化技术。其中，力导向布局方法能够产生相当优美的网络布局，并充分展现网络的整体结构及其自同构特征，所以在网络节点布局技术相关文献中占据了主导地位。同时，在互联网大数据中，经常会遇到一些所谓的网络权威人物，在此情况下可以采用基于圆形布局的网络可视化技术，即在圆心放置一个或一组节点，在同心圆周上按顺序布局其余节点，利用通过圆心的十字线产生优良的布局。大部分网络可视化应用都结合使用了多种节点布局方法。例如，Vizster 和 SocialAction 就同时使用了力导向布局方法和聚类布局方法，NVSS 在每一层内又使用了时间布局方法，等等。

对于大规模网络，当其节点和边数达到数以百万计的时候，以上简单的网络可视化技术由于边和节点会聚集重叠，将不再适用，最常见的处理方法有两种：一种是对边进行聚集处理，常用的有基于边捆绑的图可视化技术和基于骨架的图可视化技术；另一种是将大规模图转化为层次化树结构，然后通过多尺度交互来对不同层次的图进行可视化。

对于动态网络数据的可视化，其关键是将图和时间属性融合，引入时间轴，将图形以基于时间轴的形式进行展现。

6.2.4 时空数据可视化

时空数据是指带有地理位置和时间标签的数据，其可视化目的是反映随时间的推移空间位置的变化情况，多见于 LBS 等类型的应用数据，它一般由时间、空间和属性三部分组成。

时空数据可以用 (x, y, z, t, a) 这种坐标来表示，其中 (x, y, z) 表示的是各种实体的空间维度，而 t 表示的是时间维度，a 表示的是属性维度。时空数据可视化中，时间是一个特殊的维度，必须专门考虑时间的作用，从而建立与时间直接的可视关联。时空数据的可视化可以分为静态可视化和动态可视化。静态可视化是用静态的画面表达信息，如地图、统计分布图等；动态可视化则采用各种动态符号、虚拟现实、计算机动画技术等来呈现时空地理信息。

时空数据可视化有以下几种技术。

（1）二维地图可视化技术。二维地图可视化技术主要是通过多种点、线、面（二维地图）来表示图像的地图特征，这是最常用的可视化技术，如气象地图、城市公交等。

（2）三维仿真可视化技术。三维仿真可视化技术是在二维地图的基础上添加空间信息，将二维地图变成三维立体地图，具有更强的直观性。三维仿真可视化技术目前已广泛应用在工程、建筑等多种场景中。

（3）多媒体表现技术。多媒体表现技术是融文本、图形、图像、视频、声音为一体的空间表示方式，比传统的二维地图表达方式更具有形象性。

（4）虚拟现实技术。虚拟现实技术是一种可以创建和体验虚拟世界的计算机仿真系统，它利用计算机生成一种模拟环境，实现了多源信息融合的交互式的三维动态视景和实体行为的系统仿真，使用户沉浸在该环境中。

虚拟现实技术为时空数据可视化提供了一种新方法。

（5）地图动画技术。地图动画技术是将时空数据存储在内存中，然后通过计算机动画和高级显示技术，将其按时间变化规律，以动态的方式从不同角度，采用不同方法表达地理数据随时间推移而动态变化的过程。地图动画技术还可以反映时间以外因素引起的动态变化过程。

6.3 大数据可视化工具

大数据可视化的常用工具主要包括 Tableau、ECharts、D3、Three.js 等。数据可视化的基本层级包括数据统计图表化、数据结果展示化和数据分析可视化。Tableau 侧重于数据分析可视化层级，可以实时、动态、人机交互地分析数据，探索规律，查找问题。ECharts 侧重于数据统计图表化层级，即使用传统的统计图表来表示数据，用户可以通过其看到历史数据的统计和解读。D3 侧重于数据结果展示层级，可以产生多样的图形来展示多维度、交互性更强的数据。下面对这些工具进行介绍。

6.3.1 大数据可视化工具的分类

6.3.1.1 入门级工具

入门级工具是最简单的数据可视化工具，只要对数据进行一些复制粘贴，直接选择所需要的图形类型，然后稍微调整即可。常见的入门级工具如表 6-1 所示。

表 6-1 常见的入门级工具

工具	特点
Excel	操作简单，快速生成图表，很难制作出符合专业出版物和网站要求的数据图
Google Spreadsheets	Microsoft Excel 的云版本，增加了动态、交互式图表，支持的操作类型更丰富，服务器负载过大时运行速度变得缓慢

6.3.1.2 在线工具

目前，很多网站都提供在线的数据可视化工具，为用户提供在线的数据可视化操作。常见的在线工具如表 6-2 示。

表 6-2 常见的在线工具

工具	特点
Google Chart API	包含大量图表类型，内置了动画和用户交互控制，不支持 JavaScript 的设备无法使用
Flot	线框图表库，开源的 JavaScript 库，操作简单，支持多种浏览器
Raphaël	创建图表和图形的 JavaScript 库
D3（Data Driven Documents）	JavaScript 库，提供复杂的图表样式
Visual.ly	提供了大量信息图模板

6.3.1.3 三维工具

数据可视化的三维工具，可以设计出 Web 交互式三维动画产品。常见的三维工具如表 6-3 所示。

表 6-3 常见的三维工具

工具	特点
Three.js	开源的 JavaScript 3D 引擎，低复杂度、轻量级的 3D 库
PhiloGL	WebGL 开源框架，强大的 API

6.3.1.4 地图工具

地图工具是一种非常直观的数据可视化方式，绘制此类数据图的工具有很多。常见的地图工具如表 6-4 所示。

表 6-4 常见的地图工具

工具	特点
Google Maps	基于 JavaScript 和 Flash 的地图 API，提供多种版本
Modest Maps	开源项目，最小地图库，Flash 和 ActionScript 的区块拼接地图函数库
Poly Maps	一个地图库，具有类似 CSS 样式表的选择器
OpenLayers	可靠性最高的地图库
Leaflet	支持 HTML5 和 CSS3，轻松使用 OpenStreetMap 的数据

6.3.1.5 进阶工具

进阶工具通常提供桌面应用和编程环境。常见的进阶工具如表 6-5 所示。

表 6-5 常见的进阶工具

工具	特点
Processing	轻量级的编程环境,制作基于 Java 的动画和具有交互功能的图形,桌面应用,几乎可在所有平台上运行
Nodebox	开源图形软件,支持多种图形类型

6.3.1.6 专家级工具

如果要进行专业的数据分析,那么就必须使用专家级工具。常见的专家级工具如表 6-6 所示。

表 6-6 常见的专家级工具

工具	特点
R	一套完整的数据处理、计算和制图软件系统,非常复杂
Weka	基于 Java 环境、开源的机器学习及数据挖掘软件
Gephi	开源的工具,能处理大规模数据集,生成漂亮的可视化图形,能对数据进行清洗和分类

6.3.2 Tableau

Tableau 起源于美国国防部的一个项目,此项目旨在提高人们分析信息的能力。致力于研究可视化技术的斯坦福大学博士 Chris Stolte 和 Pixar 动画公司创始人 Pat Hanrahan 接到任务后,迅速推进了这一项目。两人和 Christian Chabot 在 2004 年共同创建了 Tableau。

Tableau 支持 Tableau Desktop、Tableau Online、Tableau Server、Tableau Mobile、Tableau Public、Tableau Reader 等多种功能,使用者可以利用分析、筛选、交互、共享等方面的功能,使大数据可视化更加丰富、生动。例如,通过仪表板发送数据和分析结果,高管和一线员工就可实时看到相同的数据。

Tableau Desktop 能将数据图片转化为数据库查询,从而利用数据推动决策，也可将多个视图整合在交互式仪表板中，并突出显示和筛选数据以展现数据间的关系。除此之外，还可将具体见解串连成一个叙事线索，讲述数据背后的原因。

Tableau Online 是 Tableau Server 的软件及服务托管版本。制图者使用 Tableau Desktop 发布仪表板之后，可使用 Tableau Online 与同事、合作伙伴或客户共享数据。为了保障客户的数据安全，只有经过授权的用户才能在 Tableau Online 上使用数据和仪表板。

Tableau Server 是 Tableau 提供给客户使用的、基于浏览器和移动设备的分析工具。在利用 Tableau Desktop 发布仪表板之后，安装上 Tableau Server 就可在全公司共享数据，减少工作阻碍，提高工作效率。

Tableau Mobile 是可在移动终端进行可视化分析的工具。它可提供最快捷、最轻松的数据处理途径，从而使解决问题的过程更为简便。

Tableau Public 具备支持用户在 Web 上讲述交互式数据故事的功能。作为服务交付端，它可随时启动并运行数据。可利用 Tableau Public 连接数据，创建交互式数据可视化内容，并将可视化结果直接发布到自己的网站上。通过发现数据的内在含义来引导读者，让数据与读者互动，发掘新的见解。这一功能使数据交互传播的范围更广，使得更多的人发现数据中蕴含的知识和规律。

Tableau Reader 是 Tableau 提供的一款免费的桌面应用程序，可用来与 Tableau Desktop 中生成的可视化数据进行交互，读者可利用 Tableau Reader 进行数据筛选、向下钻取和查看数据明细。

Tableau 的基本功能包括数据预处理、函数以及可视化图表等。

Tableau 提供的数据预处理功能是指对数据分析结果进行必要的处理，以便后续的可视化分析。这一部分包括排序、分层、分组 3 种功能。其中，排序处理指的是将数据以升序、降序、直接拖动、按字母列表、手动设置等方式排列，以查看数据范围以及是否存在异常值。分层处理是指根据字段之间的层次关系（时间、地点、类型等）创建分层结构，从而可向下钻取查看详细数据，或者向上钻取获得整体数据。分组处理是指将具有同一特征的数据字段归入一组，获得一个数据集以便分析整体数据集。

在对数据进行预处理之后，Tableau 提供了一系列函数进行进一步处理，包括聚合函数、时间函数等。其中，聚合函数包括 SUM 函数、COUNT 函数，分别用于计算字段总和或者数量；时间函数包括 DATEDIFF、DATEADD、DAY、DATENAME 等类型，在大数据可视化过程中，可根据实际需要选择合适的函数帮助运算。

Tableau 的主要功能是提供各种各样的图表将数据直观明了地展现出来，这些图表包含条形图、饼图、折线图、复合图、散点图、气泡图、地图、文字云、仪表板等。除此之外，快速表计算是 Tableau 的一个特色功能，当分析人员需要快速使用某个数据时再逐个构造函数会很烦琐，这时即可采用新建字段的形式将读者需要快速提取的数据提前展示出来。

Tableau 强大的数据分析能力，为各个领域的大数据分析提供了平台，如互联网医疗。同时，医院海量的就诊数据为互联网医疗的大数据分析提供了丰富的资源。

（1）合理分配医院资源。通过记录病人的就诊情况、到达时间等数据，Tableau 可分析病人的就诊、复诊时间，并据此合理分配医护人员、医疗设备等资源，还能根据人口统计学知识，建立急诊科患者的电子档案，并与医院急诊科的应诊能力进行匹配，以提高医院处理应急事务的能力。

（2）提高诊断效率。运用 Tableau 可追踪每一位病人从挂号到就诊每一个步骤花费的时间，分析出消耗时间不合理的环节，对医院提出相应的建议，改进就诊流程，减少患者等待时间，从而提高医院的服务水平。

（3）统一访问医疗记录。在 Tableau 的帮助下，医疗信息以更强的可视化形式展示出来，医生可以很方便地查阅病人的医疗记录等信息。通过对患者医疗进展、以往病历的查阅，医生可以更加全面地了解病人的相关信息，提高诊断效率和准确性。

（4）完善医疗保险计划。在医疗保险方面，保险公司需要了解容易患有某种疾病的人的年龄段、地区、性别等情况，Tableau 能够帮助保险公司评估投保人最可能患有什么疾病、患病风险以及需要支付的费用，从而帮助其制订保险计划。

（5）监控医疗服务。医院和保险公司都需要了解在一定的人群中有什么流行疾病、什么年龄段的人群更容易受到感染以及治疗成本等情况。Tableau 可帮助保险公司评估特定申请人的患病风险，分析申请人最可能患有的疾病以及治疗费用。在得到这些分析结果之后，保险公司可以制订相应的保险方案。

6.3.3 ECharts

ECharts 是 Enterprise Charts 的缩写，即商业级数据图表，是百度商业前端数据可视化团队的一个开源的纯 Javascript 的图表库，可流畅地运行在 PC 和移动设备上，兼容当前绝大部分浏览器（IE6/7/8/9/10/11、Chrome、Firefox、Safari 等），底层依赖轻量级的 Canvas 类库 ZRender，提供直观、生动、可交互、可高度个性化定制的数据可视化图表。创新的拖曳重计算、数据视图、值域漫游等特性大大增强了用户体验，赋予了用户对数据进行挖掘、整合的能力。ECharts 整体结构如图 6-1 所示。

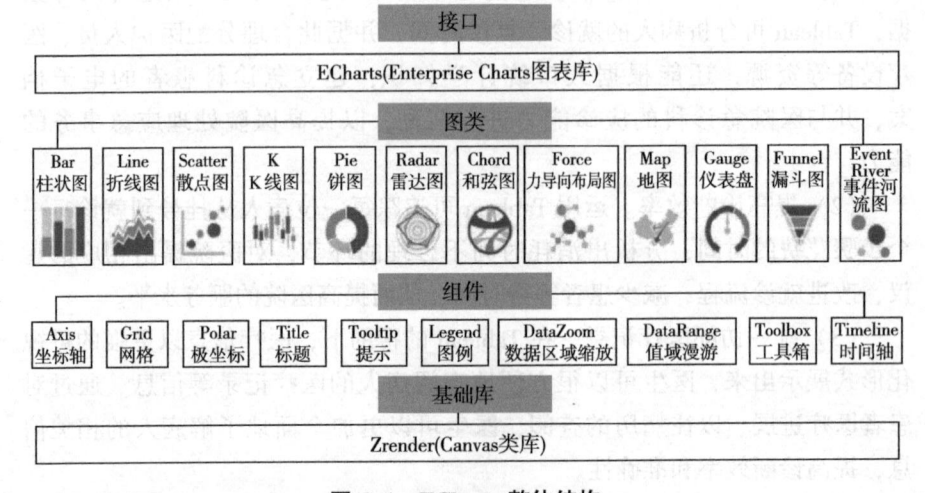

图 6-1 ECharts 整体结构

ECharts 支持折线图（区域图）、柱状图（条状图）、散点图（气泡图）、K 线图、饼图（环形图）、雷达图（填充雷达图）、和弦图、力导向布局图、地图、仪表盘、漏斗图、事件河流图 12 类图表，同时提供标题、提示、图例、值域漫游、数据区域缩放、时间轴、工具箱等可交互组件，支持多个图表、组件的联动和混搭展现。

6.3.3.1 ECharts 关键技术

本部分将对 ECharts 的两个关键技术（异步模块加载机制和 Zrender）进行介绍。

（1）异步模块加载机制（AMD）。前端技术虽然在不断发展，却一直没有质的飞跃。除了已有的各大著名框架，如 Dojo、JQuery、ExtJs 等，很多公司也有自己的前端开发框架。这些框架的使用效率以及开发质量在很大程度上取决于开发者对其的熟悉程度，以及对 JavaScript 的熟悉程度。开发一个自己会用的框架并不难，但开发一个大家都喜欢的框架却很难。从一个框架迁移到一个新的框架，开发者很有可能会按照原有框架的思维去思考和解决问题。这其中的一个重要原因是 JavaScript 本身的灵活性：框架没办法绝对地约束你的行为，一件事情总可以有多种途径去实现，所以我们只能在方法学上引导正确的实施方法。值得庆幸的是，在这个层面上的软件方法学研究，一直有人在不断地尝试和改进，CommonJS 就是其中的一个重要组织。他们提出了许多新的 JavaScript 架构方案和标准，希望能为前端开发提供引导，提供统一的指引。

AMD 规范就是其中比较著名的一个，全称是 Asynchronous Module Definition，即异步模块加载机制。从它的规范描述页面看，AMD 很短也很简单，但它却完整描述了模块的定义、依赖关系、引用关系以及加载机制。从它被 RequireJS、NodeJS、Dojo、JQuery 使用也可看出，它具有很大的价值。

作为一个规范，只需定义其语法 API，而不关心其实现。AMD 规范简单到只有一个 API，即 define 函数。

```
define([module-name?],[array-of-dependencies?],[module-factory-or-object]);
```

其中，module-name 为模块标识，可以省略。array-of-dependencies 为所依赖的模块，可以省略。module-factory-or-object 为模块的实现，或者一个 JavaScript 对象。

可以看到，第一个参数和第二个参数都是可以省略的，第三个参数则是模块的实现。

从 AMD 中的 Asynchronous 不难想到 define 函数具有的另外一个性质，即异步性。当执行 define 函数时，它首先会异步地调用第二个参数中列出的所依赖的模块，当所有模块都被载入后，如果第三个参数是一个回调函数则执行，然后告诉系统模块可用，也就通知了依赖于自己的模块自己已经可用。

AMD 规范是 JavaScript 开发的一次重要尝试，它以简单而优雅的方式统一了 JavaScript 的模块定义和加载机制，并迅速得到很多框架的认可和采纳。这对开发人员来说是一个好消息，通过 AMD 可降低学习和使用各种框架的门槛，能够以一种统一的方式去定义和使用模块，提高了开发效率，降低了应用维护成本。

（2）Zrender。ECharts 是以 Zrender 为基础的。Zrender 是一个轻量级的 Canvas 类库，MVC 封装、数据驱动，提供类 Dom 事件模型。

Zrender 的结构如图 6-2 所示。MVC 封装可实现图形仓库、视图渲染和交互控制。

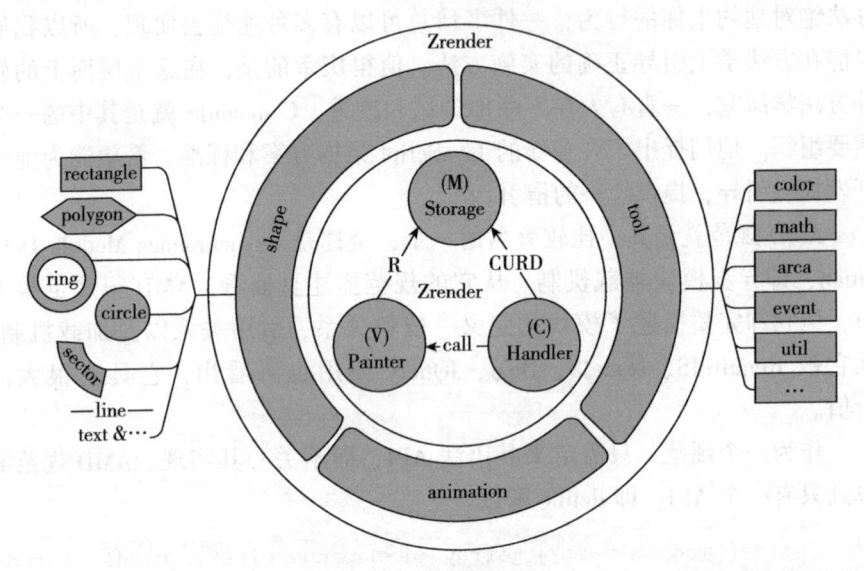

图 6-2　Zrender 的结构

①Storage（M）：shape 数据 CURD 管理。

②Painter（V）：canvas 元素生命周期管理，视图渲染，绘画，更新控制。

③Handler（C）：事件交互处理，实现完整 Dom 事件模拟封装。

④shape：图形实体，采用分而治之的图形定义策略，可扩展。

⑤tool：绘画扩展相关实用方法，工具及脚手架。

Zrender 的特色主要包括以下七个方面。

①简单：精简的接口方法，符合 AMD 标准，易学易用。

②数据驱动：利用 Zrender 绘图，只需定义图形数据。

③完整的事件封装：用 Dom 事件模型去操作 Canvas 里的图形元素，不仅可以响应 Zrender 全局事件，甚至可在特定 shape 上添加特定事件。

④高效的分层刷新：与 CSS 中 Zlevel 的作用一样，可以把不同的 shape 分别放在不同的层中，这不仅实现了视觉上的上下覆盖，更重要的是当图形元素发生变化后 refresh 将被局限在发生了变化的图形层中，这在利用 Zrender 做各种动画效果时十分有用，性能自然也更加出色。

⑤丰富的图形选项：内置多种图形元素（圆形、椭圆、圆环、扇形、矩形、多边形、直线、曲线、心形、水滴、路径、文字及图片等），统一且丰富的图形属性可充分满足个性化需求。

⑥强大的动画支持：提供 promise 式的动画接口和常用缓动函数，轻松实现各种动画需求。

⑦易于扩展：分而治之的图形定义策略允许扩展自己独有的图形元素，既可完整实现 3 个接口方法（brush、drift、isCover），也可通过 base 派生后仅实现自己所关心的图形细节。

6.3.3.2　ECharts 在数据新闻中的应用

在新闻报道中，ECharts 能够利用更复杂的数据以更鲜活的方式呈现数据新闻。它允许读者挖掘和分析图表中的数据并且具有一定的交互能力，ECharts 中的 D3 就是做这种交互式图表的利器，它是一个基础图形库，有着最多的使用者和无数优秀案例，可以制作出不受限制的任意图表类型。

正如上文所述，ECharts 有着高度个性化的图表制作能力，而新闻报道需要通过各种图表呈现数据真实的一面，这些图形图像可以帮助读者更好地解读事实同时加深记忆。在实际应用中，基于新闻报道的目标受众及其理解能力，ECharts 中的常规图表能够满足新闻数据可视化的一般需求，而在商业领域通常会应用更加复杂的图表。

在数据新闻中，如果需要显示一个维度的连续数据在另一个维度上的表现，一般采用折线图的形式，如房地产价格走势、CPI 变化趋势等。而当目标数据不是连续维度，或者需要表达的是比较型信息时，更适合采用柱状图，如各地区的生产总值、各个省份的进出口贸易额。

需要注意的是，大数据可视化的目的是分析数据，更全面专业地解读数据，不是为了作图而作图。在数据新闻中，并不是数据越多越好，而是得到期望的结果即可。例如，在数据新闻中会出现"CPI 再创新高""GDP 增长一个百分点""零的突破"，这时即使只有一个关键数据也能够满足要求。针对同一组数据，新闻报道可展开不同角度的解读，充分发挥 ECharts 在数据新闻中的作用，使新闻本身更具吸引力。

6.3.4 Power BI

Power BI 是基于云的商业数据分析和共享工具，它能把复杂的数据转化成最简洁的视图。通过它，可以快速创建丰富的可视化交互式报告，即使在外也能用手机端 App 随时查看，甚至监测公司各项业务的运行状况。

Power BI 具有以下几种价值特性。

（1）连接到任意数据：随意浏览数据（无论数据位于云中还是本地），包括 Hadoop 和 Spark 之类的大数据源。Power BI Desktop 连接了成百上千的数据源并不断增长，可让用户针对各种情况获得深入的见解。

（2）准备数据并建模：准备数据会占用大量时间。若使用 Power BI Desktop 进行数据建模，则不会这样。使用 Power BI Desktop，只需单击几下即可清理、转换以及合并来自多个数据源的数据，从而在一天中节约数小时的工作时间。

（3）借助 Excel 的熟悉度提供高级分析：企业用户可以利用 Power BI 的快速度量值、分组、预测以及聚类等功能挖掘数据，找出他们可能错过的模式。高级用户可以使用功能强大的 DAX 公式语言完全控制其模型。如果熟悉 Excel，那么使用 Power BI 便没什么难度。

（4）创建企业的交互式报表：利用交互式数据可视化效果创建报表。使用 Microsoft 与合作伙伴提供的拖放画布以及超过 85 个新式数据视觉对象（或者使用 Power BI 开放源代码自定义视觉对象框架创建自己的视觉对象）讲述数据故事。使用主题设置、格式设置和布局工具设计报表。

（5）随时随地创作：向需要的用户提供可视化分析。创建移动优化报表，供查看者随时随地查看。从 Power BI Desktop 发布到云或本地。把在 Power BI Desktop 中创建的报表嵌入现有应用或网站。

6.3.5 D3

D3（Data-Driven Documents）是一个基于 Web 标准的 JavaScript 可视化库，由于 JavaScript 文件的扩展名通常为 .js，故 D3 也被称为 D3.js。D3 借助 HTML、SVG 和 CSS 来处理数据，它结合了强大的可视化组件和数据驱动的 DOM 操作方法，使用户可以借助于目前浏览器的强大功能自由地对数据进行可视化。

D3 提供了各种简单易用的函数，大大降低了 JavaScript 操作数据的难度。用户只需要输入简单的数据,就能将数据转换为丰富的图表,几乎可以满足所有的开发需求。由于它本质上是 JavaScript,所以用户也可以用 JavaScript 实现所有 D3 的功能。D3 不是一个框架,因此没有操作上的限制。同时,由于没有框架的限制,用户可以完全按照自己的意愿来表达数据。但 D3 的代码相对于之前介绍的几种可视化工具来说较为复杂,要求用户具有一定的 JavaScript 基础。

与 ECharts 相比,D3 不会生成事先定义好的图表,而是给用户提供一些方法来生成带数据的标签,绑定可视化的属性,如何制作图表则由用户自己定义。例如,用户可以根据一组数据生成一个表格,也可以生成一个可以过渡和交互的 SVG 图形。另外,D3 还提供了很多数据处理方法,用户可以通过这些方法生成优化的数据模型。总的来说,ECharts 等可以提供更方便的图表组件,满足大部分需求,而 D3 可以提供更丰富的自定义功能,适合定制化。D3 的运行速度很快,支持大数据集和动态交互以及动画。

D3 用了一种与 JQuery 一样的链式语法,通过"."就能把多个操作链接起来,在执行逻辑上更加清晰。链式语法的关键是每个操作函数都有返回值,这个返回值可以执行当前操作的对象,也可以是其他对象,在 D3 中要注意,".append('path')"的返回值是新创建的元素对象,而不是调用这个方法的元素对象。d3-selection 是 D3 的一系列选择集 API,这些方法都有返回值,有的返回当前的选择集,有的则返回新的选择集。

6.3.6 Three.js

Three.js 是一款开源的主流 3D 绘图软件,Three 表示 3D,js 表示 JavaScript。JavaScript 是运行在网页端的脚本语言,因此 Three.js 和 D3.js 一样是运行在浏览器上的。作为一款运行在浏览器上的 3D 引擎,用户可以用 Three.js 创建各种三维场景,包括摄影机、光影、材质等各种对象。Three.js 作为 WebGL(Web Graphics Library)框架中的佼佼者,简化了 WebGL 编程。

第 7 章 大数据图分析

大数据分析系统应该是一个能够支持不同分析技术的平台,这些分析技术可以用来帮助解决各种具有挑战性的问题。这表明大数据分析系统具有高性能、弹性的分布式数据环境,能够以不同于传统数据仓库的批处理方法,使用创新算法来探索不同的数据管理模式。

在本章中,我们讨论图分析,这是一种被称为图模型的抽象分析方法。这种简单的模型允许迅速获取和连接多个来源的数据,以巧妙的方式应对数据源结构的局限性(或由此产生的不足)。图分析是传统的数据仓库模型的替代方法,它是一种可以获取各种来源的结构化和非结构化数据的框架,能够使分析人员以无向方式探究数据。

正如我们将看到的,图模型可以紧密结合实体关系的含义,通过有效地在结构中嵌入各种实体关系的语义,提供调用传统样式的查询(用已知的模式进行典型的"搜索"查询)和启用更复杂的无向分析的能力。这些无向发现的分析,包括推理、有趣模式的识别和应用演绎,全部采用迭代的方法,这样可以使分析人员发现未知的可操作的知识。这使分析人员能够迅速找出新模式,并通过这些新模式对业务价值驱动因素的影响,实现以知识为导向的实时决策。

7.1 图分析

7.1.1 图分析的研究内容

在图模型以及用来管理和操作图形的方法中,有一些问题值得深入研究:(1)什么是图分析;(2)适合图分析的问题类型;(3)使用图分析处理的问题类型;(4)常见的图表类型;(5)图分析在大数据分析中的流行程度。

这些涉及特定类型的业务问题,有利于帮助我们理解图分析的实用性和灵活性。

7.1.2 图分析的简单性

图分析是以实体关系模型为基础的。更确切地说，它使用图抽象表示代表实体的顶点（也称为节点或点）的连接性，这些顶点通过边连接（也称为链接或关系），描述两个实体相关的方式。一些简单的例子如图7-1所示。

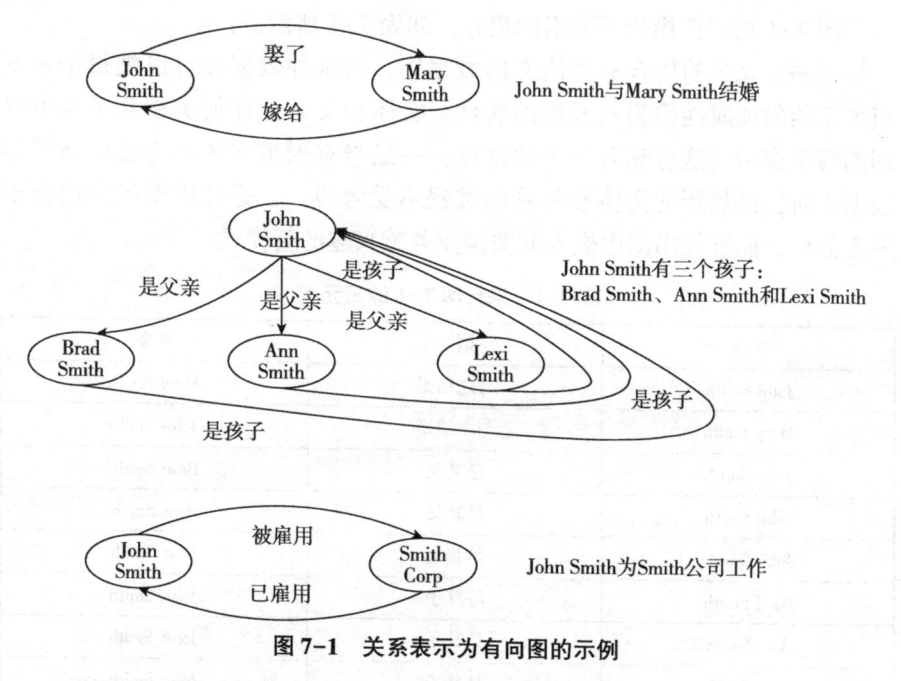

图7-1 关系表示为有向图的示例

图分析的灵活性是以它的简单性为基础的。在一个简单的无标记的无向图中，顶点之间的边既不反映关系的性质，也不表示它们的方向，实用性有限。但是，正如我们在图7-1中所看到的，通过标记顶点和边来添加上下文背景，可以增强图的含义，进而扩展整个网络的描述。

采用以下措施可以充实图模型中节点和边的含义：（1）以顶点标记相关实体的类型；（2）以边标记关系的性质；（3）以边指示关系的"流程"；（4）将权重添加到由边表示的关系中；（5）将附加属性添加到边和顶点上；（6）以多条边反映顶点对之间的多重关系。

7.2 三元组表示

从本质上说，这些增强功能有助于构建语义图。可以用一个三元组表示由主体（关系的源点）、对象（目标）和谓词（关系类型建模）组成的有向图。

图 7-1 可以建模为三元组的集合，如表 7-1 所示。

这些三元组的集合称为语义的数据库，而这种数据库可以把每个三元组关系的附加属性作为三元组的属性。实体和关系的任何类型几乎都可以用图模型表示，这意味着两个关键点：一是当有附带实体和连接的新类型数据集时，添加新的实体和关系的过程不受阻碍；二是该模型特别适合于发现分析，能够找出图中嵌入的关键业务感兴趣的新模式。

表 7-1 来自图 7-1 的三元组

主体	谓词	对象
John Smith	与之结婚	Mary Smith
Mary Smith	与之结婚	John Smith
John Smith	是其父	Brad Smith
John Smith	是其父	Ann Smith
John Smith	是其父	Lexi Smith
Brad Smith	是其子	John Smith
Ann Smith	是其子	John Smith
Lexi Smith	是其子	John Smith
John Smith	被其雇用	Smith Corp
Smith Corp	雇用	John Smith

7.3 图和网络组织

社交网络的概念已经存在很多年了，最近被具体化为社区中的每个实体都创建在线角色，并在社区内连接，与他人互动。然而社交网络的想法超出了具体的在线实现范围，涵盖能直接映射到图模型的各种示例环境。也就是说，图模型的好处之一是能够检测出网络中内在的模式或组织结构，下面举例说明。

(1) 嵌入式微网络：从嵌入的"微型社区"中寻找小型实体集合。如确定一个新购物热点的原始来源，根据大量的恐吓电话详细记录识别恐怖分子电话。

(2) 通信模型：整个社区的通信模型由特定事件触发，这些事件包括对社交媒体关于新产品发布的有关报道的监测分析，评估传播新闻发布的最佳方法，分析行程延误和移动通话活动增加的相关性，等等。

(3) 协作社区：将具有相似兴趣的人员隔离开来，如工作在同一专业领域的医疗保健专业人员，具有相似产品口味的购物人员或具有精确就业技能的个人。

(4) 影响力建模：在一个间歇期的网络内寻找具有影响力的实体，如计算机节点被劫持并作为代理进行分布式拒绝服务攻击或出现网络安全威胁，某个特定领域内的某些人被识别为权威。

(5) 距离建模：分析实体集合之间的距离，如在大型搜索引擎查询集中寻找统计上不可能的短语集之间的强相关性，在一组不同的社区之间传播消息所需的工作量。

这些示例中的任何一个都是一个发现分析，用于查找事先不知道的模式。因此，它们不太适合对关系型数据库系统（如数据仓库或数据集市）进行模式搜索，而更适合图模型那样的动态表示。

7.4 选择图分析

要确定图分析方案（取代其他大数据分析方法）是否适合分析应用，可以基于以下业务问题的特征因素来考虑。

(1) 连接性：针对业务问题需要分析各种不同类型的实体之间的关系和连接。

(2) 无向发现：针对业务问题需要迭代无向分析来寻找尚未识别的模式。

(3) 结构缺失：提供多个数据集进行分析，没有任何固有的强制结构。

(4) 灵活语义：业务问题表现出依赖于连接和对应关系的语境语义。

(5) 可扩展性：附加数据可以将蕴含的知识添加到图中，这就要求能够快速添加新的数据源或所需的流数据，以便进行进一步交互式分析。

(6) 网络中嵌入知识：针对业务问题需要研究嵌入关系的关键特征，并且这些特征是从所提供的数据中推断出的。

(7) 分析的特殊性：需要运行遵循一系列逻辑推理的特别查询。

(8) 可预测的交互式性能：分析的特殊性需要高性能，因为大数据发现是一个人机协作的过程，当分析结果被用于制定可操作的决策时，可预测性至关重要。

7.5 图分析用例

在回顾了适合使用基于图分析模型方案的业务问题后，我们研究一些图分析的用例。同时基于业务问题，分析为什么传统方法可能不是最优的，并讨论图分析是如何解决这些业务难题的。

(1) 医疗质量分析。患者健康状况及病史、诊断程序、治疗方法和临床试验结果，有助于分析比较各种医疗方案的有效性，这个分析过程需要从不同的系统采集病历、门诊记录、实验室结果和处方记录。接下来，分析结果应用于指导医疗保健师，并评估治疗方案用于其他具有相似特征的患者（如年龄、临床病史和相关的风险因素）的可能性，这才是最积极的结果。该分析示例创建了对应关系图，并且可以将病历与其他数据源相结合，把它们轻松地集成到现有的图模型中。

(2) 基于概念的相关性。利用这一示例，可以设法组织大量的知识。例如，寻找卫生保健研究与特定类型药物之间的背景关系，调查记者在各种新闻来源中寻求个体之间的联系，欺诈分析师评估多个相关组织的财务违规情况，分析企业行为与增长的健康风险之间的关联。这些都需要采集多个不同数据源的许多内容，需要从中提取孤立的信息片段，寻找这些信息片段间隐藏的或未知的相关性。

(3) 网络安全。网络攻击的数量在不断增加，其复杂性已经远远超越了分布式拒绝服务（DDoS）。DDoS 是预设和分散的，而网络攻击更加隐蔽，企图穿越公司防火墙，获取关键业务信息，或者在完全处于监管的情况下逐渐耗尽个人财务。对网络安全事件进行监控是一个过程，这就要将种类繁多的大规模流式数据集（如网络日志、网络流、域名服务器 DNS 和 IDS 数据）迅速捕获并集成到一个模型中，识别已知的攻击模式，发现新出现的、更复杂的攻击模式。图分析可以通过捕获和加载可用数据集，快速记录连接、识别新的攻击模式，分析连接关系的演进模型从而应对这些挑战。这种基于图的方法使分析人员能够迅速从许多特设查询中获得结果，这些查询是从一个管理大量数据的模型中请求的，而这些大量数据代表数以千计的相互关联的实体。这种方法使分析人员能在几分钟甚至几秒钟内快速识别潜在的网络威胁，以便迅速采取防御行动。

7.6 图分析算法和解决方法

对于采用标准数据仓库框架的用户而言，对于有些难以实现的场景，图模型扩展了适用性。图分析应用不是只提供报告或启用联机分析处理（OLAP）系统，而是采用遍历或分析图的算法来检测并识别潜在的感兴趣的模式，这些模式是商业机会的哨兵，可以增加收入，确定安全风险，检测欺诈、浪费或滥用、金融交易信号，甚至寻求最佳的个性化医疗保健护理。

（1）社区和网络分析，遍历图结构搜索实体组，特别是密切连接的实体组。如完全连接的实体的集合（集合中的每一个成员都连接到这个集合中的所有其他成员）。

（2）路径分析，分析图中连接实体的不同路径的距离和形状。

（3）聚类（集群），检查顶点和边的属性，以识别将它们组合在一起的实体的特征。

（4）模式检测和模式分析，或识别需要进一步调查的异常或意外模式的方法。

（5）概率图模型，如用于各种应用的贝叶斯网络或马尔科夫网络，具体应用包括医疗诊断、蛋白质结构预测、语音识别或信贷违约风险评估。

（6）适用于与网络本身相关的图度量，包括顶点的度数（顶点的进出边数）、中心性和距离（包括特定顶点在图中"中心位置"的程度，或者基于顶点之间的路径长度来确定距离）。

上述图分析算法可以产生在数据仓库模型中未被检测到的有趣模式，这些模式可以成为新搜索的模板或模型。换句话说，图分析方法可以同时满足专门用于分析和报告的模式发现与使用。

7.7 分析图的技术复杂度

随着更多类似于本章所分享的用例的出现，预计会使用和分析大量数据集，性能问题也将逐渐成为一个潜在的障碍。大数据平台能在何种程度上满足用户对高性能的需求？要回答这个问题，需要更好地理解图分析问题和拓扑结构的复杂性。

随着数据量的持续增长，一些图的特性抑制了典型计算平台的能力，如提供快速响应功能或满足可扩展性需求。同时，标准硬件体系结构上的一些不容易处理的因素，可能会导致性能损失。

（1）图分析内存访问模式的不可预测性。图分析通常需要同时遍历一个网络内的多条路径，以发现各种有趣模式，并进一步审查或优化解决方案。图模型用包含表示实体之间链接的数据结构来表示，这与传统的数据库模型大不相同。在一个并行环境中，许多遍历可以在同一时间触发，但每个图的遍历都在本质上依赖于主体到目标的链接。不同于结构化数据库的查询，图分析的内存访问模式是通过不同级别的存储层次来高效传输预取数据流，但这限制了减少数据访问延迟的能力，使得大量的执行时间消耗在访问内存上，因此，图分析的内存访问模式是不可预测的。

（2）图增长模型。随着更多的信息被引入环境中，现实世界网络正以有趣的方式增长。图越大，展现的"优先连接性"就越多。新引入的实体更有可能连接到已有实体中，而且具有高度连接性的已有节点可能更受"欢迎"，因为它们将继续吸引新的连接。这意味着图会不断增长，但是显然这种增长在数据结构中并不是平均扩展的。

（3）与图的动态交互。与大数据应用一样，要分析的图是以大量或大数据量的各种数据源进行填充，并以不同的速率进行流式处理。虽然图必须不断地采集许多快速变化的数据流，并将连接和关系合并到图的持久表示中，但环境必须满足许多同时发现分析处理的快速响应需求。因此，高性能图分析方案必须适应动态特性，从而使分析性能不会出现实质性的下降。

（4）图划分的复杂性。图趋向于在高连接性中心聚集，因为很多网络都有一个由具有多个连接的节点组成的"中心"，它在一般情况下缩短了图中节点集合之间的距离。尽管大数据平台的好处之一是对数据分布和计算的期望，但是由于连接的多样性，网络中心的存在使它在不同处理单元之间难以划分图。主观地在数据结构上把图分成多个片进行分布处理，会极大地降低数据分布处理所带来的性能优势。

7.8 图分析平台的特色

如果图分析方案适合大数据分析，则有必要从软件和硬件平台的角度列举一些要寻找的关键特征。实际上这些特征可以分为三个特征集：易于开发和实现、补充报告和分析技术的互操作性、系统的执行性能。

易于开发和实现的特性可以通过采用行业标准，以及对大数据应用的总体要求来实现。

（1）无缝数据采集：提供无缝的功能，很容易采集和融合各种不同来源的数据。

（2）数据集成：图分析需要利用基于语义的方法来集成不具有预定结构的不同数据集。类似于其他 NoSQL 方法，语义模型的无模式方法必须提供关系型数据库模型所不能提供的灵活性。

（3）推理：应用平台应该提供用嵌入式关系和连接性推演新信息和见解的方法。

（4）基于标准的表示：任何图分析平台都必须利用资源描述框架标准（RDF，参见 http://www.w3.org/RDF/）以三元组来表示图。使用 RDF 表示图，允许使用 SPARQL 查询语言标准（参见 http://www.w3.org/TR/rdf-sparql-query），来执行基于三元组数据管理环境的查询。

互操作性至关重要，以下是平台运行方面的一些注意事项。

（1）工作流整合：当合并来自不同环境的结果存在差距时，提供一个与现有报告和分析环境相分离的图分析平台并没有多大价值。因此，要确保图分析平台与业务流程相关的分析和决策工作流保持一致。

（2）可视化：使用可视化工具展示发现，对突出其价值至关重要。因此，要寻找与可视化服务紧密集成的平台。

（3）补充性：图分析平台增强了组织分析能力，并不是要取代它。任何图分析功能都必须补足现有的数据仓库、数据集市、OLAP 引擎和 Hadoop 分析环境。

虽然以下内容都是对大数据平台的合理预期，但由于图表示的性质和所执行的发现分析类型密切相关，这些标准对图分析尤为重要。

（1）高速 I/O：满足这种实时集成需要一个可扩展的基础架构，特别是对高速 I/O 通道而言，它将加速多个数据流的摄入，从而支持由于吸收新数据而快速变化的图。

(2) 高带宽网络：大负载的数据访问可能会有跨节点障碍，特别是在图中追踪指针时，需要采用高速/高带宽网络互连，这有助于减少数据滞后的时间延迟。

(3) 多线程：精准控制的多线程允许同时探索不同的路径，在大规模并行处理体系结构上可高效地创建、管理和分配线程到可用节点。

(4) 大容量存储：多个处理器共享的大内存可以减少在独立的环境下划分图的需求。这有助于减少与图分片相关联的性能影响。除非所有图都驻留在内存中，否则大容量存储可以保留很大一部分图。把已分配的任务迁移到数据驻留在内存中的位置，可以减少对数据访问延迟的影响。

第8章 大数据分析在企业信用评估中的应用

8.1 大数据时代企业信用体系建设的对策建议

建立健全信用体系是建设社会主义法治国家的基本要求。提高社会信用水平、健全信用制度、加强市场管理、推动生产要素自由流通、推动传统经济转变为现代信用经济，是构建和健全中国特色社会主义市场经济制度的根本和核心。构建健全的社会诚信制度是社会主义市场经济日趋成熟的一个重要特征。

信用的对象主要包括政府、法人（公司）和自然人三种类型。其中，公司的信用是最关键、最活跃、最有影响力的一环。在我国，建立健全公司信用制度，必须构建一个良性、稳定的市场，推动我国经济和社会的发展，使公司信用制度成为市场经济的重要组成部分。

近几年，随着中央和各地政府的持续努力，我国的社会信用体系建设已经初见成效。在信息技术高速发展的今天，在市场经济条件下，信贷在激发市场活力、有效配置资源、畅通要素流动中发挥了越来越重要的作用。

8.1.1 构建企业信用体系的意义

8.1.1.1 转变政府职能，深化"放管服"改革

当前，我国各地正在深入推进"放管服"改革，不断完善企业经营机制，增强企业活力。但要推动市场经济体制健康发展，需要对市场经济进行科学、公平的调控，建立健全事前、事中、事后监管机制，改革监管理念、监管制度和监管方法，结合重点领域、重点环节和重点对象，合理配置监管资源，提升监管效能、维护公平竞争，创造高效便捷的营商环境。在"放管服"改革的背景下，信用监管是最直接、最有力、最有效的推动力量。

8.1.1.2 适应发展需要,提升治理能力和治理水平

(1) 应对监督缺乏的问题。随着市场商事制度改革继续深化,市场准入门槛进一步降低,尤其是中小企业出现了井喷式发展,但由于监管人员短缺、监管力度与监管要求不匹配,市场监管水平面临严峻挑战。从总量看,截至 2021 年底,全国登记在册的市场主体达到 1.54 亿户,同比增长 11.1%,其中,企业 4842.3 万户,个体工商户 1.03 亿户。从增量看,2021 年,我国新设市场主体 2887.2 万户,同比增长 15.4%。

(2) 克服缺乏常规管理方法的缺陷。过去实行的是各个行业分权管理,导致各个行业的管理都是相对封闭的,而且以往的管理方式主要是事前批准和行政惩罚,使得市场的能量无法完全发挥出来,导致市场的正常运行受到阻碍。随着新业态、新模式和新经济的出现,传统的管理模式已无法应对新形势、新问题和新挑战,因此迫切需要企业信用制度的建立,并构建与之相匹配的新的监督机制。

(3) 大数据和云计算技术的普及,使得企业信用监管得以实现。新一代信息技术(如大数据、区块链、人工智能等)迅速发展并深入各个行业,为我国信用体系建设和信用结果的应用提供了有力的技术支持。现在,利用新技术提高监管服务效能已经成为市场监管部门的共识。

8.1.1.3 激发企业活力,降低企业经营风险和交易成本

(1) 减少公司运营中的风险。在我国,由于缺少有效的信用约束措施,知识产权侵权案件屡禁不止,而企业的维权成本很高,失信企业违约成本相对较低,于是很多企业不敢创新、不愿创新,从而出现了"劣币驱逐良币"的现象,不利于市场经济健康发展。

(2) 减少公司的交易费用。根据经济学相关原理,信贷是比实物和金钱更高效、更方便的贸易。在现代市场经济中,以信用为基础,企业的债权债务是最常见的经济联系,而"不诚信"与"过度防范"是造成高交易费用的一个重要原因。在市场经济条件下,市场成员通过各种形式的信贷关系,为扩大的社会化大生产供给了大量的资本,为产业链和供应链上下游企业进行经济往来提供了融资机会,起到了润滑的效果,从而提高了资金利用率,减少了交易费用。

8.1.1.4 破解银企信息不对称，解决企业融资难、融资贵难题

融资费用直接关系到企业的生存和发展，因此政府在推进财政体制的变革中采取了积极的措施，以提高资金使用效率，缓解企业融资难、融资贵的困境。由于一些公司（特别是未上市的私营公司）运作"不透明"、资料"不公开"，银行等金融组织往往采用"一刀切"的办法，或对其进行信用检查，将信用调查费用当作"风险溢价"转移给公司，使得私营公司的财务成本比国企更高。同时，长期以来，由于信用体系的制约，尤其是中小企业对信用体系的认识不足，信用等级低、信用信息缺失现象严重。数据显示，2019 年信用评价结果为 A 级以上的企业约有 4600 家，只有企业总数的 0.02%。如果公司的信用信息不对称、信用等级差、信用缺失，那么就会导致信用溢价和信用中介成本上升，从而增加交易费用。

8.1.2 我国企业信用体系建设现状及存在的问题

构建企业信用体系是一项非常复杂的系统工程。"十四五"期间，我国社会信用体系建设将逐步进入新的、高水平的发展阶段。许多地区建立了省、市、区三级信用信息系统，整合了不同的政府信息，具有信息公示、联合奖惩、信用修复等多种功能，并实现了当地平台与国家平台的互联互通。国家和省级信用体系建设的有关规划、办法、通知、方案、标准等方面的信用制度和标准正在不断健全，许多地方也在积极推行跨部门、跨行业、跨地区联合奖惩措施，市场主体事前承诺、事中监管、事后联合奖惩机制基本形成。近年来，各省市建立了信用信息平台，在数据收集、数据共享、信息公示、信用评价、联合奖惩、诚信宣传等领域已有了很大的进步，然而，目前覆盖全国的中小企业信用体系还不完善，在平台功能、数据共享、企业观念以及信用应用等方面尚存在一些不足，主要体现在以下四个方面。

8.1.2.1 信用平台"用"而不"专"

当前，许多地方的信用信息共享系统都集中了各个部门的征信资料，但由于其收集的指标较少，收集范围较大，尤其是规模较大的中小企业，由于自身的经营能力较弱，没有形成内部信用管理制度和对外信息披露制度，缺少信用管理的观念和经验，企业信用信息呈现碎片化、分散化的特点。信用平台不能充分体现中小企业的产业特征和地域特征，在企业标准化、规范化、精准化信息收集方面尚不完善，在企业信用评价、风险

防控方面尚不完善。

8.1.2.2 信用信息"通"而不"畅"

公司的信贷信息包括基本信息、司法判决信息、纳税信息、行政许可信息、行政处罚信息、用能信息和用电信息。当前，我国各级政府的信息收集工作已取得一定的成效，但各个部门的信息共享方式还停留在传统的方式上，"信息壁垒"依然存在，企业信息归集和共享范围很小，无法实现信息的全面共享。尽管各地都设立了领导单位，并通过多个单位的协作，促进了信息的收集与共享，但是缺乏法律法规的限制，无法实现信息的统一与共享，有的甚至在省级或全国范围内（如水资源、电力、能源等）成为"信息烟囱"，使得信息采集、共享、更新困难。

8.1.2.3 信用观念"弱"而不"强"

企业对信用问题的认识不足，主要表现在以下三个方面。

第一，我国市场经济起步较晚，发展相对滞后，信用经济发育较晚，市场信用交易不发达，缺乏企业信用观念和信用意识的培养。

第二，信用体系不健全，缺乏良好的信用环境，导致我国中小企业信用缺失现象较为普遍。

第三，很多企业信用意识薄弱，缺乏健全的内部信用管理体系，更没有建立起专业的企业信用管理部门和机构。

由于上述不足的存在，很多企业在经营活动中容易出现违规、违法等失信现象；在市场上，由于对公司的信贷额度控制不到位，或者由于信贷公司对其履约方案管理不善，会造成拖欠的现象。

8.1.2.4 失信主体"惩"而不"戒"

由于我国对失信的惩罚手段有着严格的规定，失信惩戒必然要受到法律的制约。然而，长期以来缺乏信用的制约，失信成本过低、惩罚力度过轻，加上驱动，以及地方保护主义的存在，造成当前失信问题高发、频发、复发。有的公司为了一时的利益，不惜冒着违法的风险，有的公司拖欠银行贷款和应付账款，即使通过法律途径调解，仍然拒不履行。尽管近几年，各地法院陆续颁布"限高令"，对部分失信的被执行人产生了一定的威慑力，但是由于处罚力度不够、不严，很多法院的司法裁决难以得到切实执行。

8.1.3 加强企业信用体系建设的措施

8.1.3.1 建设专业化企业信用平台，提高信用综合服务能力

各地区要建立一个系统、完整、具有强大信息交换能力、更加精细化、标准化、专业化的企业信用监管与服务平台，以支持信用在政务、金融、商务等方面的发展。制定一系列的相关标准，如平台技术标准、信用信息收集与分享标准、信用信息治理与管理标准、信用等级划分标准等。深入挖掘客户实际情况，紧密结合各部门的实际工作及市场要求，完善信用查询、数据挖掘、信用评价、精准匹配、信用修复等服务。加强大数据、区块链、人工智能等新一代信息技术的运用，提高信用分类、风控、预警等的智能化、精准化水平。准确绘制企业信用图谱，构建信用评估、风险识别、企业关联、数据穿透等专业化服务，根据企业的经营状况，对信用风险进行早期预测。使用数据库将政务、商务、行业平台连接起来，将大量相关物流、商流、信息流、资金流信息整合起来，运用最新的技术对数据进行动态追踪，并运用动态的信用评价模型进行持续、准确的评价。结合企业行业特征、区域特征、运营能力、企业发展规划等方面的特点，优化企业数据库和数据收集指标，增强数据收集的可操作性，并结合主管部门事前、事中、事后监管的要求，找准银行等金融部门对企业的贷款要求和企业发展需求，做好后续的深度挖掘工作。

8.1.3.2 创新信用应用服务，破解企业融资难题

信用资讯与信用评估的关键在于拓展信用应用领域、开展有目标的信用业务、推动信用应用产品的研发、推进"信易贷"等方面的工作。利用信用平台和企业信用信息的相关数据，设计一套精确的企业信用评估模型，并在此基础上进行评估，建立政府与银行之间的数据对接通道，将政府和银行的考核结果与财务信息评估结果相融合，提升信用信息的动态性和可获得性，政银企充分共享企业信用评价结果及信用风险情况，为中小企业贷款提供数据支持，降低企业融资成本。一方面，将所获得的信用资讯转换成公司的信用资本，使其享有信用所带来的利益，进而增强其信用经营理念，增强其运作信用的积极性；另一方面，通过获取更多、更完整的公司信用信息，增强银行对信贷风险的控制。

8.1.3.3 统一制定管理标准，健全法律法规

按照国家有关规定，由信用主管部门牵头，联合多个部门共同建立完善的区域公用信息系统，强化信息系统的标准化，规范信息的归集和管理，明确信息开放程度、共享范围、使用边界、信息来源、有效期限等内容。各部门、各区市要按照有关文件要求，加快建立"红黑名单"制度，对未制定"红黑名单"的行业，要按照法律法规、行业制度要求、行业特点和企业失信情节严重程度划分信用等级，为实施分级分类监管、差异化监管和包容审慎监管做好准备。

8.1.3.4 拓展信用产品和服务，规范信用服务市场

依托信用信息数据，结合我国的实际情况，开发适合于各种情况的信用评估模式，以便对企业进行全面的评估。支持第三方信用中介机构为企业提供信用评价、信用培训、信用管理咨询等方面的支持。扩大信用服务的使用领域，力求做到政府与市场双重推动，促进各种市场主体广泛、主动地查询信用信息和使用信用报告。政府带头以信用为导向，在政府采购、招标投标、行政审批、政务服务、政策支持等方面充分运用信用服务和信用产品。制定扶持信用服务机构发展的相关政策和措施，支持多元化、多层次的信用服务，培育和引进信用服务公司，促进信用服务创新发展。

8.1.3.5 完善信用联合惩戒机制，提高企业守信履约意识

信用监督的实质是针对不同的市场主体进行不同程度的监督，以提高监督效能，增强社会管理能力；与"双随机、一开放"监督相结合，做到对守信企业"无事不扰"，对失信企业依法进行法律监督、共同奖励和惩罚，从根源上进行治理，"利剑高悬"。另外，建立对偶然发生的小企业违约的宽容度制度，并针对普通失信企业实施信用提升工程，促进普通失信企业及时、主动修复信用，避免影响经营活动，增强企业信用管理意识。要采取各种手段促使各大公司提高信用观念，形成不敢失信、不能失信、不愿失信的长效管理体制。

企业信用体系是构建企业诚信体系的关键环节，企业信用体系的构建对于政府、企业和金融机构都有着重大的实际作用。构建完善的符合高质量发展要求的企业信用体系，除了要打牢信用建设的基石，还要补齐发展短板，大力建设专业化企业信用平台，创新信用服务，统一制定管理标

准，拓展信用产品和服务，完善信用联合惩戒机制等。[①]

8.2 基于大数据的企业信用评估

在宏观层面上，企业信用与其他信用构成了一个完整的社会信用系统，特别是中小企业数量庞大，企业信用会对企业的经营活动产生广泛的影响。在微观层面上，一个公司的发展依赖于市场的认可和资金的支持，而获得这一切的前提是公司获得了客户的信赖。因此，企业信用评价对于提升企业的公共管理能力，促进企业发展具有重要意义。由于传统的企业信用评价方法存在不能有效利用现代信息数据，不能全面考虑企业的信誉，不能及时公开企业信息等问题，借助大数据技术对企业信用进行全面、有效、及时的评价成为当务之急。

8.2.1 基于大数据的企业信用评估的特性与重要性

8.2.1.1 基于大数据的企业信用评估的特性

（1）精确性。与传统的征信方法相比，基于大数据的企业信用评估是一种主动的、基于数据变化的动态计算。因此，基于大数据的企业信用评估是顺应时代要求的，也更加精确。

（2）全面性。基于大数据的企业信用评估具有数据来源丰富、规模巨大等特点，它所涵盖的领域已不再局限于一般的金融数据，而是涵盖了商务、市场行为、社会民意等领域；既能对公司本身进行评价，也能对企业领导的个人行为进行评价；既能对企业的发展进行记载，又能对企业的发展做出某种预测。

（3）客观性。利用大数据技术对海量数据进行分析，在某种程度上消除了人工修正，避免了人为的偏差和差距，保证了评价的客观性。

8.2.1.2 基于大数据的企业信用评估的重要性

（1）助力政府机关监管和预防风险。基于大数据的公司信用评价模型具有全面性和及时性，能够对整个市场、行业和公司的总体情况做出正确的判断，有助于监管机构的建立和防范宏观风险。

[①] 杨超，李英，于鹏辉，李兵. 大数据时代企业信用体系建设的对策建议 [J]. 中国工程咨询，2022（4）：35-40.

（2）为金融业风险控制提供便利。基于大数据的企业信用评估技术具有高效性和多源性的特点，使得各银行在处理数据的速度、范围和种类上都得到了大幅度的提高，极大地提升了金融机构的对外业务能力，同时，多源数据的评估不仅丰富了其所提供的业务种类，而且还加强了其识别风险的能力。因此，利用大数据进行企业信用评估，可以帮助金融机构拓展经营范围，提高资本反向转化率，加强对风险的控制。

（3）促进资本环境的公开化和透明化。对于投资人而言，基于大数据的企业信用评估具有客观、完整的特点，可以避免投资人在决策时因排查无关、重复信息而造成时间方面的浪费，且容易获取公司的信用评估报告，增进对企业的了解。对于企业而言，基于大数据的企业信用评估可以在融资、贷款、商业合作等方面减少烦琐的证明，从而提高整体效率，降低融资成本。

（4）有利于企业管理的科学化和标准化。基于大数据的企业信用评估具有公开性和威慑性的特点，能够推动我国征信系统的建立，使企业更注重信用的培养和维护，进而促使企业进行规范化的自我治理。在法律的制约下，迫使企业以自身为出发点，以市场为导向，加强管理，完善制度，合法经营，合理发展，提高企业的竞争优势，增强企业的抗风险能力，推动企业的科学化和标准化管理。

8.2.2 建立企业信用评估系统及其方法

8.2.2.1 建立企业信用评估系统

在评估企业信用时，要综合考量不同类型、不同行业、不同领域、不同阶段所造成的差异，同时要思考企业过去的经历（企业经营范围、营收及获利情况等）以及未来的发展状况（行业前景、企业市场占领状况、技术研发才能等）。不仅可以量化地分析现金流、债务等，也可以量化地分析违规行为、社会评价等。因此，要建立一套由企业财务状况、网络舆论导向、成长环境、市场竞争力和商务行为五大因素构成的目标体系。

（1）财务状况。包括经营能力、盈利能力、偿债能力、发展能力。其中，经营能力包括总资产、总资产周转率、固定资产周转率等方向，盈利能力包括资产欠债率、流动比率等方向，偿债能力包括发卖净利率、营业净利率和总资产报答率等方向，发展能力包括主营营业月入增加率、净利润增加率和总资产增加率等方向。

(2) 网络舆论导向。包括主体相干状况、网络关注状况、企业自身状况。其中，主体相干状况包括主体声望、舆论影响力等方向，网络关注状况包括累积的点击数和搜寻数量等方向，企业自身状况包括企业回应速度、回应的品质等方向。

(3) 成长环境。包括自然条件、社会条件和经济条件。其中，自然条件包括企业所在区域、通信条件、自然资源等方向，社会条件包括政策偏向性、大众对企业产品的消费观念、企业所在地区的人口受教育水平等方向，经济条件包括居民消费价格指数、GDP 和年度经济增长率等方向。

(4) 市场竞争力。包括产品研发能力、品质管理能力、品牌管理与市场营销能力、供应链与买卖管理能力、管理服务与客户关系管理能力。其中，产品研发能力包括技术开发团队数量、开发资金比率、专利储备、产品更换周期、市场份额等方向，品质管理能力包括投入产出比、良品率、销量增加率等方向，品牌管理与市场营销能力包括市场承认度、市场推广度、名牌产品数量比重等方向，供应链与买卖管理能力包括产销周转率、产品产销率、销量增加率等方向，管理服务与客户关系管理能力包括顾客称心度、顾客回头率等方向。

(5) 商务行为。包括经营活动、奖惩记录、借贷行为等。其中，经营活动包括投资金额、交易成功率和合同履约情况等方向，奖惩记录包括资讯显示守法失期行动数、市场交易守法失期行动数和法律纠纷数等方向，借贷行为包括存款总金额、存款履约率和存款保障金额等方向。

8.2.2.2 建立企业信用评估系统的方法。

(1) 德尔菲（Delphi）法。德尔菲法被称为"专家评价法"，它能够快速发现系统中的各种危险因素，并根据不同的信息资源进行特定的分析和预测，从而使其能够快速反应。该方法是目前应用最广泛的一种信用评级方法，具有较高的客观性和可操作性，因此其应用范围非常广泛，而且在很多方面都有很好的应用前景。然而，这一评估的最后效果是否正确，取决于专业人员的知识水平、实践水平和经验的多少，其评估的效果常常不能直接反映出来，且费用较高。

(2) 采用聚类法进行统计。该方法根据特定的计算规则，综合每个样品的特征进行分析。这种方法需要将样本进行不同类别的分组，将相似程度高的样品归纳成一类进行集中研究，但此类算法在相似程度低、十分敏感的数值计算等方面存在一定的不足，容易出现误差。

(3) 支持向量机（SVM）。通常情况下，对电力用户的信用评估可以分成两类：定性分析法和定量分析法。从某种意义上说，这种评价方式可以解决基本的评价问题，尽管存在一些缺陷，但其适用范围十分广泛。定性分析法存在主观随机性，定量分析法在计算难度大、数值复杂的情况下，精度不高，且操作过程烦琐。SVM模型利用采样样本小、高维度和非线性的特征，结合其他一些优点，对样本进行分类，并针对各种问题提出了清晰的解决办法。

（4）模糊综合评价模式。这种评价模式是在模糊教学中运用的一种综合性的评价方式，通过构建某种评价模式，将定性评价转化为定量评价，从而达到对目标进行全面评价的目的。该方法的优点是得到的结论比较清楚，得到的内容比较有条理，因而可以解决比较复杂、难以量化的问题，适用于实际问题的求解。[①]

8.2.3 利用大数据进行企业信用评估的过程

8.2.3.1 准备工作

信用评估工作主要是由信用管理人员和专业的信用评估组织完成的。根据被评价的企业所属的产业及其特征确定评价对象，准备相应的资料和操作流程，并将所需要的资料清单、实地考察工作安排等发给被评价的企业。

8.2.3.2 资料的搜集

依据评价类别列出数据来源，包括官方数据、新媒体网站、企业经营财务报表、网络平台、电商交易行为等，收集相关数据并进行预处理，为企业信用评估奠定坚实的数据基础。

8.2.3.3 预测数据

在计算方面，专家可以提供计算方法和评分依据，并按照不同的类别，对基本的资料进行计算，从而得出初步的信用评估数据。

8.2.3.4 优化结果

利用指标系统对原始数据进行全面的测算，并对其进行全面评价。同时融入人为选择、机械学习、深层学习等不断优化、改进各种指数体系的计算方法，使得评价的结果更为科学准确。

---

① 刘琛. 基于用电大数据的企业信用评估研究 [J]. 产业与科技论坛，2022, 21（20）: 199-200.

通过对信用评估概念、意义、方法和流程等方面的深入分析，我们对信用评估有了较为完整的认识。基于大数据的企业信用评估模型能够很好地解决传统评价方法存在的局限性，充分利用网络上海量信息资源的优势，全面、多维、持续地对企业的经营状况进行排查，从而给出一个客观、公平的评价。

8.3 基于大数据的企业信用风险评估

8.3.1 企业信用风险评估方法

传统的企业信用风险评估主要是由专家或专业机构对企业的会计报告进行评估，因此具有很强的主观性，并且最终的评估结果也会受到评估者自身专业水准的限制。20世纪80年代金融市场债务危机的爆发，使得有关方面尤其是金融业重新认识了企业信用评估的重要性，因此需要对企业信用风险进行有效的控制，并推动企业信用风险评估方法进一步发展和创新。

8.3.1.1 传统的企业信用风险评估方法

(1) 专家制度

根据评估机构侧重点的不同，金融领域的专业人士会对申贷者的基本信息进行评估，从而确定其最终能否获得信贷批准。这种评估方式过于依靠专家的基本知识、职业素养和过往经验，造成了评估的不客观性，也就是说，最终的评估结果会存在产生一定的偏差，无法准确预测出申贷企业的未来违约情况。为解决违约过度给金融行业带来的系统性风险，必须提高金融机构抵御风险的能力，增强金融业的稳定性。为此，各国制定了一套准备金制度，这是一种以信贷额度为基础的存款准备金制度，按照银行的信贷额度分为5个级别，信贷风险越大，存款准备金的比率就越高。准备金制度的制定和施行，对专家无法准确预测信用违约风险的问题具有一定的补偿作用，但是这种评级方法具有层次划分过宽、划分依据偏主观、量化评估较少等不足，因此并不能很好地满足现实应用的需求。

(2) 评分方法

①多元判析法。美国人阿尔特曼在20世纪60年代创造了Z模型(Z-score Model)，这个模型把信用评估分为多个维度，从不同角度去考察、辨别、分析和判断企业的信用情况，并且在每个维度的考察中都会给出一

个评分，再综合多个维度的评分结果得出最终的评价。基于Z模型，人们又提出了一种全新的模式，即ZETA模型，它的预测能力要更好一些，因而得到了推广和应用。

②评定方法。评定模型是根据企业的财务状况，选取企业的一些财务指标，以此作为依据对企业的经营状况进行判断，然后再与其他机构所设置的阈值进行比较，最终得出该企业的信用风险等级。由于该方法在使用过程中需要针对多个财务指标进行评估，因此在实际应用中存在一定的局限性，而且最终得出的企业信用评估结果也存在一定的片面性，因此在实际应用中使用频率不高。

③神经网络方法。这种评估方法很好地克服了常规评估方法中指标和参数确认困难的问题，并且不用再对各项指标的计算方式进行最优的选择。这种评估方法需要通过大量节点间的链接来对数据进行存储和表达，因此在拓展性和容错性方面都有良好的表现。

④专家系统。运用计算机软件，对业内专业人士进行风险评估时的思维模式和评估方法进行模拟，通过设置规则库来对选用的评估条件进行匹配，然后再从知识库中选择最佳的解决方法。这种评价方法可以加速整个评估过程，给出比较客观的评估结果，但是该评估方法对知识库具有很强的依赖性，并且知识库的构建也依赖于专家以往的经验数据，从这个角度来说，该评估方法不可避免地带有主观性的色调。

8.3.1.2 现代企业信用风险评估方法

20世纪90年代，随着公司倒闭数量剧增，新型金融服务方式出现，行业竞争日趋激烈，金融服务需求多样化发展，企业担保质量随之降低，加上互联网的普及以及科技不断进步，以银行为代表的金融服务部门开始追求信用风险评估的准确性，以此来满足市场中不断变化的需求，同时也提高了自身的竞争力和控制力，并且催生了一批新的企业信用风险评估方法。

（1）信用度量模型。摩根在1997年发布了信用度量模型，通过分散投资、合理分配来跟踪企业的信用变化和潜在的风险，并将其纳入最终的总体评估中。

（2）信用监测模型。该模型用来预估借款人的债务拖欠状况，从借款人的视角出发，预测贷款人能否按时还款。

（3）信用组合方法。20世纪后期，麦肯锡公司引进了信用组合的方法来对企业的信用状况进行监督和管理，并利用对信用组合的分析，对一定时期内企业信用状况的变化做出预测。这种方法在效率优化和风险抵抗方面体现了良好的应用价值。

（4）信用风险附加法模型。这种信用风险评估模型将企业拖欠信贷的情况分为不同的部分，并在一定程度上保证每个部分的违约概率是相同的，用概率方法可以得出任何一个部分的拖欠额，然后将这些部分得出的结果汇总起来，就可以得到由于企业产生的信用风险而对信贷企业造成的最终损失额。

简单来说，目前我国的企业信用等级评价指标和信用风险评估模式侧重于企业长远的债务偿还能力，而对短期的财务变化和其他指标的变动缺少控制和预见性。目前我国的信用评估体系，已由以往单一对财务指标的关注转向对企业发展能力的关注，从对企业利润的关注转向对企业偿债能力的关注。

8.3.2 企业信用风险控制的路径

8.3.2.1 提升发展能力，改善融资资质，提高自身信用等级

一般情况下，用资产净利率作为对企业盈利水平进行评估的测量指标，它代表着企业资产产出与投入的比例，比例越高，说明公司的收益状况越佳。资产的流动速度反映了一个企业的运营效率，一般以资产周转率和周转天数作为衡量依据，如果总的周转率高，说明资金周转天数短，企业的资金利用率高，可以给企业创造更多的利润。企业可以对多种不同类型的资产进行净利率对比，最终将资金集中起来注入优质的投资中，从而使企业的总体获利能力得到进一步提升。这两项指标是当前我国企业信用评估体系中最主要的考量因素，所以提高企业的资产净利率和资金周转速度可以提高企业的信用等级，也可以提高企业的贷款申请通过率。

在国内的信用体系中，国企或是央企往往在融资过程中占有较高的优势地位，一方面是因为它们本身的规模和品牌优势，另一方面是由于它们有政府部门作为担保，这也是许多企业所缺乏的独特优势。通常，企业的规模与信用风险之间存在一定的负相关性，虽然不是绝对的，但是在对小型企业进行放贷的过程中，商业银行一向保持谨慎的态度。扩大企业的经营规模和品牌影响力并不是一件简单的事情，结合当前的市场发展情况，可以从以下几个方面入手：一是适应国家对PPP项目的支持，主动参与政府的工程，寻找与政府合作的机会。一些企业虽然规模不大，但是由于参加了国家的工程项目，所以得到了银行的大力支持，获得了资金支持。

从这里可以看出，企业在发展过程中，可以通过寻找与国家合作的机遇来提高自身的信用评级。二是紧跟时代发展的步伐，通过网络进行线上运营。现在很多企业都在天猫上进行网上销售，一方面是为了拓展自身的业务，另一方面也是为了提高自身的品牌影响力。此外，淘宝还可以为企业提供大量的经营分析指导，以此来改善企业的生产结构，促进企业产品销量的提高。在资本充足的情况下，企业还可以利用电视媒体进行广告推广，树立企业的品牌形象，提高企业的品牌影响力。

商业银行在进行信贷审核时，往往会将企业的财务控制能力作为衡量信用风险的重要标准，这也是很多企业贷款申请没有通过的原因。针对这种情况，可以通过以下方式来解决：第一，对于创业企业来说，可以借鉴同行先进经验建立内部财务控制体系，等到企业发展得比较成熟后，再逐步完善。第二，如果是一家已经成熟的企业，可以雇用一家专业的内部控制咨询公司来帮助他们改进和提高财务控制能力，这对提高企业贷款申请通过率具有重要的促进作用。

8.3.2.2 建立基于大数据的企业内部信用评估系统

在企业的日常业务中，在互联网上被披露的与信用相关的信息日益增多。比如，国家企业信用信息公示系统可以公开企业的基本情况、行政许可信息、行政处罚信息、经营异常名录信息和严重失信信息等；而且，我们可以通过"裁判文书"和"人民法院被执行人资料查询"，随时查询有关企业过去的所有仲裁案例，包括对企业违约行为的起诉、仲裁等方面的资料信息，这些都是企业的重要资料，对企业的信用资质和贷款申请都会产生很大的影响，因此必须要进行规范化管理。

此外，企业在提高经营水平、强化财务管理的前提下，也要逐步认识到企业宣传的重要性，通过传媒的广告宣传来提高企业的知名度和品牌影响力，进而提高企业的信用水平和融资能力。

微信、微博、新闻搜索和贴吧等是广大网友发表意见的重要网络平台，并且信息传播速度非常快，在很大程度上影响了一个企业的品牌和产品的知名度。例如，乐视网通过购买大量的视频直播版权来积攒储备量，赢得了那些乐于花钱来消遣的中产阶层网络用户的支持，以此来提升自己的品牌形象，赢得更多的赞誉。之后，乐视的电视和移动电话也被网友们评价为"良心产品"，大大提升了企业的品牌知名度，加上股价暴涨，为企业的发展提供了大量的资金支持。但是随后乐视被爆出拖欠供应商货款、拖欠员工工资、拖欠贷款等负面信息，导致企业的信誉一落千丈，最终陷入财务危机。

企业舆情会对企业的信誉和发展方向产生一定的影响，而传媒和公众对企业活动的议论和报道则是人们对企业态度、观点和情绪的反映。进入新时代，网络舆论已经渗透到了社会生活的每一个角落，任何积极的或者消极的消息都可能被无限放大，对那些规模较小的企业来说，积极的消息可以帮助企业提高影响力和产品销量，也可以吸引风投和 PE 的资本投资，甚至可以提高它们的借贷能力，借助资金来扩大生产规模。如果企业缺乏应对互联网舆论的力量，将会损害企业的信誉，因此必须要对网络中关于企业或是产品的负面消息进行实时、有效的监控，以此来提高企业应对舆情的能力。

企业可以引进一种网络舆情监测系统，结合财务指标，利用舆情大数据建立起企业内部信用评估系统。例如，乐思网络舆情监测系统可以为企业提供口碑监测、社交网络监测、政府管控等方面的舆论监测。在舆情监测系统中，通过对微信、微博、新闻等渠道搜索到的有关企业的信息进行分析，做出情绪判断，并按信息的好坏来进行分类收集。如果企业的经营情况良好，财务指标相对平稳，在一定时期内存在大量的积极信息，那么就可以在企业内部信用评估系统中增加新闻舆情分，提升企业的信用等级；如果某个时期内出现了大量有关企业及产品的消极信息，就需要及时对这些负面信息进行处理，并下调企业的信用评分，将企业信用危机所造成的财务风险降到最低，防止贷款违约行为的出现。例如，在规定时间内没有及时地将商品寄给顾客，要及时对客户进行赔偿，并说明违约的理由，避免对企业的信用评估产生影响。当然，对于那些处于初创或是成长期的企业来说，建立内部信用评估系统和进行大数据信息采集与处理的成本较高，因此，如何在企业内部信用评估系统的建立中减少成本还需要进一步探讨。

8.4 基于大数据技术的企业信用风险预警机制研究

在大数据的发展过程中，随着信息技术的发展，大数据技术越来越完善，可以防止企业的各种违法行为，减少利益相关方的损失。利用大数据技术建立的实时警报系统可以极大地增强监督效能，在违法行为出现前提前发出警告，使监督机构能够及时部署、安排应对措施，防止和阻止违法行为的发生，将违法事件发生的概率降到最低。预警是一项系统工程，由机构、制度、网络、举措等多个方面构成，以大数据技术为依托的预警系统可以迅速、高效地对接各方面的信息，通过对海量数据进行分析，得出正确的结论及防范措施，为我国社会信用体系的构建助力。因此，在大数据时代，建立以大数据技术为基础的企业信用风险预警机制具有重要的现实意义。

8.4.1 大数据技术对信用风险预警机制产生的影响

在信息化快速发展的今天，企业失信事件越来越多，为了防止失信现象的发生，必须运用新技术对不同情况下的企业经营活动进行分类，并对其进行全程、实时的监控，以进一步提升信用风险预警的精准度。应用大数据技术可以很好地解决信用风险预警机制的不足，使信用风险预警更加准确、高效。

8.4.1.1 全面性

大数据分析是在综合统计的基础上进行的，它可以避免因单边抽取而产生的分析误差，将事件的始末清楚地呈现出来，从而增强信用风险预警的准确性。比如，某公司开具的发票是否有相应款项入账，业务资料与公司的商业活动是否相适应，有没有长时间不报税，有没有按时缴纳社会保险，等等。通过对各有关主体进行信用风险分析，可以为有关各方提供更好的防范措施。

8.4.1.2 即时性

即时回馈是信用风险预警机制中的一个关键环节，它可以将问题预先告知有关部门，使有关部门能够采取相应的预防和改善措施，以避免因信用问题而造成的相关损害。如果不能对突发事故做出快速反应，那么问题就会扩散，给企业带来不可弥补的损害，严重的甚至危及企业的生存。在大数据的发展过程中，由于交易形态的多变性和多样性，传统的信用经营方法难以做到全方位管理，因此，必须利用大数据技术对各方的信息进行全面采集，并依据企业的信用模式给出相应的风险评价。遇到突发情况时，有关单位可以立即按照上报的结果进行处理，无须请示上级，无须等候批准，真正实现警报机制。

8.4.1.3 适用性

在执行过程中，任何一项回馈机制的计划都必须重视其执行的可行性。当出现危险的时候，警报系统必须提供一套建议的解决办法，而不是只提供一份简单报告或其他资料。在大数据时代，建立信用风险预警体系，必须特别重视风险管理的可操作性，当发生非常规的突发情况时，逐步引导企业走向安全。

8.4.1.4 创新性

在大数据时代，网络的使用领域越来越广泛，因此，利用大数据技术建立的信用预警系统必须适应环境的变化，并在不断的创新中为企业的信用管理提供相关服务。

8.4.2 企业信用风险预警存在的问题

目前，许多企业都认识到了信用的重要性，并将信用作为一件很重要的事情来对待。但是，我国现阶段的企业信用风险预警和信用风险管理工作在开展方式、实施过程、实施效率等方面仍需不断改进和完善。

8.4.2.1 信用风险预警方式落后

许多企业的信用风险预警还仅限于对财务报表进行基本分析，无法实现预期的预警作用，从而会对企业的信用工作产生不利影响。这种方式的预警效率较低，因为Excel表单之间的资料太过零碎，难以与所要分析的资料相结合，而且会计人员的综合素质参差不齐，预警很难到达预期效果。研究发现，在信息化程度高的企业中，信用风险预警体系可以与企业的信息平台相连接，方便地获取公司的内部信息，并具备一定的分析功能。但是，目前还不能满足企业在大数据环境下进行海量数据搜集的需求。在此背景下，信用风险预警机制应采取弹性措施，根据不同的风险途径，逐个进行分析，并将其结果进行综合，最后得出一份可行的预警方案。

8.4.2.2 信用风险预警影响力不足

研究发现，许多企业缺乏信用风险预警意识，对自身的信用状况变化不够重视。一方面，现行的信用风险预警制度所提供的信息对企业的作用很小，而其投入的成本远远超过了企业所获得的收益，导致企业经营者对其关注度不够，未能实现预期效果。另一方面，当信用风险预警发布后，企业通常采取汇报、开会商讨等常规程序来解决，极大地影响了信用风险预警的实施效果，忽视了只有及时处理预警信息才能最大限度地降低企业信用风险，规避企业信用损失。企业的信用建设离不开各个行业的协作，只有通过不断地扩展其对各个行业的影响，才能促进信用工作的实施，从而使信用工作为企业创造更多的利益。

8.4.2.3 信用风险预警机制不完善

完善的信用风险预警机制应包含标准化的信用风险预警工作流程、精确的信用风险预警模型、完善的信用风险预警评价系统以及与时俱进的创新理念。当前，我国的信用风险预警工作主要是针对财务机构或者是独立的信用机构进行的，其工作过程难以满足大数据技术的需求。在大数据时代，信用工作必须渗透到各个部门的工作中，对于信用风险则要求各个部门迅速反应、及时防控，单靠一个部门来完成是不可能取得预期成效的。信用风险预警效果的好坏依赖于信用风险模型的完善程度，模型的准确性是信用风险预警机制切实可行的保证，而建立健全的信用评价系统可以有效地推动信用风险预警机制的完善。在大数据时代，随着经济的快速发展，信息量快速增长，各企业必须与时俱进，建立健全的信用风险预警机制，优化数据库的建立和数据的衔接，以满足大数据时代对企业发展的要求。①

8.4.3 基于大数据技术的企业信用风险预警机制的构建思路

运用大数据技术来建立企业的信用风险预警机制，必须充分考虑到企业的特殊性以及大数据时代对企业的要求，充分发挥其对企业的正面作用，使得其与政府相关部门、第三方信用机构和社会公众平台进行有效的沟通，使企业信用信息在更多方面得到应用。

8.4.3.1 基于大数据技术构建企业信用风险预警机制的方法

（1）定量动态预警模型。应建立一个以大数据技术为基础的定量动态的预警模型。此模型可针对企业的生产实际和各个数据界面的获取情况，实时地对模型中的参数选取区间和精度进行修正。目的在于不断深入挖掘和探索企业的信用信息，提高数据的适用范围和获取的准确性，实现预警模型客观性和可行性的提高。

（2）打卡更新预警模型。在大数据时代，信息的及时更新是实现有效预警的先决条件。因此，在大数据环境下，企业的信用风险预警模型必须在各个数据界面上使用"打卡"的方式来对数据的更新进行实时的记录和控制，以保证数据的及时更新。

---

① 张军. 基于大数据技术的企业信用预警机制研究 [J]. 市场周刊, 2021, 34（10）: 3-4, 61.

(3) 预警模型相关性。利用大数据技术对采集到的各种数据进行深度挖掘，建立能够应对各种情况的信用风险预警模型，通过相关性分析，减少评估指数的重复，建立相应的情景模型库，提高信用风险预警模型的可操作性。

(4) 确定测试基准和评价标准。建立以大数据技术为基础的企业信用风险预警模型，必须明确模型的测试基准和评价标准，并对模型进行检验和评估，以达到最好的效果。选取一组具有特定代表性的数据作为信用风险评价的标准。模型的测试基准有典型数据集、基准模型、用户需求等，评价标准主要有准确率、召回率、F 值、AUC 值（ROC 曲线）等。用评价标准来比较各种模型的实施效果，从而确定模型的泛化能力，判断模型的实施成效，并以指标评价的结果推动模型实现持续优化和升级。

8.4.3.2 基于大数据技术构建企业信用风险预警机制的流程

(1) 建设共享云平台。构建共享云平台是拓展企业信用风险管理体系的重要途径。信息分享不仅可以使平台高效、快捷地搜集信用数据，而且可以实现不同行业和地域间企业信用数据的互联互通。在建立以大数据技术为基础的企业信用风险预警机制中，建立一个共享云平台是一项非常关键的工作。

(2) 企业信用风险预警系统的关键层次架构。在大数据环境下，数据管理层、数据处理层、数据分析层、数据集成层和数据表示层是企业信用风险预警系统的关键层次架构，每个层面都是以共享机制为基础的，都具有自身独特的作用，能够在大数据环境下有效地达到信用风险预警的目的。

①数据管理层。企业的信用管理机制以数据库为基础，采用分级的方法对数据库进行查询、插入、更新，并按类别进行数据的读出和传输，对各种计算负荷进行管理，提高了预警机制的资源利用率。该层面涉及的主要内容有企业基本信息、交易信息、第三方测评信息、公众反馈信息、关联方信息等。

②数据处理层。数据处理层的主要作用是转换、清理、重组和计算基本数据，而这些数据在数据处理层面则成为数据的来源。数据处理层为各种计算的运行提供了良好的工作环境，保证了预警系统的高效执行。根据所使用的模式和处理时间的差异，可以将其划分成批处理式、迭代式、流式、交互式和实时系统式。企业信用风险预警机制的有效性依赖于其自身的数据运算，并且其有效运行也离不开高效信息技术的支持。

③数据分析层。数据分析层包含了大量的数据信息，可以为一般的数

据挖掘和机器学习提供支撑。数据分析层是对数据进行深入的分析与发掘。数据挖掘最大的功能就是对那些看上去杂乱无章的数据进行分类、整理，从中发现一些规则，并对今后的发展进行预测。由此可见，数据分析层是整个信用风险预警机制中最核心的部分，也是实现该机制长期有效运行的关键。

④数据集成层。以大数据技术为基础的数据集成层，整合统计、运算及绘图等各种不同的方式，协助有效获取与输出海量数据信息，并在企业经营过程中，为客户信用管理提供全面的信息。在综合信用风险值超出预定数值时，给出相应的解析结果和建议报告，并有选择性地把报表引用字段的数值设定传送给数据表示层。

⑤数据表示层。数据表示层的主要作用是完成用户界面的各项功能，并对用户的各项需求进行传达和反馈。数据表示层往上是应用层服务，从数据集成层接收信息。企业信用风险预警机制将整合企业、相关部门、第三方机构和社会大众等方面的数据，并据此判断是否要对企业的信用行为进行干预。

（3）链式工作流程。在以大数据技术为基础所建立的企业信用风险预警机制中，链式工作流程是一个重要环节。企业信用风险预警机制的运作会在企业内部形成一条完整的工作链，并在此基础上建立起风险管控模型和预警标准，在大数据技术的运作下对各种信息进行收集、整理，并及时对企业的各项信用数据进行发布。

企业信用风险预警机制的链式工作流程是一个封闭的循环，各工作节点根据大数据技术进行信用信息的加工，然后与企业各业务部门进行信息沟通，并进行实时更新，以确保信用风险预警平台数据的有效性和预警报告结果的准确性。

在建立企业信用风险预警机制的过程中，仅仅依靠某一个或者几个企业的能力是远远不够的，个别企业开发出的信用风险预警平台很难实现对多个数据接口的顺利对接，不能实现规模效应，必须要有一定数量企业的共同参与，才能实现企业的信用风险预警需求。从这里可以看出，企业信用风险预警机制的建设，必须通过多方合作，才能实现各企业、行业和地域间的相互联系和有效沟通。

8.5 大数据背景下完善企业信用监管法律制度的有效路径

随着科学技术的进步,企业的数量也越来越多,但是企业信用监管系统的建立还没有被纳入议事日程,而且企业信用监管法制不健全,最终导致企业信用监督机制的缺失。当前企业在发展过程中面临的一个重要问题是企业信用监管法律不健全,而且中央与地方实施的企业信用监管体系有不一致的地方,这就导致很多企业出现了信用监管水平较低的情况。在这种情况下,必须要将工作的重点放在健全企业信用监管体系的建立上,并且要做好中央与地方信用监管机制的协调,以此来不断健全和完善企业信用监管机制,更好地帮助企业做好监管工作,为企业发展保驾护航。

大数据是新时代发展最显著的特点,可依据海量的数据给用户提供数据评估和建议,而在大数据时代,人们越来越倾向于依靠数据做出科学的决定。大数据可以为企业的发展提供更完整、更透彻的数据支撑,并为企业发展搭建更完整的平台。随着大数据技术的飞速发展,企业的信用管理体系建设和发展也面临着新的挑战。在信息技术快速发展的今天,企业要想实现发展变革,就必须抓住机会,应对各种新的挑战。

8.5.1 大数据环境下企业信用的特点

8.5.1.1 信用体系的虚拟数字化

企业信用体系包括企业内部信息、发展信息、员工信息等多个层面的信息内容。随着大数据的普及,企业的各种数据采集和处理都是以电子化方式进行的,在大规模的使用中要注重对用户隐私和个人信息安全进行严格的量化和管理。每一个数据的获取和处理都是通过电子化方式进行的,在这个虚拟世界中,通过收集和完善企业的数据,可以更好地改善企业信用管理体系,这是建立企业信誉的关键。

大数据的数据来源具有层次丰富和来源广泛的特点。在企业发展中,可利用大数据进行企业公益活动、企业职工数据处理等,具有很好的应用价值。企业信用管理体系涵盖大量的信息,如法人信息、交易习惯、信用记录、投诉纠纷等。企业信用监管体系在采集企业的信用资料时,通常以企业的基础资料为基础,信息量相对较少,而且信息的类别常常以财务、人事等为主。相比于传统静态信息的采集，大数据背景下的企业信息采集更具目的性和包容性，更能反映企业文化和当前的发展动向，在对企业交易习惯及同行企业行为特征动态数据的把握上更具及时性和准确性，这对于企业信用管理体系的建立与完善是极为有利的。

8.5.1.2 企业信用监管的影响因素

在大数据时代到来以前，传统的数据采集方式多为基础资料归类存储，使用起来步骤较为烦琐。传统的企业信用监管主要涉及两个方面，即企业的内部环境和外部环境。其中，企业的内部环境主要指的是企业自身的经营管理和会计数据等企业经营信息，也包括企业员工信息等方面；企业的外部环境则包括政府、银行等机构对企业发展的影响，以及对企业自身信用体系的评估。企业的内部评价与外部评价是相互联系的，二者间的相互作用有助于企业建立一个完善的信用系统，这同时也是外部单位对企业进行信用评估的重要依据。

大数据技术具有强大的计算能力和数据采集能力，可以将海量的信息结合在一起，就像是一台巨大的机器，每个参与者都是一个点，大数据技术将这些点通过一定的形式联系在一起，形成一个巨大的数据网络。鉴于此，在建立企业信用监管体系的过程中，必须注重所有社会个体的参与，实现各方面的联动，这样所得出的企业信用评价结果更具客观性。此外，在建立企业信用监管体系的同时也应该注意到企业信用监管法律制度的缺位，应该注重信用数据收集的覆盖程度。①

8.5.2 大数据环境下企业信用监管法律制度面临的新挑战

8.5.2.1 法律机制缺位

在我国现行的立法中，有关企业信用管理的规定以《公司法》为主，但《公司法》中对于企业信用管理的各项规定，不能满足当前企业的发展需求。我国现行的法规在这一领域尚不健全，有关企业的信用资料仍停留在企业主动申报的水平，因此，要想用法律来规范企业信用管理制度，必须要有完备的法规制度。想通过立法的方式来规范企业的信用行为，相关的法律规定就需要在现有的法规、司法解释和行政法规中反映出

---

① 余高雅. 探究在大数据背景下完善企业信用监管法律制度的有效路径 [J]. 财富时代, 2021 (10)：204-205.

来，这就要求立法者在立法层面上进行系统的构建，以法律的形式对企业的信用行为进行规范。在这种情况下，应该加强对企业违法违规行为的处罚和监管，促使企业遵守信用，加强对企业的监督，实现立法和司法的统一，避免二者之间出现混淆的情况，否则会对企业信用监督产生不利影响。大数据时代的到来毫无征兆，这就导致在立法层面缺失了对信用数据的监管，在这种情况下，应加强该方面的立法，这既满足司法实践的需求，也符合企业的时代发展要求。随着科技的飞速发展，法律的滞后性也被暴露出来，现有的实体法已经不能很好地监督企业信用体系。这就需要在大数据背景下对企业信用监管进行法律层面的构建，使得后期对企业的信用监管有法可依。

8.5.2.2 企业信用保障措施无力

大数据的显著特点是数据量大，参考基数大，但不可否认的是，在如此庞大的数据基数下，总会有遗漏的部分，并且新时代数据和传统数据之间差异性的把握，也是大数据工作的一个重要组成部分。为了确保数据的安全性、完整性，并且考虑到数据关系到企业的商业机密和其他部门间的利益关系，必须要对企业信用监管法律制度进行完善。传统的数据监管主要是依靠对实体进行量化管制，而大数据时代海量信息的数字化特性决定了企业对电子存储的依赖程度更高，所以必须加强对企业信息和隐私的安全性防范，从而实现对企业信用行为的有效监管。

8.5.3 大数据环境下企业信用监管法律制度的完善

8.5.3.1 以基本法为基础建立完善的法律体系

面对大数据时代的发展需求，我国的企业信用监管工作要做到有法可依，就必须不断地改进法律法规。只有建立完善、健全的企业信用监管法律体系，才能对企业的信用行为实现有效规范。此外，应当明确的是，企业自身的信用评价以及企业法人个人的信用情况，都会对企业信用监管体系的建立产生重要的影响，因此在制定企业信用监管法律制度的过程中，需要明确企业法人个人应承担的责任，将个人的行为纳入企业信用监管体系中，并在法律中进行明确规定，个人在企业信用管理体系中产生的不良影响要承担相应的责任。

8.5.3.2 中央地方双位一体完善企业信用分类监管制度

在企业信用监管实现有法可依后，还需要对相应的执法问题进行严格的把控，要将企业信用管理纳入日常化、法治化、常态化的管理中。针对失信被执行企业，要在法律方面进行严惩，以此在社会上树立诚信为本的良好风气，联合抵制那些在信用方面有缺失的企业。

运用大数据，可以对企业信用数据信息进行完善。此外，针对不同的企业类型，也可以对其相应的信用类型进行等级分类。针对企业以及企业负责人、法定代表人、股东等不同的个人，实施不同的企业信用监管方式。此外，对于企业中不同个人的信息也要进行相应的保密等级区分。可以运用监督级别，对企业信用监管进行分类和具体的管理。建立不同的信用评估体系，对企业信用进行评级，促使企业重视信用建设，推动企业信用体系不断升级。

8.5.3.3 注重大数据环境下企业信用监管中权益保护的均衡性

我们需要在信用监管调控和发展中找到一个平衡点。在信息社会，对公司的信用进行监督，必然会对企业的运营产生一定的影响。为了遵守法律规定，企业可能会缩手缩脚，不敢进行大胆的改革。所以要对企业信用监管进行严格的控制，否则会严重影响企业的竞争力和创新能力。利用大数据技术，可以对企业的信用进行隐性的监督，在某种意义上缓解企业的压力，在不会对企业的发展造成严重不利影响的同时，实现对企业信用行为的有效监管。

此外，要兼顾企业信息安全与信用信息共享之间的平衡，协调好二者间的关系。在大数据时代，信息的共享是对企业信用进行监管的前提，信息的共享会对监管效果产生一定的作用，并且在信息共享中，各个成员可以通过共享的方式进行数据的交换，加深彼此之间的了解。随着数据挖掘技术与计算机技术的飞速发展，信息共享成为现实，但需要注意的是，在进行信息共享的过程中，不可避免地会产生一定的信息安全问题。因此，必须完善信息共享方面的法律规定，以法律的形式对信息安全进行保护，严禁非法的渠道共享，并对非法使用的人员予以严惩。在信息共享的过程中，要注意对非共享信息进行有效的保护，以免造成不良后果。

总之，企业要充分发挥大数据的优势，理性地避免因失信而造成的信赖利益流失，健全企业信用监管相关的法律法规，推动企业信用监管法制体系建设，让企业信用监管有法可依，并对企业信用信息中的个人信息进行隐私保护，建立不同的信用等级，全面提升大数据环境下企业信用法律监管的效率。

8.6 基于大数据构建企业信用评级体系的实践

网络金融的兴起和大数据技术的飞速发展，为我国的信用等级评估制度改革开辟了一条崭新的道路。在实践中，互联网金融企业、第三方评级机构和传统商业银行都在以大数据为基础进行企业信用评级的实践。

8.6.1 互联网金融企业的实践

网商银行是一家纯互联网银行，以服务企业为目标。这家企业与淘宝、天猫、阿里巴巴等多个网站进行了业务合作，利用丰富的场景和大数据技术，对电商平台上的商家进行了注册登录、认证信息、广告投放信息、交易流水信息、买家收藏和评价等信用信息的收集。另外，由于智能手机的普及，网商银行也会搜集一些通过手机付款而积累起来的线下商户的信用资料。通过对上述数据的统计，网商银行建立了 100000 多项评价指标、100多个预测模型和 3000 多种风险管理策略，对企业的运营预期进行动态分析，识别和衡量企业贷款风险，并对其信用级别进行评估。通过利用以大数据为基础的信用评估技术和风险控制技术，网商银行深入挖掘企业场景化、生活化的金融需求，不仅向网络购物平台上的企业提供"天猫贷"，同时还推出了"流量贷""信任付""口碑贷"等多款创新产品。

8.6.2 第三方评级机构的实践

金电联行是国内第一个通过大数据和云计算技术创新信用业务的企业。金电联行在企业的电子贸易平台上，将数据挖掘的云计算机器人植入其中，自动挖掘出企业的订单、库存、下线、结算、付款等各个环节的数据，并输入系统中进行"清洗"，再转换成可进行量化分析的信用数据。利用云计算技术和客观的信用评估系统，将所得到的数据信息转化为具体的指标，通过模型进行分析和计算，最终得到企业的信用评估结果和授信额度，为银行审批贷款额度提供相应的依据。另外，金电联行还利用计算机系统对企业进行全天候、实时的风险监测。当前，金电联行已经和多家银行进行了纯信用融资业务方面的合作，包括民生银行、平安银行和上海银行等。

8.6.3 传统商业银行的实践

近几年，建设银行将计分卡技术应用于企业信用评级。该信用评估模式打破了以往以财务报告为主的评估方法，以企业的履约能力、信用状况、资产状况、产业规范等非金融指标作为主要的信用评估指标，通过对企业的历史数据进行数理统计和逻辑分析，建立了一个比较完整的企业信用评估系统。工商银行在金融机构、电商平台、行政管理和公众服务等领域发掘了大量的企业相关信用信息，从结算、交易、税务、水电、资产等多个方面入手，建立了一个基于信用评级的企业信用评分模型，并依据得出的企业信用评估结果为企业发放信用贷款。

地方性银行也在大力推进以大数据为基础的信用评估体系改革。重庆银行联合成都数联铭品科技有限公司成立了"Holo Credit"（浩睿信用平台）大数据风险控制系统，并发布了名为"好企贷"的企业网络信贷产品。"Holo Credit"包含个人通用模块、个人征信模块、企业征信模块、企业通用模块、企业财务模块、企业关联方模块、企业税务模块、外部环境模块等，并且还包含 200 多项指标。通过大数据处理、分析和建模技术，对获取到的企业注册信息、行业信息、公司治理信息、关联方信息、财务指标信息、媒体数据和产权信息等进行处理和分析，深度还原企业的信用状况，并以此为依据来对企业进行授信和放贷。

参考文献

[1] 大卫·洛辛. 大数据分析 [M]. 尚慧萍, 鲍忠贵, 译. 北京：国防工业出版社, 2020.

[2] 王伟军, 刘蕊, 周光有. 大数据分析 [M]. 重庆：重庆大学出版社, 2017.

[3] 高永彬, 钱亮宏, 方志军. Hadoop 大数据分析 [M]. 北京：中国铁道出版社, 2019.

[4] 曹洁. Spark 大数据分析技术（Scala 版）[M]. 北京：北京航空航天大学出版社, 2021.

[5] 汪海涛. 电力企业大数据分析挖掘应用 [M]. 广州：中山大学出版社, 2021.

[6] 刘燕. 大数据分析与数据挖掘技术研究 [M]. 北京：中国原子能出版社, 2020.

[7] 伊夫·希尔皮斯科. Python 金融大数据分析 [M]. 南京：东南大学出版社, 2019.

[8] 陆红. 大数据分析方法 [M]. 北京：中国财富出版社, 2017.

[9] 常文兵, 周晟瀚, 肖依永. 可靠性工程中的大数据分析 [M]. 北京：国防工业出版社, 2019.

[10] 邵检江, 陈黎, 赵保华. 大数据分析与软件开发及其创新 [M]. 长春：吉林科学技术出版社, 2019.

[11] 樊重俊, 刘臣, 霍良安. 大数据分析与应用 [M]. 上海：立信会计出版社, 2016.

[12] 马瑞敏. 基于 Python 的大数据分析技术与实践研究 [M]. 北京：中国原子能出版社, 2021.

[13] 陶乾, 等. 群体智能与大数据分析技术 [M]. 广州：暨南大学出版社, 2018.

[14] 段霞. 城市大数据的分析与应用 [M]. 北京：中国经济出版社, 2016.

[15] 赵守香, 唐胡鑫, 熊海涛. 大数据分析与应用 [M]. 北京: 航空工业出版社, 2015.

[16] 张发凌. 实战大数据分析（Excel 篇）[M]. 北京: 北京希望电子出版社, 2017.

[17] 周苏, 王文. 大数据时代移动商务 [M]. 北京: 中国铁道出版社, 2018.

[18] 关伟, 袁星煜, 左波. 商业信用征信 [M]. 北京: 中国金融出版社, 2018.

[19] 陈云. 金融大数据 [M]. 上海: 上海科学技术出版社, 2015.

[20] 彭君梅. 信用经济 [M]. 北京: 中国商业出版社, 2019.

[21] 赵恒. 大数据的脚印 [M]. 北京: 中国税务出版社, 2017.

[22] 中国工商银行陕西省分行. 银行大数据应用优秀案例选编 [M]. 北京: 中国金融出版社, 2018.

[23] 吕品. 基于投资视角的信用研究 [M]. 北京: 中国金融出版社, 2019.

[24] 文婕. 大数据背景下的征信体系建设 [M]. 长春: 吉林大学出版社, 2020.

[25] 姚前, 谢华美, 刘松灵, 刘新海. 征信大数据理论与实践 [M]. 北京: 中国金融出版社, 2018.

[26] 杨胜刚. 社会信用体系建设的理论与实践研究 [M]. 北京: 中国金融出版社, 2019.

[27] 林汉川, 夏敏仁. 企业信用评级理论与实务 [M]. 北京: 对外经济贸易大学出版社, 2003.

[28] 符春. 基于大数据分析技术的智慧平台设计 [J]. 软件, 2022, 43 (9): 14-16.

[29] 管孝振. 大数据分析技术在网络领域中的应用 [J]. 无线互联科技, 2022, 19 (13): 30-32.

[30] 陈虎, 陈健. 会计大数据分析与处理技术: 助推数据赋能财务新未来 [J]. 财务与会计, 2022 (10): 33-38.

[31] 刘娟. 浅谈商业信用筹资视角下财务信息化大数据分析与决策 [J]. 商讯, 2021 (3): 71-72, 82.

[32] 刘梦侠. 基于大数据分析的企业融资模式风险分析 [J]. 会计师, 2020 (21): 27-28.

［33］中国农业银行山东省分行信用管理部课题组，刘东．大数据分析在信用风险防控中的应用研究［J］．农银学刊，2020（3）：42-46．

［34］翟阳阳．大数据分析助力金融创新发展的思考［J］．管理观察，2018（16）：163-164，170．

［35］刘磊．大数据分析的经济价值评价与过度挖掘风险研究［D］．天津：天津财经大学，2017．

［36］鲁长东．大数据分析挖掘技术在信用卡风险管理中的应用［J］．中国信用卡，2017（4）：32-36．

［37］李晓玉．大数据在供应链金融信用风险管理中的应用［D］．广州：广州大学，2022．

［38］乔智敏．基于大数据的企业信用评价与应用研究［J］．信息技术，2022（5）：128-134，139．

［39］杨超，李英，于鹏辉，李兵．大数据时代企业信用体系建设的对策建议［J］．中国工程咨询，2022（4）：35-40．

［40］余高雅．探究在大数据背景下完善企业信用监管法律制度的有效路径［J］．财富时代，2021（10）：204-205．

［41］张军．基于大数据技术的企业信用预警机制研究［J］．市场周刊，2021，34（10）：3-4，61．

［42］张蓓，王润，赵雪宁．基于大数据技术的中小企业信用评价体系构建分析［J］．今日财富（中国知识产权），2021（8）：27-28．

［43］王宁，王澍，张江，陶鹏．大数据背景下融资企业信用特征分析［J］．经济研究导刊，2019（35）：131-132．

［44］蔡皎洁，郭道猛．大数据中小微企业互联网融资信用评价体系构建［J］．湖北工程学院学报，2018，38（3）：48-52．

参考文献

[35] 申林东,胡甜甜.大水面生态渔业可持续发展路径探讨[J].水产学杂志,2020(3):42-46.
[36] 杨艳丽.大水面渔业与生态环境协同发展研究[J].黑龙江水产,2018(6):163-164,170.
[37] 王芳.大水面渔业发展存在的问题及对策探讨[D].大连海洋大学,2017.
[38] 俞卫东.长江流域禁渔背景下大水面生态渔业发展趋势分析[J].中国水产,2017(4):52-56.
[39] 李学军.大水面生态渔业发展对策[J].中国水产,2021.
[40] 刘家寿.生态大水面体系建设与产业发展研究[J].渔业致富指南,2022(3):128-131,139.
[41] 朱爱民,彭成荣,王春芳,等.大水面增养殖业发展现状及对策[J].中国工程科学,2020(4):35-40.
[42] 李思发.新形势下水域资源养护与大水面生态渔业发展思考[J].中国水产,2021(9):200-205.
[43] 陆昊,张燕.基于大数据技术的大水面生态渔业管理研究[J].中国渔业,2021,34(10):3-4,61.
[44] 吴伟,陈家长,王淑娴,瞿建宏,等.中国水产科学研究院淡水渔业研究中心博士后工作[J].中国水产科学,2021(9):2-28.
[45] 吕尚,黄玉珠,张文,邹勇,等.大型湖泊及水库生态渔业实践综合研究[J].农业科学研究,2019(33):131-132.
[46] 吕尚国,吴国富,沈宏伟,蒋宇.东北地区湖泊水库生态渔业发展研究[J].水产学研究,2018,36(3):48-52.